Reinhard Schulz
Waltraud Roth-Schulz

MIT DEM WOHNMOBIL NACH NORD-NORWEGEN

Die Anleitung für einen Erlebnisurlaub

Verlag Roth - Schulz
D-74336 Brackenheim

Die Deutsche Bibliothek – CIP-Einheitslaufnahme

Schulz, Reinhard:
Mit dem Wohnmobil nach Nord-Norwegen : die Anleitung für einen Erlebnisurlaub ; [Tips, Tricks, Touren, tolle Plätze] / Reinhard Schulz ; Waltraud Roth-Schulz. - Brackenheim : WOMO-Verlag Roth-Schulz, 1996
(Womo-Reihe ; 21)
ISBN 3-928840-21-5
NE: Roth-Schulz, Waltraud:; GT

Titelbild: Farbensprühender Spätsommer im Øvre Pasvik Nationalpark

1. Auflage 1996
Georg Kohl GmbH, 74336 Brackenheim
Vertrieb:
GeoCenter, 70565 Stuttgart
Herausgeber:
WOMO-Verlag Waltraud Roth-Schulz
Hornstraße 4, 74336 Brackenheim
Tel. 07135/14553
Fax 07135/14652

ISBN 3-928840-21-5

EINLADUNG

„Ultima Thule" – das Land am nördlichen Ende der Welt, so nannten die alten Römer respektvoll das Land am Weg in den hohen Norden – Norwegen. Es endet erst, wenn auch Europa endet, am Knivskjellodden nordwestlich des Nordkaps auf der Insel Magerøya.
Fröstelnd denkt man an Kälte, Schnee, ja Eisberge....
Aber dieses Land hat eine sanfte, warme Hand, die es das ganze Jahr streichelt – den Golfstrom. Staunend fährt man an Erdbeerfeldern und Kirschbaumplantagen vorbei, und wenn man nicht aufpaßt, schmerzt ein Sonnenbrand im Norden genauso lange wie an der Riviera!
Zum Sonnenbaden kommen jedoch die wenigsten ins Land der Superlative: Die größten Gletscher, die höchsten Wasserfälle, die tiefsten Fjorde, die unwegsamsten Gebirge, die längsten Wandertouren, die ältesten Felszeichnungen, die fotogensten Holzkirchen Europas findet man bereits in Süd-Norwegen – reicht das? Nein??

Dann müssen Sie uns in den hohen Norden folgen! Aber verstehen Sie uns nicht falsch, wir wollen nicht mit Ihnen zum Nordkap rasen. Gressåmoen-Nationalpark, Mo I Rana, Svartisen-Gletscher, Grønli-Marmorhöhle, Polarkreis, Junkertal, Bodø, die traumhaften Lofoten, Walsafari auf den Vesterålen, Narvik, Tromsø, Hammerfest (die nördlichste Stadt der Welt), Wanderung zum Knivskjellodden (dem nördlichsten Punkt Europas), alternatives WOMO-Nordkap bei Gamvik, Vardø, Kirkenes, russische Grenze – wird man bei diesen paar Namen nicht schon süchtig?

Wir haben für Sie die schönsten Strecken Nord-Norwegens durchfahren und durchwandert, die besten Fleckchen für geruhsame Aufenthalte, kleine Spaziergänge und große Wanderungen ausfindig gemacht. Wir zeigen Ihnen auch ruhige Campingplätze – aber vor allem so viele idyllische Übernachtungsmöglichkeiten in freier Natur, daß Sie mehrmals wiederkommen müssen, um alle zu benutzen – aber Sie werden gerne wiederkommen!

Ihr

Reinhard Schulz

N.B.
In den letzten Jahren hat die Zahl der WOMO-Urlauber in Skandinavien stark zugenommen. Es reicht nicht mehr, wenn wir uns auf das „Allemansrätten" als ein Jedermannsrecht an der Natur berufen – es nimmt uns immer stärker in die Pflicht, diese herrliche Natur aktiv bewahren zu helfen.
Für uns Wohnmobilurlauber bedeutet dies in erster Linie, daß wir uns um absolute Sauberkeit bemühen, keinesfalls mit dem WOMO die zugelassenen Straßen verlassen und Wohnmobilansammlungen von mehr als drei Fahrzeugen meiden. Zumal für einen längeren Aufenthalt bietet Norwegen herrliche, naturbelassene Campingplätze.

INHALT

Anreisewege

15 Touren durch Nord-Norwegen

Tips und Tricks

Zeichenerklärungen für die Tourenkarten

Tourenstraßen
- Hauptstraße
- Nebenstraße
- Fußweg

Straßen abseits der Touren
- Hauptstraße
- Nebenstraße

Badestrand (getestet,gut)

Kirche, Stabkirche
Schloß, Burg
Berggipfel 2560 m mit Höhenangabe
Sehenswertes, z.B. Wasserfall, Schlucht
Trinkwasserstelle
Mitternachtssonne
WOMO-Entsorgung

W P B Wander-, Picknick-, Badeplatz, geeignet auch für freie Übernachtungen.

Wir starten Richtung Norwegen!

Ein Blick auf den Atlas belehrt uns, daß ein Vogel, der in München startet, runde 2500 km fliegen müßte, bis er sich auf dem Nordkapfelsen, dem nördlichsten Punkt Norwegens (und ganz Europas) ausruhen könnte.
Falls Sie mit dem WOMO starten, zeigt das Hinweisschild am südlichsten Punkt Norwegens, am Leuchtturm von Lindesnes, immer noch über 2500 Straßenkilometer bis zum nördlichen Ende des Landes an!
Kann man solche Entfernungen in einem Urlaub bewältigen?
Sollen Sie gar nicht!!
Wir werden Ihnen zeigen, daß Norwegen näher ist, als Sie glauben – und um seine überwältigenden Schönheiten zu bestaunen, brauchen Sie auch nicht zum Kilometerfresser zu werden!

Wie weit ist's nach Norwegen?

0 (Null) Kilometer – falls Sie zufällig einer der über 300.000 Einwohner von Kiel sind, denn vom größten deutschen Ostseehafen haben Sie mit der COLOR LINE Direktverbindung nach OSLO. Sonstige Deutsche, Österreicher und Schweizer müssen nur die „paar" Kilometer bis zu den „Kieler Sprotten" auf bequemen deutschen Autobahnen zurücklegen. Staus werden Sie dabei nicht kennenlernen, denn die Urlaubsströme wälzen sich gen Süden. Folglich können Sie für die Anfahrtsstrecke mit einen Schnitt von 70-80 km/h (incl. Pausen) rechnen.
Das schaffen Sie nicht an einem Tag?
In Deutschland gilt noch immer: Das Übernachten zum Zwecke der Fahrtunterbrechung (insbesondre bei Übermüdung) ist an Straßen und auf allen Parkplätzen gestattet.
Aber nehmen Sie bitte nicht den ersten besten, lärmenden Autobahnparkplatz. Auch außerhalb von Campingplätzen finden Sie lauschige Plätzchen in malerischer Umgebung. Ich denke da z.B. an einen gemütlichen Heidegasthof, wo Sie bei einem genüßlichen Vesper den ersten Tag ausklingen lassen können – und wir haben noch keinen Wirt getroffen, der nicht einen besonders ruhigen Übernachtungsplatz für uns gewußt hätte. Natürlich könnte ich Ihnen an dieser Stelle auch unser „Allgemeines Wohnmobil Handbuch" empfehlen, schließlich haben wir dort über 250 freie Übernachtungsplätze beschrieben. Aber wer wird denn Eigenwerbung machen!?
Fast 20 Stunden Fähre sind Ihnen zu lang – dann lesen Sie im nächsten Kapitel weiter!

Fährverbindungen

Fähre fahren nach Norwegen ist nicht teuer (verglichen mit den Mittelmeerfähren)! Schon für etwa 240,00 DM kann man sich (in der **Hoch**saison, Wohnmobil bis 6 m Länge incl. 5 Personen) direkt vors Rathaus von Oslo schippern lassen!
Aber Norwegen ist bekannlich nicht das südlichste Land in Skandinavien. Wer seinen Norwegenurlaub mit ein paar sonnigen Tagen in Dänemark oder Schweden würzen möchte, für den gibt's eine ganze Reihe noch viel preiswerterer Kurzfährstrecken und reizvoller Fährkombinationen. Insgesamt kommen wir – falls wir uns nicht verzählt haben – auf 10 Abfahrtshäfen mit 18 verschiedenen Fährstrecken:
Sassnitz, Rostock und Warnemünde kommen wegen der Autobahnverbindung in erster Linie für Ostdeutsche in Frage. Wer sich aber durch die AB-Baustellen in den neuen Bundesländern durchgekämpft hat, findet meist halbleere Fähren zu günstigen Preisen vor.
Travemünde, Puttgarden und Kiel sind die traditionellen Häfen der Westdeutschen. Aufpassen: Die Vogelfluglinie ab Puttgarden besteht nur aus zwei kurzen Fährabschnitten, das „Mittelstück" durch Dänemark muß man selber fahren.
Preiswert und kurz sind auch die Verbindungen von Grenå oder Frederikshavn nach Schweden. Von der Nordspitze Dänemarks (Frederikshavn, Hirtshals oder Hanstholm) aus wird man jedoch bereits in 5-6 Std. direkt nach Norwegen übergesetzt.
Folgende Fährlinien buhlen um Ihre Gunst (und Ihren Geldbeutel):

>> **Baltic Line,** Kiel - (Nynäshamn) - Stockholm, 25 Std.
>> **Color Line,** Kiel - Oslo, 20 Stunden.
>> **Color Line,** Hirtshals - Oslo, 9 Stunden.
>> **Color Line,** Hirtshals - Kristiansand, 4-5 Stunden.
>> **DFO (Deutsche Fährgesellschaft Ostsee),** Puttgarden - Rødby + Helsingør - Helsingborg, 1 Stunde + 30 Minuten; Puttgarden - Rødby + Dragør - Himhamn, 1 Stunde + 50 Minuten; Warnemünde - Gedser + Helsingør - Helsingborg, 2 Stunden + 30 Minuten; Warnemünde - Gedser + Dragør - Limhamn, 2 Stunden + 50 Minuten.
>> **Europa Linien,** Rostock - Gedser + Helsingör - Helsingborg, 2 Std. + 25 Minuten; Rostock - Gedser + Dragør - Limhamn, 2 Std. + 50 Minuten.
>> **Fjord Line,** Hansthom - (Egersund) - Bergen (7) 17 Std.
>> **Hansa Ferry (DFO),** Rostock - Trelleborg, 5 Stunden.
>> **Hansa Ferry (DFO)**, Sassnitz - Trelleborg, 4 Stunden.
>> **Lion Ferry,** Grenå - Varberg, 4 1/2 Stunden.

>> **Lion Ferry,** Grenå - Halmstad, 4 Stunden.
>> **Skandinavien-Link,** Travemünde - Malmö, 9 Stunden.
>> **Stena-Line**, Kiel - Göteborg, 14 Stunden.
>> **Stena-Line,** Frederikshavn - Göteborg, 3 1/2 Stunden.
>> **TR-Line,** Rostock - Trelleborg, 5 Stunden.
>> **TT-Line,** Travemünde - Trelleborg, 7 Stunden.

Sie sehen, da kommen doch einige Zeitunterschiede zusammen. Beachten Sie aber bei Ihrer Wahl, daß man auf der Vogelfluglinie fast die ganze Strecke (durch Dänemark) selber fahren muß, während Sie z.B. bei der Color Line 20 Std. lang faulenzen und sich bedienen lassen können.

Unser Tip:

Neueste Fährprospekte anfordern (geht auch telefonisch oder per Fax), vergleichen, buchen. Hier die Adressen, wo Sie (außer bei Ihrem Reisebüro) die Fährprospekte erhalten und buchen können:

Baltic Line:	Schwedenkai, 24103 Kiel Tel. 0130/848594, Fax 0431/9820060
Color Line:	Oslokai, 24103 Kiel Tel. 0431/974090, Fax 0431/9740920
DFO:	Fährcenter, Fährhafen, 23769 Puttgarden Tel. 04371/865111, Fax 04371/865112 Fährcenter, Trelleborger Str., 18546 Saßnitz Tel. 038392/64180, Fax 038392/64200 Fährcenter Warnemünde, 18119 Rostock Tel. 0381/5195-121+126, Fax 0381/5195119
Europa Linien:	Überseehafen, 18132 Rostock Tel. 0381/6700667, Fax 0381/6700671
Fjord Line:	Karl Geuther, Martinistr. 58, 28195 Bremen Tel. 0421/1760362, Fax 0421/18575
Hansa Ferry:	siehe: DFO.
Lion-Ferry:	siehe: Stena-Line.
Skandinavien-Link GmbH:	Postfach 150228, 23524 Travemünde Tel. 04502/80589, Fax 04502/4125
Stena-Line:	Schwedenkai 1, 24103 Kiel Tel. 0431/9099, Fax 0431/909200
Stena-Line:	Hildebrandstraße 4d, 40215 Düsseldorf Tel. 0211/9055150, Fax 0211/9055170
TT/TR-Line:	Mattentwiete 8, 20457 Hamburg Tel. 040/3601 442-6, Fax 040/3601407

Ein eifriges Studium der Fährprospekte bleibt Ihnen auch aus einem zweiten Grund nicht erspart, denn die meisten Fährlinien haben „billige“ und „teure“ Tage oder Abfahrtstermine:
Bei der TT-Line sind die Sparer So-Do unterwegs, mit der DFO reist man So-Mi am günstigsten. Die Stena-Line preist ihre billigen Tagabfahrten an, und bei Color Line und Fjord Line ist der Dampfer wieder Mo-Do ab billigsten.

Einem WOMO-Fahrer dürfte es nicht schwer werden, sich die Niedrigpreis-Rosine herauszupicken, denn das eigene Hotel braucht nicht wochenweise gebucht zu werden!

Fährnotizen

Tourenplanung

„Wir haben nur zwei Wochen Urlaub, reicht das für Norwegen?" Oder: „Wie lange braucht ‚man' bis zum Nordkap?" Eine gewagte Sache, solche Fragen zu beantworten, denn jeder Mensch hat andere Urlaubsbedürfnisse und -wünsche. Probieren wir's trotzdem!

Von Oslo zum Nordkap und zurück sind es auf der »E 6« genau 4240 km – und zwar ohne den kleinsten Abstecher! Dem 14-Tage-Urlauber müssen wir folglich unbedingt raten, sich "nur" den Süden Norwegens vorzunehmen (WOMO-Band 15).
Bereits hier sind viele der herrlichsten Gegenden Norwegens auf relativ engem Raum versammelt. Außer dem Nordkap vermißt der Urlauber sicher nichts!

Der 3-Wochen-Urlauber kann uns bis Mo i Rana folgen, dann muß er Richtung Schweden abspringen und die Rückreise antreten (Oslo - Mo i Rana - Umeå - Stockholm - Helsingborg); mit 2800 km eine erlebnisreiche Rundreise.
Auch die herrlichen Lofoten sind bei 3 Wochen "drin"; dann sollte man aber den gleichen Rückweg nehmen. Die Strecke Oslo - Å - Oslo ist knapp 3000 km lang.

Ab 4 Wochen können Sie das Nordkap einplanen. Mit einem kleinen Umweg über die Lofoten kommen Sie (Olso - Å - Nordkap - Oslo) auf rund 4700 km.
Auch der Nordosten Norwegens steht dem 4-Wochen-Urlauber offen, die reine Fahrtstrecke (Oslo - Kirkenes - Oslo) liegt noch knapp unter 5000 km, beim Rückweg über Finnland und Schweden (Olso - Kirkenes - Stockholm - Helsingborg) sind es sogar nur 4700 km.

Bei all diesen Kilometerangaben sollten Sie aber folgendes bedenken:
Norwegen ist ein herrliches Land voller unglaublicher Naturwunder. Sie werden während unserer Touren unentwegt zu Stops und Abstechern verführt; Besichtigungen, Spaziergänge und Wanderungen brauchen einfach Zeit. Zwar sind die Straßen durchwegs in ausgezeichnetem Zustand und die Verkehrsdichte ist gering, trotzdem kann man selten schneller als 60-70 km/Stunde fahren. Für die tägliche Fahrstrecke sollten Sie folglich im Schnitt höchstens 300 km ansetzen (wir notierten von Olso bis Trelleborg rund 12.000 km Fahrstrecke und brauchten dafür zwei Monate; gibt einen Schnitt von 200 km/Tag!).

Resümee?
Ihre Zeit reicht nicht – soll sie auch gar nicht! Nehmen Sie sich nicht zu viel vor, genießen Sie – denn nach Norwegen kommen Sie ohnehin wieder! Versprochen!!

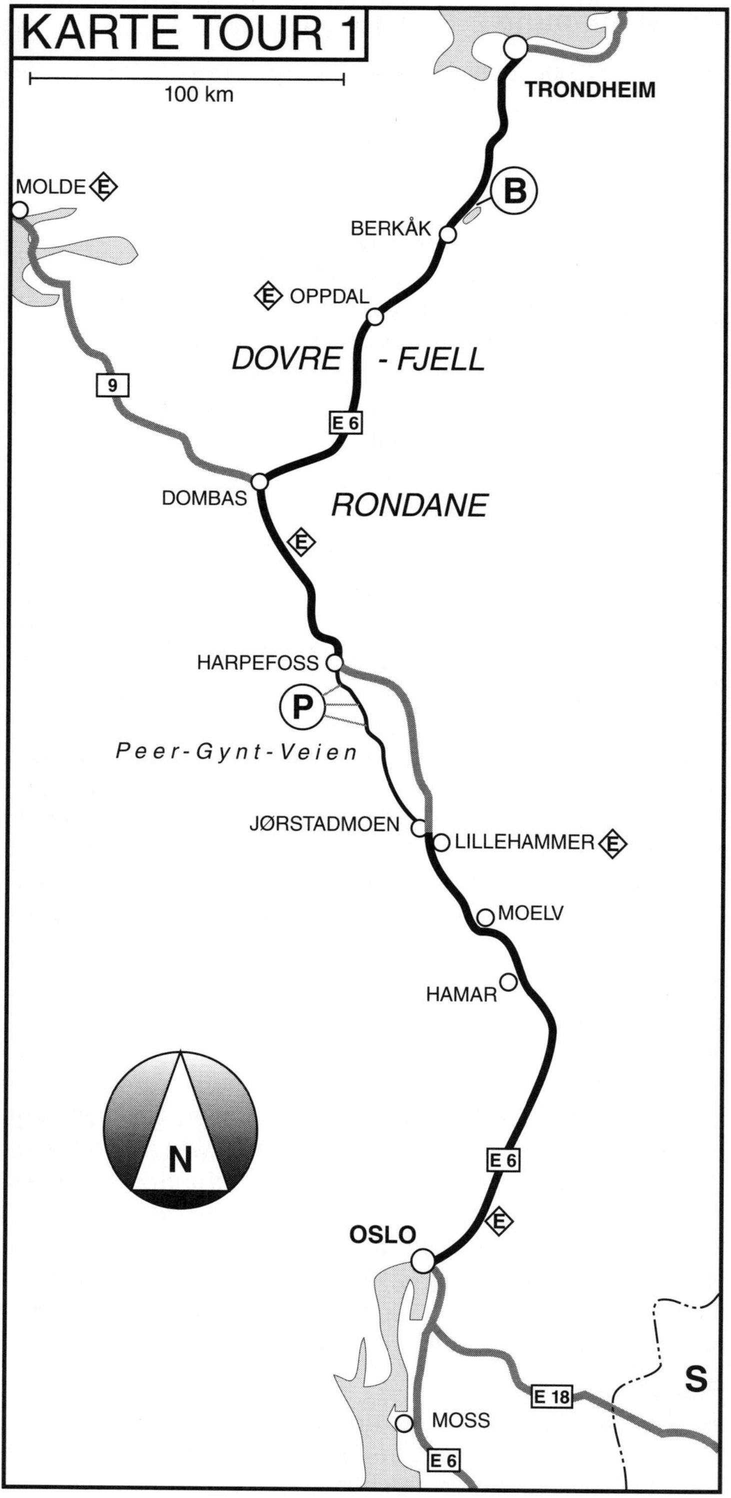
KARTE TOUR 1
100 km
TRONDHEIM
MOLDE
B
BERKÅK
OPPDAL
DOVRE
- FJELL
9
E 6
DOMBAS
RONDANE
HARPEFOSS
P
Peer-Gynt-Veien
JØRSTADMOEN
LILLEHAMMER
MOELV
HAMAR
N
E 6
OSLO
S
E 18
MOSS
E 6

TOUR 1 (520 km / 1-3 Tage)

Oslo – Lillehammer – Peer-Gynt-Veien – Otta – Dombås – Oppdal – Berkåk – Trondheim

Falls Sie vorhaben, jetzt mal schnell ans Nordkap zu düsen, dann werden wir 240 Seiten lang versuchen, Ihnen das so schwer wie möglich zu machen!
Unser Südnorwegenbuch kennen Sie schon!? Wenn ja, dann wissen Sie ja, wie wir das so machen.
Falls nein, dann wundern wir uns um so mehr, daß Sie es so eilig haben ....
Eigentlich wollen wir unsere Reise ja in TRONDHEIM beginnen, und wir wählen den schnellsten Weg – die »E 6« von OSLO nach TRONDHEIM. Aber bereits hier möchten wir Ihnen nicht nur den direkten Weg zeigen, sondern Sie auch auf ein paar Highlights hinweisen.
Für unsere Anreise hatten wir die Fährstrecke FREDERIKSHAVN – OSLO gewählt, eine Anfahrt, die nicht nur relativ kurz ist, sondern auch ihren optischen Reiz hat. Schließlich windet sich der Fährkoloß, nachdem er das Skagerrak durchquert hat, durch den immer enger werdenden Oslofjord, vorbei an Schären und malerischen Küstenstreifen.
Im Hafen von OSLO erweist sich der freundliche Zöllner als landeskundige Auskunftei: „Wenden Sie sich beim Verlassen des Hafens nach rechts, und folgen Sie den Wegweisern »E 6«/ TRONDHEIM!“
Durch keine einzige Ampel werden wir belästigt, denn in Norwegen werden viele Kreuzungen durch einen Kreisverkehr entschärft. Wir durchbrausen den "Ekeberg-Tunnelen" und den "Vålereng-Tunnelen" Richtung Nordosten, bereits nach 7 - 8 km wird die Bebauung lichter und nach 15 km sind wir schon allein mit der Natur – 538 km auf der »E 6« bis TRONDHEIM liegen vor uns.
HAMAR, 120 km nördlich OSLO, wäre der erste Abstecher, zu dem wir Sie gerne verführen würden: Mittelalterlicher Dom, Eisenbahnmuseum, Hedmarkmuseum – jeweils mit einem ruhigen Übernachtungsplatz versehen – wäre das etwas?
Nein, nicht romantisch genug?
Dann brauchen Sie uns nur noch weitere 80 km nach Norden zu folgen! Unterwegs erleben wir unsere erste "Bomstasion" bei MOELV, mit deren Erlös ein neuer Tunnel und die 1420 m lange Brücke über den Mjøsa bezahlt werden sollen (dahinter rechts und links der Straße je ein schöner Picknickplatz, links mit Kinderspielplatz, rechts mit Blick auf den See).
27 km später, westlich von LILLEHAMMER, verlassen wir die

»E 6« und fahren auf der »253« bis JØRSTADMOEN. Kurz danach biegen wir an einem großen Kreisverkehr links Richtung GAUSDAL auf die »255«. Durch das breit-behäbige Gausdal führt unser Weg über SEGALSTAD BRU bis SVINGVOLL. Dort verlassen wir die Hauptstraße nach links Richtung SKEI/ Peer-Gynt-Veien. Schlagartig wird die Landschaft malerisch, ja märchenhaft: ein Bächlein plätschert über Steine, auf einem Felsklotz wächst ein Baum, als wäre er dorthingezaubert, von den Fichtenzweigen hängen lange Flechtenbärte. 9 km später hört der Teerbelag auf und für den weiteren Eintritt in die Märchenlandschaft wird Bom kassiert, wir zahlen 50 NKr. und

Übernachtungsplätzchen am Peer-Gynt-Veien

sind im Land Peer Gynts! Die Dämmerung senkt sich, Nebel schweben über kleinen Seen, zwischen Hügeln kurven wir dahin, Wacholder-, Weidenbüsche, kleine Birkengruppen, Flechten bedecken die Felsen, gelbe, grüne und graue .... Sicher finden Sie hier Ihren eigenen See zum Übernachten!

Am nächsten Morgen (die Nacht im Land der Trolle war ungestört) erleben wir eine strahlend helle, freundliche, norwegische Frühstückslandschaft und erreichen nach 27 km (gepflegtem) Erdweg bei GOLA wieder die Kultur, sprich: die Teerstraße und rollen hinab nach HARPEFOSS, wo wir nach links wieder in die »E 6« einmünden.
Über KVAM kommen wir nach OTTA. Hier könnten wir Ihnen einen Abstecher in den Rondane Nationalpark empfehlen. Aber Sie haben ja noch nicht einmal den Peer-Gynt-Weg verkraftet ....
Also kurven wir weiter über DOMBÅS (aufpassen, rechts abzweigen; links führt die breitere »9« nach ÅLESUND) bis hinauf zum Dovre-Fjell. Hier in KONGSVOLL parken wir rechts der Straße, ein schmaler Pfad führt uns durch den "Fjellhage", einen botanischen Garten des norwegischen Fjells. Dann düsen wir durchs Drivdalen und über OPPDAL bis BERKÅK. Nördlich des Ortes führt die »E 6« direkt am Buvatnet vorbei; und wenn Sie aufpassen, entdecken Sie uns an dem geschickt gelegenen Badeplatz (500 m vor der Hüttenvermietung Berkåk). Erfrischt rollen wir die letzten Kilometer bis nach TRONDHEIM.
Die 1000-jährige Königsmetropole begrüßt Sie mit einer Bomstasjon (Mo - Fr 6 - 17 Uhr). Unmittelbar dahinter können Sie rechts auf der »E 6« nach NARVIK einbiegen und die Stadt mühelos umgehen. Sie werden dabei folgende Sehenswürdigkeiten links liegen lassen: Nidaros-Dom, Erzbischofspalast, Liebfrauenkirche, botanischer Garten, Musikhistorisches Museum, Kristiansten Festung – und Einars Pizzeria in der Fjordgate Nr. 7, direkt neben dem Fischmarkt, wo Sie für 15 DM so viele Pizzas essen können, wie Sie runter kriegen.
Überzeugt?
Dann wollen wir Ihnen auch noch zwei ruhige Trondheim-Übernachtungsplätze verraten:
1. Vorm Festungstor der Kristiansten Festung (am nächsten Morgen kann man im Inneren den heroischen Kampf der Norweger gegen die Schweden im Jahre 1718 nacherleben).
2. Der Parkplatz des Ringve-Museums inmitten des Botanischen Gartens.

TOUR 2 (260 km / 2-3 Tage)

Trondheim – Stjørdal – Værnes – Hegra – Steinviksholm – Munkeby – Stiklestad – Lekdalsvatnet – Steinkjer – Snåsavatnet

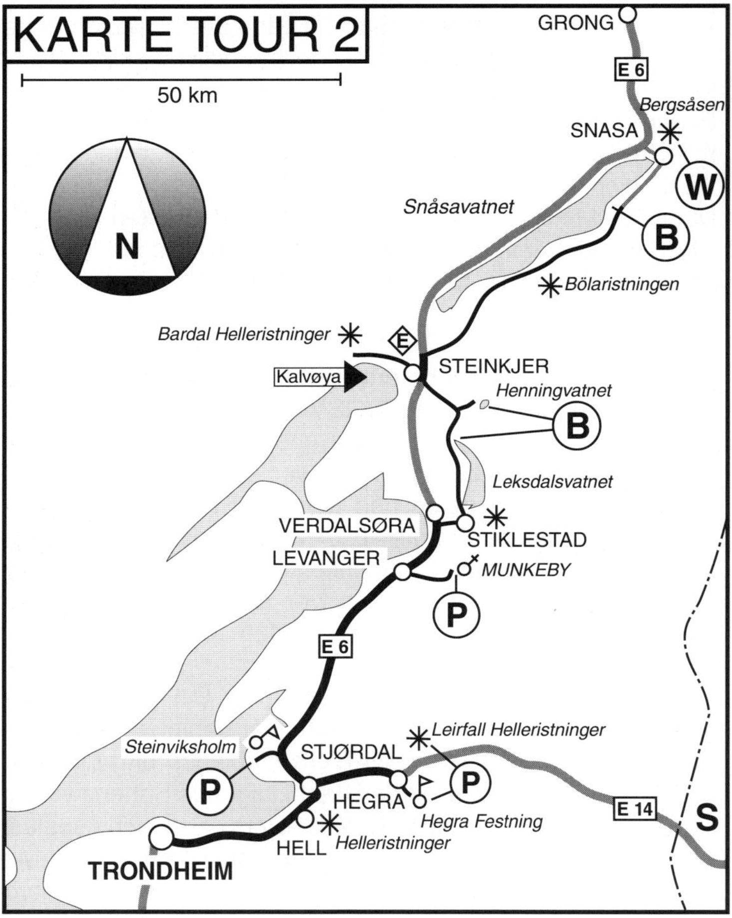

Wie Sie auch immer TRONDHEIM verlassen, Sie landen auf der neuen »E 6« und werden zur Kasse gebeten. Über eine neue Schnellstraße und durch mancherlei Tunnel werden wir elegant an TRONDHEIM vorbeigeführt und landen dafür an einer Bomstasjon, wo wir 20 NKr. in einen gierigen Trichter schmeißen müssen, um das aufwendige Straßenbauwerk zu finanzieren.

Der nächste Ort heißt MURUVIK, dann kommt HELL, und "Helle" bedeutet auf norwegisch "Steinplatte". Folglich biegen wir 100 m nach dem winzigen Ortsschild von HELL rechts und entdecken erst anschließend den Wegweiser "Helleristninger".

Felsritzungen von Hell

200 m holpern wir zwischen schmucken Holzhäuschen einen Schotterweg bergan. Dann parken wir dort, wo der "Helleristninger"-Wegweiser nach links im Wald verschwindet und folgen ihm 180 Schritte durch schattigen Tann, schließlich steil bergauf. Sage und schreibe 13 Rentiere haben sich dort versammelt – 3 große und 10 kleine, fast schon eine kleine Herde! Vor 5000 Jahren hat sie ein steinzeitlicher Künstler in den Fels gekratzt und ihre Leiber mit Mustern verziert, als sollten sie im Zirkus auftreten.

3 km weiter haben wir STJØRDAL erreicht und machen nach rechts einen Abstecher in die »E 14« Richtung MERÅKER/SUNDSVALL. Der Wegweiser "Kirche von Værnes" kommt nach genau 1000 m, wir folgen ihm nach rechts und landen nach genau 800 m auf einem großen, leeren Parkplatz neben der weißen Kirche mit dem wuchtigen, quadratischen Kirchturm und dem grünen Kupferdach. Als ruhigen Übernachtungsplatz können wir diesen Parkplatz trotzdem nicht empfehlen, denn ab und an landet ein Düsenjet – der Flugplatz von TRONDHEIM ist nur wenige Meter entfernt. Die Kirche von VÆRNES ist eine der ältesten Norwegens und datiert zurück ins Jahr 1085, also in die romanische Bauepoche. Das merkt man schon am schweren grundständigen Charakter; die Wände sind 2 m dick. Falls Sie das Glück haben sollten, die Kirche betreten zu können, werden Sie begeistert sein von der Eleganz des hölzernen Tonnengewölbes. Auch wenn die Kirche verschlossen sein sollte, können Sie sich doch ergötzen an den beiden Seitenportalen, die jeweils figurengeschmückt sind. Eines zeigt im Hochrelief einen Löwen. Meiner Meinung nach verzehrt der Herrscher der Wüste gerade einen Menschen, nur ein einziges Bein schaut noch aus

Kirche von Værnes

dem gierigen Maul (geöffnet (die Kirche, nicht das Maul): Mo-Fr 11 - 17, Sa 10 - 13, So 13 - 16 Uhr).

Die Kirche liegt inmitten eines weiträumigen Friedhofes auf dem, wie es sich gehört, eine ganze Reihe von Wasserhähnen verteilt ist.

Fährt man an Kirche und Friedhof vorbei, so landet man 100 m weiter am Stjørdal-Museum, (täglich 12 - 17 Uhr geöffnet). Links des Gebäudes kann man durch ein offenes Tor den Park betreten und entdeckt dahinter einen Wasserhahn mit einem riesenlangen Wasserschlauch.

Im schattigen Park stehen zwischen uralten Lärchenbäumen

Kirche von Værnes, Portaldetail

norwegische Holzhäuser, die man vor dem Verfall gerettet, restauriert und hier wieder aufgebaut hat. Wohnhäuser, Ställe, eine Schmiede, eine Almhütte, eine Waldarbeiterhütte, deren Wohnkomfort Sie einmal mit dem Ihres Wohnmobils vergleichen sollten – es ist ein schöner und lehrreicher Spaziergang durch den lauschigen Park.

Wir kehren auf dem gleichen Weg wieder zur »E 14« zurück und biegen nach rechts Richtung MERÅKER ein. Rechterhand begleitet uns noch eine Weile der wuchtige Kirchturm von VÆRNES und das Starten und Landen der Düsenflugzeuge. Nach 9,6 km kommen wir zum Ortsschild von HEGRA und 100 m später biegen wir rechts ab Richtung "Hegra-Festning". Es ist ein schmales Sträßchen, das uns steil und immer steiler durch einen wilden, urbelassenen Wald ins Gebirge führt. Er endet nach genau 4 km an einem geschotterten, großen Parkplatz, umgeben von schattigen Bäumen; ruhig, ja einsam gelegen – hier stört Sie nachts sicher niemand.

Die Festung Hegra wurde bereits 1910 erbaut, um den Durchmarsch durch das Stjørdal zu sperren. Sie wurde weitestgehend in den massiven Fels hineingesprengt, nur wenige Teile sind offene Schützengräben oder durch künstliche Betondekken geschützte Bereiche. Batterien von 7,5 cm und 10,5 cm Kanonen konnten das gesamte Tal überstreichen.

Berühmt wurde das Festungsbauwerk, als es im Jahre 1940 27 Tage der Belagerung der Deutschen widerstand.

Wir durchstreifen die unterirdischen Kasematten, Bunker und Gänge, steigen in Geschütztürme, inspizieren Kanonen und atmen sprichwörtlich auf, als wir aus den feuchten und kalten Unterständen wieder in die trockne und warme norwegische

Eingang zur Festung Hegra

Sommerluft hinaustreten können. Am Rande des Parkplatzes warten ein kleines Festungsmuseum (offen: 10 - 18 Uhr) und ein bescheidenes Restaurant, wo Sie sich mit Würstchen oder Pizza stärken können.

Wir rollen wieder hinab nach HEGRA und biegen auf der »E 14« rechts Richtung MERÅKER. Bereits nach 2800 m schickt uns ein Hinweisschild "Helleristninger" nach links in einen geschotterten Feldweg, der nach 400 m mit einem einsamen Parkrund am Waldrand endet. Die Felsritzungen von Leirfall gehören zu den weitläufigsten in ganz Norwegen. Wir stapfen zur ersten Felsplatte hinauf, neben ihr schießt der schmale Leirfall wie ein

Sturzbach über die schrägen Felsplatten. Es sind fast nur Fußumrisse, die hier eingeritzt wurden, sozusagen ein Stein gewordenes Meeting. Wir steigen weiter den Hang hinauf, wo eine wesentlich größere Felsplatte mit den verschiedensten Figuren aufwartet: nicht nur Fußabdrücke, sondern ganze Beine, Sonnensymbole, konzentrische Ringe, Spiralen, Näpfchen, leere und bemannte Schiffe und schließlich auch noch zwei kleine Reiterfiguren. Die Kunstwerke wurden nicht alle zur gleichen Zeit geschaffen. Von der jüngeren Steinzeit (2000 v. Chr.) bis in die Bronzezeit (500 v. Chr.) war man hier bildhauerisch tätig und huldigte damit einem geheimnisvollen Fruchtbar-

Felsritzungen von Leirfall

Burgruine Steinviksholm

keitskult.
Mit den Felsritzungen von Leirfall haben wir unseren Abstecher beendet und düsen auf der »E 14« genau 13,5 km zurück bis STJØRDAL, wo wir nach rechts wieder in die »E 6« einmünden. Bereits 8800 m später verlassen wir sie wieder nach links, holpern auf einem löcherigen Fahrweg Richtung FLØAN/ STEINVIKHOLM hinab zum Meer. Nach 3600 m gabelt sich der Weg am Ufer des Åsenfjords und wir haben die Qual der Wahl: Nach links führt der Weg nur noch 50 m weiter und bietet neben einer Fischerhütte einen ruhigen Rasenplatz oberhalb des Kies/ Geröllstrandes mit Blick über den Fjord und hinüber zur Burgruine Steinvikholm. Der Weg nach rechts endet nach 1200 m mit einem großen Parkplatz. Von ihm aus führt eine Fußgängerbrücke zu dem kleinen Inselchen mit der Burgruine. Von 1525 bis 1532 wurde sie vom letzten Erzbischof Norwegens erbaut. Ihre 5 m dicken Mauern konnten auch den neuen Feuerwaffen trotzen, die Burg schien so sicher, daß man sogar die Gebeine des Heiligen Olav hier aufbewahrte. Doch weder die dicken Mauern noch die Fürsprache des Heiligen halfen! Norwegen unterlag den protestantischen Dänen und wurde für lange Zeit zu einer Provinz Dänemarks degradiert. So viel Historie kann man natürlich nicht kostenlos genießen, ein geschäftstüchtiger Norweger kassiert für seine Parkplatzwiese (tagsüber 10 NKr., nachts 40 NKr.).
Dafür hat man einen Panoramablick auf das kriegerische Gemäuer und kann es auf schmalem Pfad in 5 min. gemütlich umwandern.
Wir kehren auf dem gleichen Weg zur »E 6« zurück, fahren weiter nach Norden. Auch die »E 6« führt nun hinab zum

Åsenfjord und turnt an seinem Ufer entlang. Eine ganze Reihe von Ausbuchtungen der Straße bietet Möglichkeiten zum Halten und Schauen. Dann schneidet die »E 6« eine Landzunge ab und landet erst bei ÅSEN wieder am Wasser.
An den Wegrändern begleitet uns eine wohlkomponierte Mischung aus violetten Weidenröschen und elfenbeinfarbenem Mädesüß. Diese Pflanzen setzen die beherrschenden Farbtupfer in das Grün von Bäumen, Büschen und Moosen.
Der Åsenfjord gibt an seinem nördlichsten Zipfel nur noch ein kurzes Gastspiel, dann schleifen wir hinauf und wieder hinab zum Trondheimsfjord. Jetzt, Ende Juli, ist in Norwegen Erdbeerzeit und alle paar Kilometer steht das auffordernde Schild "Jordbær" am Straßenrand. Am nächsten Picknickplatz können Sie dann ein Schälchen mit den leckeren roten Früchten erwerben. Der Fjord begrüßt uns mit den dampfenden Schloten einer Papierfabrik, aber kurz darauf kehrt die ländliche Idylle zurück, als wäre nichts gewesen.
Wir passieren SKOGEN und entdecken kurz darauf den Wegweiser nach links zur Alstadhaug-Kirke. Durch eine schattige Birkenallee halten wir auf die spitze Nadel des Kirchturmes zu und parken nach 800 m rechts der Straße.
Die Alstadhaug-Kirche ist eine Mischung verschiedener Bauepochen und macht doch einen einheitlichen Eindruck auf uns. Begonnen wurde das Bauwerk um 1150 im normannischen Stil, die achteckige Apsis des Chores ist frühe Gotik, Sakristei und westlicher Anbau wurden erst im 15. Jahrhundert fertiggestellt. Beachtenswert sind vor allem die mittelalterlichen Fresken im Gewölbe zwischen Chor und Oktagon (geöffnet: Mo - Fr 9 - 15.30 Uhr, Sa 10 - 13 Uhr).
Rings um die Kirche stehen Grabsteine, nicht anders wie bei uns in Deutschland. Wer aber war würdig genug, um unter dem Grabhügel mit 55 m Durchmesser und 6 m Höhe bestattet zu werden, der neben dem Friedhof wie ein Berg aufragt? Die Sage berichtet, hier sei der Fürst Olve begraben und so stammt auch der Name Alstadhaug von "Olves Hügel". Grabungen brachten kein eindeutiges Ergebnis, denn Grabräuber waren wie üblich schneller gewesen. Rechts des Friedhofes steht eines des ältesten Gebäude der Gegend, die Ammenstube aus dem Jahre 1747. Hier konnten Kirchenbesucherinnen ihre kreischenden Lieblinge zur Betreuung abliefern oder bei Bedarf stillen.
Auf halbem Wege zwischen »E 6« und Kirche führt ein Schotterweg 500 m hinab zum Meer und endet auf einem Wiesenplateau, wo man fein stehen kann; das Meer allerdings ladet nicht zum Bade.
Vor LEVANGER überrascht uns ein Supermarkt namens "Mag-

neten" mit einem supergünstigen Dieselpreis. Kurz darauf folgen wir nach links den Wegweisern OKKENHAUG/Klosterruiner. Lassen Sie sich nicht verwirren, wenn die Hinweisschilder plötzlich "Kirkeruiner" lauten, Sie sind trotzdem richtig. Nach genau 4 km kreuz und quer über Berg und Tal kommen wir zu der idyllisch in einem Birkenhain gelegenen Ruine einer Klosterkirche mit einem großen Wiesenparkplatz mit Toiletten, Tischen und Bänken. Hier finden Sie nicht nur geistige Erbauung, sondern auch ruhigen Schlaf. Die Gebäudereste gehen zurück auf eine Klostergründung der Zisterzienser im Jahre 1180. Im 16. Jahrhundert verfiel die Kirche und wurde als Steinbruch benutzt. Von den restlichen Klostergebäuden, nur aus Holz errichtet, fehlt jede Spur.

Klosterruine Munkeby

Wir kehren auf dem gleichen Weg zur »E 6« bei LEVANGER zurück und fahren weiter nach VERDAL. Die Wegweiser nach STIKLESTAD kann man nicht übersehen. Wie wir bald merken, muß jeder Norweger einmal diesen Ort besichtigt haben, an dem die norwegische Geschichte einen wesentlichen Wendepunkt nahm. Im Jahre 1030 starb hier König Olav Haraldsson in einer großen Schlacht. Er versuchte, den störrischen Teil seines Volkes zum Christentum zu bekehren – und unterlag. Die folgende Geschichte der Christianisierung Norwegens ist eine Mischung aus Sage, Wunderglaube und Wunschdenken, jedenfalls wurde Olav Haraldsson bereits kurze Zeit nach seinem Tode heilig gesprochen. Seither ist St. Olav eine zentrale Figur der norwegischen Kirche.
Wir nähern uns STIKLESTAD in einer Autoschlange. Die Parkplätze von der Größe mehrerer Fußballfelder sind bereits belegt. Menschenmassen strömen auf das Nationale Kulturhaus

zu, in dem die Zeit Olavs anhand von Funden und Rekonstruktionen dargestellt wird. Nebenan liegt das Freilichttheater, in dem seit 40 Jahren anläßlich seines Todestages das "Spiel vom Heiligen Olav" aufgeführt wird. Wir flüchten nach links in die »759« Richtung STEINKJER (sicher erwischen Sie einen ruhigeren Tag und können in Muße das Nationale Kulturhaus von STIKLESTAD besichtigen).

Nach 1500 m verlassen wir die »759« nach links Richtung VISTVIK/Hallensmarka. Die Schotterstraße führt uns zunächst nach 400 m zu einem Parkplatz, von dort führt ein Fußweg 170 Schritte hinauf zu einem riesigen Gräberfeld – alles in allem wurden rund 80 Grabhügel gezählt. Die größten Hügel haben einen Durchmesser von über 30 m und sind bis zu 6 m hoch, ihr Alter wird auf ca. 2000 Jahre geschätzt (Eisenzeit). Die Anlage ist völlig neu hergerichtet, bestens mit Übersichtstafeln versehen (auch in deutsch), wir lernen vieles über die Begräbnisriten und erhalten Auskunft über die Entwicklung der Gegend von der Eiszeit bis heute. Wir umrunden die Anlage, kehren zum WOMO zurück und holpern weiter bis zum Westufer des Leksdalsvatnet. An der Straßengabelung biegen wir rechts und fahren am Westufer des Sees genau 13 km nach Norden, sichten dabei eine ganze Reihe von lauschigen Picknickplätzen, nur ein ordentlicher Badeplatz fehlt uns noch. Am Ende des Sees biegen wir wieder nach rechts (Wegweiser: LYSHEIM) und entdecken am Nordufer des Sees gleich zwei Badeplätze, einen davon mit Toiletten. Beide Badeplätze liegen im Vogelschutzgebiet, und wenn Sie Glück haben, können Sie Taucher, Wildenten oder Singschwäne aus nächster Nähe beobachten. Wir treffen nun wieder auf die »759«, in die wir nach links

Badeplatz am Leksdalsvatnet

Richtung STEINKJER einschwenken.
Die Gegend ist Ihnen nicht urtümlich genug?
Dann folgen Sie uns nach 2700 m auf der »759« nach rechts Richtung HENNINGVOLA. Nach 1500 m zahlen wir 30 NKr. an einer Bomstasjon und schrauben uns hinauf ins Henningfjellet. Dort haben Sie die Wildnis, die Sie suchen, und nicht nur das! Ruhe, Natur, Wanderwege und den Henningvatnet, einen Badesee mit Toiletten und Umkleidekabinen. Auf den Sumpfwiesen leuchten die violetten Blütenstände der Knabenkraut - Orchideen ....
Noch 12 km sind es auf der »759« bis STEINKJER, dort münden

Badeplatz "Paradiesbukta" bei Steinkjer

wir in die »E 6« ein, die uns ums Zentrum von STEINKJER herumführt. Gegenüber der statoil-Tankstelle liegt am Rande eines riesigen Parkplatzes die Touristeninformation und gleich daneben können Sie Ihr Wohnmobil ver- und entsorgen. 300 m später überqueren wir den breiten Steinkjerselva und dahinter, am nächsten Kreisverkehr, biegen wir links Richtung SØR-BEITSTAD – drei herrliche Badeplätze warten auf uns!
Den ersten, die Paradiesbukta, erreichen wir nach 3,5 km. Zwar muß man 10 NKr. Parkgebühr entrichten, dafür werden aber auch herrliche Liegewiesen, Toiletten und wahlweise feiner Sandstrand oder glattgeschliffene Schärenfelsen zum Sonnen

Badeplatz "Hoøya" bei Steinkjer

geboten.
5 km weiter im Westen wartet der Badeplatz HOØYA. Nach 1600 m Stichstraße stehen wir direkt an der Schärenküste. Für 10 NKr. Parkgebühr bekommen wir einen Kinderspielplatz, Duschen, Wasserhahn, Sprungturm und sogar eine Badeinsel geboten.
Der dritte im Bunde ist KALVØYA. Bereits 200 m westlich auf der Teerstraße beginnt die Stichstraße zum letzten Badeplatz. Über einen künstlichen Damm führt sie auf ein kleines Inselchen und endet nach 1300 m am Badeplatz mit Liegewiesen und Schärenfelsen. Was fehlt, sind die Parkgebühr und Menschen. Wir sind die einzigen in diesem Paradies.
Nach so viel Natur ist wieder Kultur angesagt! Nur 900 m weiter westlich auf der Teerstraße weist uns ein Hinweisschild zu den Felsritzungen von BARDAL. Was gibt es dort nicht alles zu sehen: Hunde, Schiffe, Rentiere, Fußabdrücke, Reiter, Spiralen, Schlitten, Rindviecher und quer über all diese Winzlinge einen riesigen Wal, weitere Zeichen sind unvollständig oder unerklärlich.
BARDAL ist der Endpunkt unseres Abstechers, und wir kehren zurück nach STEINKJER. Auf der »E 6« fahren wir 700 m nach Norden, überqueren die Bahnlinie und biegen dahinter rechts in die »763« Richtung SNÅSA. Zunächst begleitet uns rechts der Reinsvatnet, dann links der Fossemvatnet, dann kommt eine Passage mit Feldern, Wiesen und Wäldern, bis wir von einem Hügelrücken auf den langgestreckten Snåsavatnet hinabblikken können. An seinem Südufer rollen wir zum berühmtesten Rentier der Welt.
Die "Bølaristningen" kann man nicht verfehlen, sie wird mehr-

Felsritzung "Bølaristningen"

fach angekündigt. Von einem Parkplatz mit Kiosk und Picknicktischen marschieren wir 300 m auf einem breiten, bequemen Schotterweg hinab zum Fluß, wo das Rentier schon wartet. Es ist in Lebensgröße in den senkrechten Fels geritzt. Seit hunderten von Jahren schleicht sich ein hungriger Bär an. Entdecken Sie ihn an der gewölbten Felsplatte rechts des tosenden Wasserfalls?

Nun brauchen wir nur noch einen schönen Badeplatz am Snåsavatnet. Wir fahren weiter auf SNÅSA zu und biegen nach ca. 15 km nach links, Wegweiser: Grønøra-Badeplatz/Oldenæs Gård. Die Bahnunterführung bietet nur Platz für 2,90 m hohe Wohnmobile, aber 200 m weiter rechts kann man auch über die Schienen fahren.

Badeplatz Grønøra am Snåsavatnet im Morgennebel

Nach 1700 m landen wir an einem großen Parkplatz im Hochwald, von dort führt ein wohlgeschotterter Fußweg über einen blühenden Sumpfstreifen zum endlosen Sandstrand mit Grillstelle – ein herrliches Plätzchen. Falls Sie allerdings in den feuchten Fluten des Snåsavatnet Ihr Leben beenden wollen, müssen Sie weit laufen. Das Wasser ist auf viele, viele Meter nur knöchel- bis wadentief – also ideal als Badepfütze für kleine Kinder.

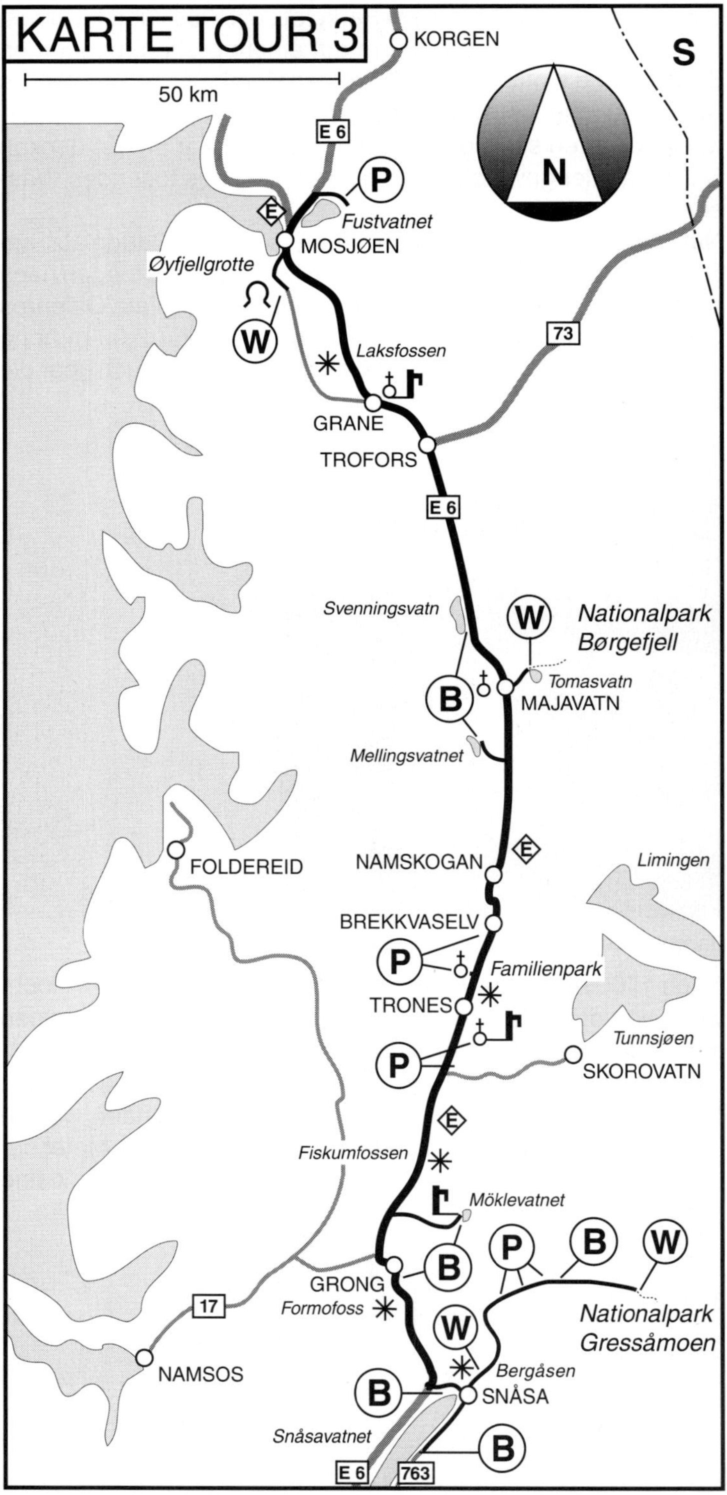
KARTE TOUR 3
50 km
S
N
KORGEN
E 6
P
E
Fustvatnet
MOSJØEN
Øyfjellgrotte
W
73
Laksfossen
GRANE
TROFORS
E 6
Svenningsvatn
W
Nationalpark
Børgefjell
Tomasvatn
B
MAJAVATN
Mellingsvatnet
NAMSKOGAN
E
Limingen
FOLDEREID
BREKKVASELV
P
Familienpark
TRONES
Tunnsjøen
P
SKOROVATN
E
Fiskumfossen
Möklevatnet
P
B
W
B
GRONG
Formofoss
17
W
Nationalpark
Gressåmoen
NAMSOS
Bergåsen
B
SNÅSA
Snåsavatnet
B
E 6
763

TOUR 3 (360 km / 3-4 Tage)

Snåsa – Gressåmoen-Nationalpark – Grong – Möklevatnet – Fiskumfossen – Namskogan – Tomasvatnet – Børgefjell-Nationalpark – Laksfossen – Mosjøen

Noch 12 km sind es am nächsten Morgen bis SNÅSA. In der Ortsmitte links liegt der Bahnhof, und auf seiner Höhe zweigt nach rechts eine Seitenstraße Richtung AGLE/GRESSÅMOEN ab. Dem Nationalpark Gressåmoen, einer weiten Moor- und Waldlandschaft mit urwaldartigem Fichtenbestand, wollen wir wenigstens einen kurzen Besuch abstatten – und biegen rechts ab.

Wenn schon Natur, sagen wir uns, dann dürfen wir auch den

Orchideen im Bergsåsen bei Snåsa (Rotes Waldvögelein)

"Natursti Bergsåsen" von SNÅSA nicht auslassen. Man macht es uns bequem: genau 3700 m nach der Abzweigung können wir links der Straße parken und den gut markierten Orchideenwanderweg in Angriff nehmen.
Die Natur hält mehr, als die Werbung verspricht. Während einer halben Stunde, die wir den Berg hinaufsteigen, bekommen wir hunderte von Orchideen zu sehen, unter anderem geflecktes Knabenkraut *(Orchis maculata)* und Fliegenorchis *(Orphys insectifera)*, auch die versprochene Königin der europäischen Orchideen, den Frauenschuh *(Cypripedium calceolus)* sichten wir in einigen Exemplaren, die allerdings längst verblüht sind. Jetzt kann der Urwald kommen!
Wir fahren weiter Richtung AGLE, halten uns dort links. Kurz hinter dem Ort endet der Teerbelag und nach 14 km stoppen wir an der Mautstation, zahlen 50 NKr. und stellen den Tageskilometerzähler auf 0.

Die ersten Moltebeeren

Zunächst führt die ordentliche Schotter/Erdpiste an der Bahnlinie entlang nach Norden (Wohnmobile bis 3 m Höhe brauchen nicht den Umweg für Busse zu nehmen), schwenkt dann nach Osten ab. Die Landschaft ist anfangs sumpfig/moorig und meine aufmerksame Beifahrerin entdeckt ganze Felder von Moltebeeren längs des Weges. Dann nähern wir uns von rechts dem Luruflüß und kurz darauf, 9,0 km seit der Mautstation, sichten wir einen ersten, großen, ebenen Picknickplatz an seinem Ufer. Vier weitere Attraktionen hat die landschaftlich schöne Strecke noch zu bieten: einen zweiten Picknickplatz (km 13,1), der besonders idyllisch liegt und nur Platz für ein

Badeplatz am Luru-Fluß

Wohnmobil bietet; einen dritten Picknickplatz (km 18,7) mit roten Granitfelsen im angestauten Fluß, wo man herrlich baden kann; eine schmale Brücke über den Luru, dort, wo sie eine schmale Schlucht überspannt, durch die der Luru zornig über die ihn einengenden Felsen dröhnt und schäumt; viertens und letztens den Parkplatz am Ende der Straße (km 34,3), wo wir uns für unsere Urwaldwanderung ausrüsten. Wir empfehlen Ihnen dringend lange Hosen, langärmlige Hemden – und Gummistiefel (die Hosen und Hemden wegen der Mücken, die Gummistiefel wegen der knöcheltiefen Sumpfpassagen).
Kurz hinter dem Parkplatz überqueren wir den Fluß und errei-

Im Gressåmoen Nationalpark

chen auf breitem Schotterweg nach 10 min. die Gressåmoen - Alm (wo man Vesper und Getränke verkauft und ein Nachtlager anbietet). Wir biegen hinter den ersten beiden kleinen Hütten nach links und folgen einem schmalen Trampelpfad nach Osten. Nach weiteren 10 min. haben wir die Grenze des Nationalparks erreicht und folgen dem rechten Ufer eines kleinen Bächleins. Noch ein halbes Stündchen wandern wir weiter in die Wildnis, sind umgeben von immer älter werdendem Fichtenbestand; tote Bäume, aufrecht stehend oder kreuz und quer herumliegend zeigen an, daß keine menschliche Hand das natürliche Werden und Vergehen beeinflußt.
Wir kehren zum Wohnmobil zurück und lassen es bis zum dritten Picknickplatz rollen, wo wir bei ausgiebigem Bade den Wanderschweiß abspülen. Dann stauben wir nach SNÅSA zurück und biegen nach rechts in die »763« ein. Nach 300 m kann man rechts der Straße parken und zum anderen Ende des Orchideenwanderweges hinaufstapfen. 1200 m später ist man zum Snåsavatnet hinuntergekurvt und kann nach links nach VIOSEN, dem ältesten Teil von SNÅSA abzweigen. Dort stehen links uralte Holzhäuser noch aus der Zeit, als SNÅSA nur durch den Bootsverkehr mit der Zivilisation verbunden war. Wenden Sie Ihren Blick nach rechts, so erblicken Sie einen schönen Badeplatz.
Wir fahren weiter Richtung »E 6«, stoßen nach 4 km wieder auf den Snåsavatnet (nochmals Bademöglichkeit) und haben nach 7,5 km die »E 6« erreicht, in die wir nach rechts Richtung NARVIK/GRONG einbiegen.
Flott kommen wir nun voran, übersehen jedoch nach 10 km nicht einen schönen Picknickplatz links der Straße, oberhalb eines kleinen Sees. Nach weiteren 6 km biegen wir rechts (Wegweiser Formofoss), überqueren eine Bahnlinie und den Fluß und halten dort, wo wir nicht weiter fahren dürfen. Von der Mitte der Brücke hatten wir bereits einen guten Blick auf die tobenden Wassermassen. Wir marschieren noch 100 m auf der Fahrstraße, dann geht's rechts hinab zu einem Aussichtsplateau. 30 m stürzen die brüllenden und staubenden Wogen hinab und formen doch einen zarten Regenbogen.
Noch 9 km sind es auf der »E 6« nach GRONG. Kurz vor dem Ort passieren wir die Langnesbrücke und die Grongbrücke und verlassen 700 m später die »E 6« Richtung GRONG-Sentrum – ein Badeparadies ganz besonderer Art wartet auf uns!
Wir rollen durch den Ort, passieren eine FINA- und eine ESSO-Tankstelle und unterqueren 1200 m später die Bahnlinie. 100 m hinter dem Tunnel verlassen wir die Hauptstraße nach rechts, fahren wieder unter der Bahnlinie hindurch und landen nach 700 m am Tømmeråshøla-Badeplatz im Sanddøla-Fluß. Für

Naturrutschbahn im Badeparadies Tømmeråsfossen bei Grong

das Wohnmobil finden wir einen schönen Rasenplatz oberhalb des zum See erweiterten Flusses, wo Kleinkinder sicher baden und im Sand spielen können. Für die großen (oder ganz mutigen) hat der Fluß eine natürliche Wasserrutsche geformt, auf der man sich von den schießenden Wassermassen hinuntertreiben lassen kann. Diese Fluten sind nur ein kleiner Teil des Tømmeråsfossen, der brausend und tosend den akustischen Hintergrund zu diesem optischen Naturschauspiel liefert.

Am nächsten Morgen kehren wir zur »E 6« zurück, biegen rechts ein. Die Europastraße zieht nun links am breit dahinströmenden Namsen entlang. Eine schmale Eisenbahnbrücke überquert ihn mit einem weiten Metallgitterbogen und führt auch über die »E 6« hinweg.

Nur 9 km nutzen wir den bequemen Asphalt der »E 6«, dann biegen wir rechts ab Richtung ROSSETNES, eine schmale, aber stabil wirkende Hängebrücke bringt uns nach 1000 m auf die rechte Seite des Namsen. 200 m hinter der Brücke verlassen wir die Teerstraße nach rechts (Wegweiser: Møklevatnet) und folgen einer Schotteerstraße bergan. Aufpassen: Bereits nach 200 m gabelt sich die Straße, wir müssen nach links abbiegen!

Nach 2,2 km überqueren wir den Elstadelva und zahlen an der Bomstation 20 Kronen. Der Fluß neben uns ist ein Bild ungebärdiger Natur. Schießende Stromschnellen wechseln ab mit seenartigen Verbreiterungen, in denen das Wasser still zu stehen scheint, um dann wieder lustig über Steine zu hüpfen. Bei km 10,0 wechseln wir wieder die Flußseite, bei km 12,6 überqueren wir ihn zum dritten Mal und nach genau 14,0 km rollen wir am linken Ufer des Møklevatnet dahin (100 m später

Badeparadies am Møklevatnet

links der Straße Wasserhahn).
Die Straße endet mit einer Wendestelle bei km 15,3. So weit brauchen Sie aber nicht zu fahren, denn bereits bei km 14,9 haben Sie Ihren Traumplatz gefunden: Er bietet zwar an touristischen Einrichtungen nur eine Sitzbank und eine Feuerstelle – aber Platz für drei Wohnmobile, einen eiskalten Plätscherquell, einen herrlichen Blick über den stillen See, einen schönen flachen Sandstrand – und man ist umgeben von einer geradezu unwirklichen Ruhe, hier kann man ausspannen. Hat man genügend ausgeruht, kann man in der Umgebung mit Rucksack und Kompaß Wildnistouren unternehmen (die Infostelle in GRONG hält für Sie das nötige Kartenmaterial bereit).
Wir kehren entlang des Elstadelva zur »E 6« zurück.
Möchten Sie einmal Lachse springen sehen?
Dann folgen Sie nach 3300 m den Wegweisern "Lakse-Akvarium" am Fiskumfossen. Dort kann man allerhand unternehmen. Nachdem wir 40 NKr. (Kinder 15 NKr.) Eintritt bezahlt haben, überqueren wir auf einen Damm den Wasserfall und schauen an der Lachstreppe den zu ihrem Laichplatz strebenden Fischen beim Springen zu. Besonders große Exemplare sieht man im Lachsaquarium. Verspeisen kann man sie im benachbarten Restaurant; wie wär's mit gekochtem Lachs, geräuchertem Lachsfilet oder einem kompletten Lachsbuffet?
Selber fangen ist angesagt !?
Pro Stunde angeln zahlen Sie (incl. Leihangel) 150 NKr. – und was Sie fangen, gehört Ihnen!
Auch ein Lachsmuseum kann besichtigt werden. Hier erfährt der Laie allerlei Erstaunliches über das Leben dieser schmackhaften Tiere und die Art und Weise, wie der Profi sie vom

Wasser in den Kochtopf befördert. Wer den Aufenthalt zum Mittagessen im eigenen WOMO nutzen möchte, findet noch weiter unterhalb der »E 6« einen ruhigeren Parkplatz.
Wir düsen weiter nach Norden.
2700 m später, beim Campingplatz von HARRAN, können Sie Ihr Wohnmobil entsorgen. Wir wechseln nun die Flußseite nach rechts und ziehen durch eine hügelige Waldlandschaft weiter nach Norden. Die »E 6« ist in diesem Abschnitt neu trassiert und herrlich zu befahren. Dann begleitet wieder der breite Namsen unseren Weg; seine Oberfläche ist so still wie ein See. Wir brauchen sie nicht aufzuzählen, die schönen Picknickplätz-

Riesenruschbahn im Namskogan Familiepark

chen, die regelmäßig am Flußufer oder an kleinen Seen angelegt worden sind.
Jetzt zweigt die »764« nach SKOROVATN ab, 3,2 km später überqueren wir den Tunnsjøelva, hinter der Brücke liegt rechterhand ein Picknickplatz, hier bietet sich auch eine sehr schöne Badegelegenheit.
Biegt man unmittelbar **vor** der Brücke rechts in ein schmales Teersträßchen (keine Beschilderung), so findet man nach 550 m links einen noch viel ruhigeren Übernachtungsplatz oberhalb des Flusses.
Wenige Kilometer weiter im Norden liegt TRONES. Seine Hauptattraktion ist der "Namsskogan Familiepark". Von 10 - 19 Uhr können Sie dort täglich die nordische Tierwelt kennenlernen, Gold waschen, Go-Kart-fahren, eine 44 m hohe Sommerrodelbahn heruntersausen, Crashboot fahren, Mitgebrachtes grillen oder am Kiosk frische Waffeln kaufen. Natürlich finden Sie auch einen schönen Badeplatz. "Namsskogan Familiepark" ist mit Sicherheit ein Gelände, wo Sie Ihre Kinder sobald nicht wieder sehen werden. Falls Sie unter den ersten Besuchern sein möchten, bietet sich als ruhige Übernachtungsstelle der Parkplatz neben der Kirche von TRONES an (400 m südlich) mit Wasserhahn auf dem Friedhof.
15 km weiter nördlich an der »E 6« liegt BREKKVASSELV, wir biegen jedoch nicht rechts zum Ortszentrum, sondern überqueren nach links den Namsen Richtung NESSAN. Unter der Brücke schäumt der Fossmofossen. 200 m und 1600 m nach der Abzweigung findet man links der Straße praktische Picknick- und Übernachtungsmöglichkeiten.
9 km nördlich von BREKKVASSELV biegen wir links zur Kirche von BJØRHUSDAL ab. Nach 500 m, wir haben auf einer schmalen Brücke den Namsen überquert, landen wir auf einem fußballfeldgroßen Parkplatz vor der Kirche von BJØRHUSDAL, wo man ungestört vom Lärm der »E 6« nächtigen kann. Direkt am Rand des Friedhofes oberhalb des Parkplatzes wartet ein Wasserhahn auf Sie.
Weiter geht's auf der »E 6« nach Norden. Aber bereits 3 km nach der Abzweigung zur Kirche von BJØRHUSDAL hat die Gemeinde NAMSSKOGAN einen Picknickplatz mit Badegelegenheit am Namsen angelegt, und von dort aus führen Spazierwege zwischen »E 6« und Fluß, der malerisch über Stromschnellen dahinschießt, entlang bis zum Ortskern. Dort überqueren wir den Namsen nach links und ziehen weiter nach Norden. Inselchen in der Flußmitte vermitteln um so mehr den Eindruck, als gehöre das stillstehende Wasser zu einem riesigen, langgestreckten See.
19 km nördlich von NAMSSKOGAN biegen wir links zum

Badeplatz am Mellingsvatnet

Mellingsvatnet (Achtung! Hinweisschild an der Straße nur: Turområde). Nach 1200 m entlang dem schäumenden Mellingselva stehen wir an einer Informationstafel am Beginn des Sees. Dort biegen wir rechts ab und erreichen nach 2000 m einen herrlichen, großen Picknickplatz am Ufer mit Toilette, überdachter Sitzgelegenheit, Grillstelle und natürlich Badegelegenheit; ein ruhiges, ja idyllisches Plätzchen.
2900 m nördlich der Abzweigung zum Mellingsee ist Nord-Trøndelag zu Ende – und Nordland begrüßt uns mit einem riesigen Triumphbogen. Hier finden Sie rechts der Straße einen Spielplatz für die Kinder und ein Informationsbüro für die wißbegierigen Erwachsenen.

Porten til Nordland

Wohl informiert düsen wir nach Nordland hinein und erreichen nach 4 km den Store Majavatnet.
Wie wär's mit einem kurzen Badestop neben dem Majavatnet-Campingplatz?
500 m später führt die »E 6« unter der Bahnlinie hindurch. Direkt vor der Unterführung biegen wir links in einen Schotterweg und erreichen nach weiteren 700 m die "Sørsamekapellet", die Südlappenkapelle. Sie liegt einsam und verlassen in einer Waldlichtung, umgeben von weiteren Lappengebäuden und nur wenige Meter entfernt vom See.
Wir kehren zur »E 6« zurück, unterqueren die Bahnlinie und

Sørsamenkapelle bei Majavatn

zweigen 1000 m nach dem Bahnhof von MAJAVATN nach rechts Richtung TOMASVATN ab. Der Abstecher endet für unser Wohnmobil nach genau 2900 m an einem lindgrünen Häuschen mit rotem Dach, wo die Wandersleut´ ihre Fahrzeuge abstellen, die im Børgefjell-Nationalpark herumstreifen wollen (10 NKr. pro Tag ist uns die bequeme Parkplatzwiese wert).
Das Børgefjell ist mit über 1100 qkm einer der größten Nationalparks Norwegens. Seine weitläufige Fjellandschaft ist ein beliebtes Wandergebiet, obwohl man sich nahezu überall auf Kompaß und Karte verlassen muß – markierte Wege gibt es kaum. Die Ausnahme ist der Pfad zum Jengelvatnet, dessen

Wanderung zum Børgefjell-Nationalpark

Beginn wir mit Ihnen gemeinsam erwandern wollen.
Zunächst folgen wir der Fortsetzung der Fahrstraße bergauf. Nach einem knappen Viertelstündchen (wir haben noch eine ganze Reihe von hübschen Ferienhäusern passiert, die rings um den Tomasvatn im Wald versteckt liegen) schickt uns ein Wegweiser (Børgefjell/Jengelen) nach links in die Wildnis.
Eine erste Sumpffläche, in der herrlich der Fieberklee blüht, wird noch auf bequemem Laufsteg überquert. Dann führt der wurzeldurchsetzte Torfbodenpfad – mal federnd trocken, dann wieder quietschend und quatschend feucht bis naß bergan. Zunächst stapfen wir durch einen lichten Fichtenwald, dessen reicher Unterwuchs in voller Blüte steht. An blaublühendem sichten wir Eisenhut, Storchschnabel und Knabenkrautorchideen, gelb leuchten Hahnenfuß, Wachtelweizen und herrliche Trollblumen, ganz nah am Boden kriecht der Schwedische Hartriegel mit seinen weißen Blütensternen.
Im feuchten, warmen Wald leben auch Tiere! 10 bis 12 von ihnen saugen genüßlich an Waltrauds Rücken, während die anderen ungeduldig sirrend eine Warteschleife drehen ....
Mit zunehmender Höhe bleiben jedoch nicht nur die Fichten zurück, sondern wegen der abnehmenden Temperatur auch die Plagegeister; Birken und Vogelbeerbäume haben den Nadelwald abgelöst.
Nach 30 min. erreichen wir eine sumpfige, baumlose Hochfläche, die wir wieder auf einem Laufsteg überqueren. Von seinem Südostrand blitzen die ersten Schneefelder zu uns herüber – unser Wanderziel ist in Sicht! Wir genießen eine Weile die herrliche Aussicht, die Kühle, werfen uns Schneebälle zu und machen eine kleine "Höhlenexpedition" zu dem benachbarten Sturzbach, der das nächste Schneefeld untertunnelt hat. Von hier aus sind es nur noch wenige Schritte bis zur Baumgrenze, aufs offene Børgefjell.
Wir kehren um und marschieren den gleichen Weg zum WOMO zurück. Jetzt ist unser botanischer Blick geschärft, und so entdecken wir auch noch Vergißmeinnicht und Buschwindröschen, gelbe Veilchen, das Kleine Wintergrün mit seinen süßen, weißen, rosa angehauchten Blütentrauben und schließlich auch noch das insektenfressende Fettkraut mit seinen langgespornten, blauvioletten Einzelblüten.
Nach insgesamt 40 min. sind wir zurück am Wohnmobil und beneiden das junge Pärchen, das gerade Riesenrucksäcke mit Angelausrüstung und Gummistiefeln schultert – müssen die Zeit haben!
Zurück an der »E 6« halten wir wieder nach Norden. Die Landschaft wird jetzt genau so, wie wir uns das nördlichere Norwegen vorstellen: Lichte Fichtenwälder, dazwischen Bir-

kengruppen, aus den Sumpfflächen blicken uns schwarze "Mooraugen" an; umrahmt wird das Bild von kahlen Bergkuppen, an deren Hängen Schneefelder herabblitzen. Immer wieder tauchen am Straßenrand stille, blauschwarz glänzende Seen auf.
14,7 km nach unserem Abstecher, wir hatten gerade die Bahnlinie unterquert, liegt links der Straße ein besonders schöner Picknickplatz neben einem wildtosenden Katarakt. Wer es noch bequemer haben möchte, findet nach genau 21 km (also 6,3 km später) einen speziell angelegten Wohnwagen- und Wohnmobilparkplatz am Svenningsvatn, wo man sich zwischen Buschgruppen, neben Picknicktischen und Grillstellen direkt am Wasser einnischen kann (von 10 - 15 Uhr kostenlos, 24 Std. 50 NKr.).

Offizieller WOMO-Platz am Svenningsvatn

In TROFORS, wo die »73« nach Schweden abzweigt, überqueren wir den breit dahinströmenden Vefsna-Fluß, der unsere »E 6« auf den nächsten 45 km bis MOSJØEN begleiten wird. Nur 6 km sind es bis GRANE mit einer schmucken weißen Holzkirche rechts oberhalb der Straße. Wir parken vor dem Friedhof, bewundern den schönen Altar und die eigentümliche Kanzel und beehren auch den Wasserhahn am Friedhofsrand. Die Wohnmobile sind auf der »E 6« inzwischen dominierend, trotzdem begrüßt man sich jedesmal per Handzeichen, meist jedoch, ohne das Lenkrad loszulassen.
7 km nördlich von GRANE biegen wir links, nur 600 m sind es zum gewaltigen Laksfossen. Die Aussicht auf den breit hinabgischtenden, 16 m hohen Fall ist herrlich, von drei Stellen aus ist der Blick jedoch besonders schön:
Rechts der Gaststätte kann man sich an einer Kette zum Fuße

des Falles hinabhangeln und ihn aus der Perspektive des flußaufwärts ziehenden Lachses betrachten; läuft man auf der Fahrstraße genau 200 Schritte zurück bis zum Scheitel der Linkskurve, so kann man zu seinem oberen Ende hinabsteigen (dort kann ich Ihnen, Mittagszeit und Sonnenschein vorausgesetzt, zusätzlich zum gischtenden Weiß auch noch einen darübergespannten Regenbogen versprechen).
Den schönsten Blick jedoch haben Sie vom Ecktisch in der Gaststätte, bei Rentierfilet oder gekochtem Lachs ....
Nun sind es noch 32 km bis MOSJØEN, wo der Vefsna in den gleichnamigen Fjord mündet. Am Beginn des Ortes führt die »E 6« durch den neuen Mosås-Tunnel; biegt man unmittelbar vor dem Tunnel links (Wegweiser: OLDERSKOG), so landet man nach 800 m an einem großen, geschotterten Parkplatz, hier kann man nicht nur ruhig übernachten, sondern auch zum Mosåsen-Freizeitgebiet mit Rastplätzen, Feuerstellen und einem Badeplatz wandern.
Das ewige Gelatsche geht Ihnen auf den Keks?
Sie wollen endlich was Ordentliches erleben??
Können Sie haben!
Wir rollen auf der »E 6« durch den Mosås-Tunnel, passieren einen Campingplatz beim Schwimmbad und verlassen die »E 6« am nächsten Kreisverkehr Richtung MOSJØEN-Sentrum.
Am folgenden Kreisverkehr muß man rechts fahren, wenn man ins Sentrum mit der berühmten Sjøgata möchte. Wir merken uns diese Stelle und fahren zunächst geradeaus über den Vefsna (Wegweiser: Flyplass).
Nach genau 2600 m seit diesem Kreisverkehr biegen wir vor einem Schotterwerk rechts ins Øydalen. Links eines Bächleins scheppern wir bergauf und parken nach 700 m rechts neben dem lustigen Plätscherbach. Hier kann man ausspannen und ruhig übernachten, vorher jedoch ist "action" angesagt!
Wir ziehen griffige Wanderschuhe an und stapfen auf der Fortsetzung der Fahrstraße weiter, überqueren zwei eisenbahnbohlenbelegte, geländerlose Brückchen. Unmittelbar hinter der zweiten Brücke biegen wir rechts und suchen am rechten Rande der Viehweide, immer dem Bachlauf folgend, nach dem Beginn eines anfangs von den Kühen zertrampelten Pfades. Nach 10 min. überqueren wir den Bach auf großen Wackersteinen und steigen den steiler und immer steiler werdenden Hang hinauf. Bei guter Kondition schafft man das in 10 min. – falls der Stieg vom Regen naß ist, vermutlich nie.
Inzwischen haben wir die roten Markierungen an den Baumstämmen entdeckt, beachten sie besonders gut im oberen Teil des Hanges, denn dort schwenkt der Pfad plötzlich nach rechts,

führt eben an der Hangkante entlang und endet nach bereits 100 m an einem Höllentor: Wir haben die Øyfjellgrotte erreicht, stapfen und rutschen in den Schlund hinab bis zu seiner Sohle, wo Eisplatten den Sommer überdauern und entdecken ein dickes Seil, mit dessen Hilfe man sich in den eigentlichen Höhlenbeginn hineinhangeln kann.
Hier hört das Abenteuer für Laien auf! Einen erfahrenen Führer, der auch die entsprechende Ausrüstung stellt, vermittelt Ihnen das Informationsbüro im Stadtzentrum, zu dem wir das Wohnmobil nach unserer Rückkehr hinlenken. Am Kreisverkehr hinter der Brücke über den Vefsna (Sie erinnern sich?) biegen wir links. Nach 400 m entdecken wir links einen schönen Parkplatz am Fluß, rechts das Informationsbüro und geradeaus den Beginn der berühmten Sjøgata. Ähnlich der "Bryggen" in Bergen reihen sich hier wie an einer Perlenkette hölzerne Speicher und Wohnhäuser aneinander. Viele von ihnen sind bestens restauriert, es ist ein Genuß, zwischen ihnen zu spazieren.

Sjøgata in Mosjøen

Leibliche Genüsse ohne Ende verspricht Egons Pizzeria, wo man von 11.30 - 18.00 Uhr für ca. 15 DM soviel Pizza und Salat essen kann, wie man zu verdrücken vermag – das Ganze in einem typischen Sjøgatahaus mit gemütlichem Seemannsambiente und Blick auf den Fluß.
Zum Schluß noch etwas Kultur!
Wir kehren zum Kreisverkehr an der »E 6« zurück und spuren uns Richtung NARVIK ein, bereits nach 800 m verlassen wir sie wieder nach rechts (Wegweiser: Dolstad-Kirke/Vefsn-Museum). Hinter der Kirche und dem benachbarten Museum finden wir eine ganze Reihe von ruhigen Park- und Übernachtungsplätzen. Wir schlendern zwischen den alten Gebäuden des

Freiluftmuseums hindurch, hinüber zu der alten Holzkirche mit dem außergewöhnlichen achteckigen Grundriß (offen: 8.30 - 15.00 Uhr).

Dolstadkirche, Mosjøen

Wenig später verlassen wir MOSJØEN auf der »E 6« nach Norden. Linkerhand liegt das große Elkem Aluminiumwerk, von dem die Dame im Informationsbüro versicherte, es sei äußerst umweltfreundlich. Hier verbreitert sich der Vefsna zum Vefsnfjord, nur kurz ist uns jedoch ein Blick auf ihn vergönnt, denn bereits 1500 m nördlich MOSJØEN biegen wir mit der »E 6« ins Landesinnere ab. Als Trost bekommen wir 7 km später den Fustvatnet geboten, einen schönen Picknickplatz an seinem Ufer mit Basketballfeld und Badestrand. Für die Nachtruhe empfehlen wir eher hinter dem See rechts Richtung BREKKEN/ LYNGHAUG abzubiegen; bereits nach 1100 m finden Sie einen vom Straßenlärm verschonten Campingplatz (80 NKr.) und nach weiteren 1300 m rechts der Straße einen ebenen, ruhigen Holzrückplatz ....

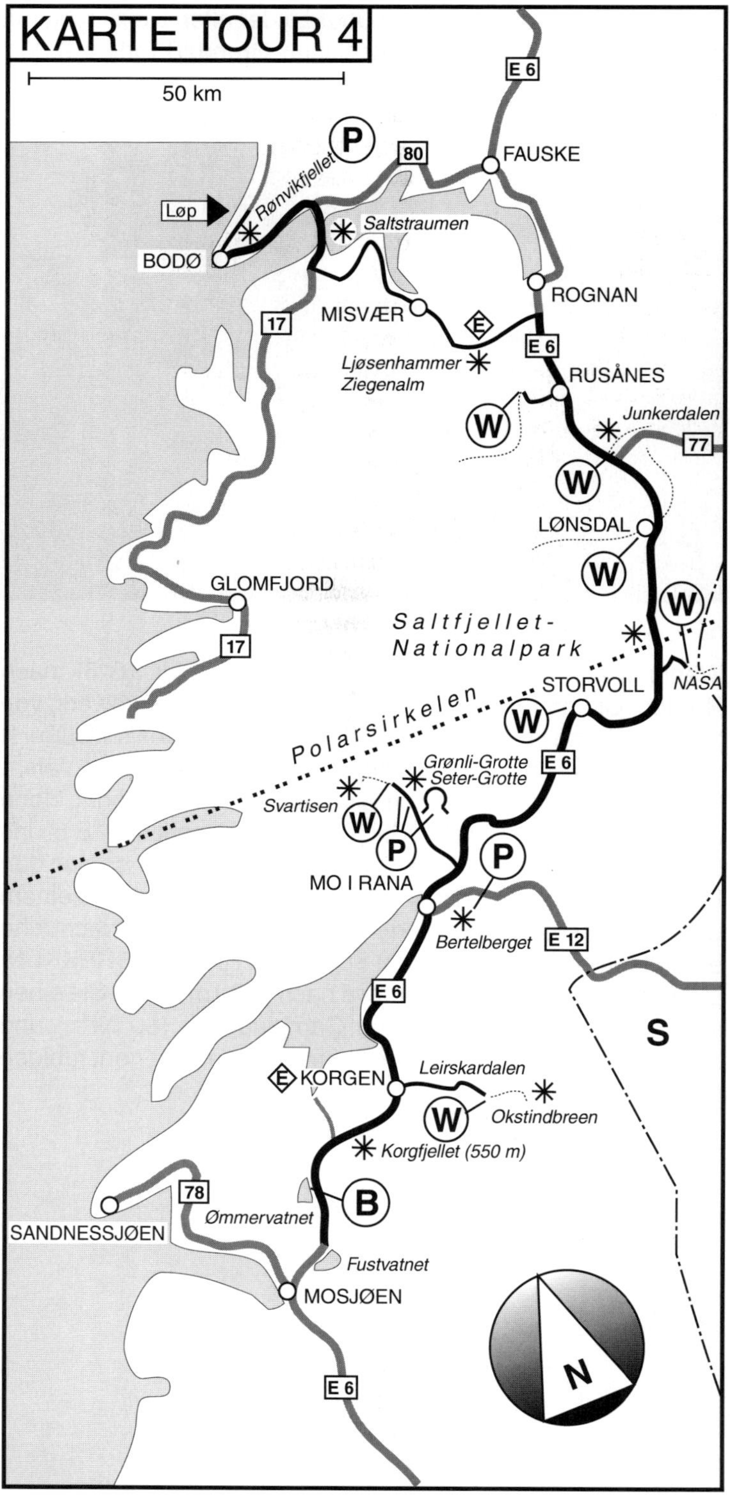
KARTE TOUR 4
50 km
E 6
P
80
FAUSKE
Løp
Rønvikfjellet
Saltstraumen
BODØ
ROGNAN
MISVÆR
17
E
E 6
Ljøsenhammer
Ziegenalm
RUSÅNES
W
Junkerdalen
77
W
LØNSDAL
W
GLOMFJORD
W
17
Saltfjellet-
Nationalpark
STORVOLL
NASA
W
Polarsirkelen
Grønli-Grotte
Seter-Grotte
E 6
Svartisen
W
P
P
MO I RANA
Bertelberget
E 12
E 6
S
E
KORGEN
Leirskardalen
W
Okstindbreen
Korgfjellet (550 m)
78
B
Ømmervatnet
SANDNESSJØEN
Fustvatnet
MOSJØEN
N
E 6

TOUR 4 (425 km / 3-6 Tage)

Korgen – Okstind-Gletscher – Mo i Rana – Setergrotte – Svartisen-Gletscher – Polarkreis – Junkerdalen – Misvær – Saltstraumen – Bodø

Vom Fustvatnet zum Ømmervatnet sind es genau 8 km auf der »E 6«. Dort findet man links der Straße einen großen Picknickplatz mit einem weitläufigen Gelände zum Rasten und Baden; noch 70 km sind es bis MO I RANA.

Bereits 10 km weiter zweigt eine Straße zum Elsfjord ab – wollen Sie mal wieder Seeluft schnuppern?

Wir folgen weiter der »E 6«, passieren nach 800 m einen weitläufigen Campingplatz am Luktvatnet – und plötzlich geht's nach oben!

Von Schleife zu Schleife, die die Straße zieht, wird aus der nordischen Fichten/Birkenwaldlandschaft ein baumarmes Fjell. Wie weiße Finger greifen Nebelfetzen nach uns, hüllen uns schließlich ein, im Nu sinkt die Sicht auf 20 m. Gerade noch können wir den Straßenrand erkennen, ein Seeufer, einen Picknickplatz, zu dem ein Sträßchen um einen Felsklotz herumführt (ruhig!).

Nach 7,5 km Bergfahrt haben wir in 550 m Höhe das Korgfjellet erreicht mit Gaststätte, Riesenparkplatz und einem Berg von Rentiergeweihen, die uns ein freundlich lächelnder Same in Ausgehkostüm verkaufen möchte. Noch 1070 km sind wir vom Nordkap entfernt, 1013 km liegt dieser Platz nördlich von Oslo, wir könnten also Halbzeit feiern!

Mit 9 % Gefälle kurven wir hinab auf KORGEN zu. Wie ein U-Boot aus dem Wasser tauchen wir aus der Nebelsuppe auf, die vereinzelten Krüppelbirken rücken zu Wäldern zusammen, Fichten stellen sich wieder ein, haben wir das alles nur geträumt? Ein weites Tal liegt unter uns; die bunten Holzhäuser von KORGEN sind im Nadelwald kaum zu sehen.

Wir nehmen nicht die erste Abzweigung Richtung KORGEN-Sentrum, sondern erst die zweite (hinter dem Røssaga-Fluß) bei der ESSO-Tankstelle (Wegweiser: KORGEN/LEIRSKARDALEN). Auf dem Gelände der Tankstelle liegt auch das Informationsbüro, eine Telefonzelle und eine Entsorgungsstelle.

Wohlentsorgt und versorgt mit Informationen düsen wir weiter nach Osten. Neben uns schießt der Leirskarelva über Felsriffe, sein milchig-bläuliches Wasser sieht nicht nur kalt aus, man hat das Gefühl, es sei erst vor kurzem vom Gletscher getropft: Wir nähern uns dem Okstindbreen!

Aus den bewaldeteten Hängen blitzen silberweiße Wasserfälle,

immer schmaler wird das Tal, die Hänge werden steiler, die Zahl der Wasserfälle nimmt zu. Der Leirskarelva hat sich nun in einen wildschäumenden Katarakt verwandelt, gespeist von zwei letzten gewaltigen Wasserfällen am Talschluß. Hier endet bei km 13,6 die Teerstraße mit einer Wendeplatte!?
Ein Schotterweg führt uns weiter, nach 100 m überqueren wir den schießenden Katarakt (bitte das Viehgatter wieder schließen!). Der Schotterweg führt durch eine Urlandschaft ohnegleichen. Wir durchqueren ein zweites Viehgatter, steigen nun steil empor und erreichen eine ebene Passage mit vielen Parkgelegenheiten am Rande eines ganz eigentümlichen Krüppelbir-

Leirskarelva bei Klemethelleren

kenwaldes. Dann steigt der Schotterweg weiter empor, wird etwas holperiger, ist aber problemlos zu befahren. Ein Wasserfall schießt unter der Straße hindurch, wir können vom Autofenster aus mit der Hand fast hineinfassen.
Dann sichten wir rechts der Straße den Beginn des Wanderweges (Markierung: KORGEN/Steinbua); der Fahrweg endet nach weiteren 300 m (insgesamt 5,3 km Schotterpiste) auf einem aufgeschütteten Plateau mit einer einzigen, wie vergessen wirkenden, Sitzbank. Diese ebene Stellfläche mit herrlichem Ausblick verdanken wir einem Probeschacht für ein Bergwerk, in dessen verschlossenem Eingang ein riesiger Schneeberg den Sommer überdauert. Am Ende des Parkplatzes schießt ein Wildbach den Hang hinab – Trinkwasserqualität.

Wanderparkplatz zum Okstindbreen

Wir statten uns mit Windjacke und Gummistiefeln aus, laufen auf dem Fahrweg 300 m zurück und beginnen nach links unsere Sight-Seeing-Tour zum Okstind-Gletscher. Der Pfad ist mit roten "T" markiert, sie können nicht fehlgehen.
Die Natur ist nicht so still wie bei unserer letzten Wanderung im Børgefjell, es plätschert und rauscht um uns her, und gar manches Bächlein überqueren wir trocknen Fußes mit unseren gefütterten Gummistiefeln. Nach 15 min. gabelt sich der Wanderweg; wir halten uns links Richtung Steinbua/Okstindbreen, erreichen ein Hochtal, ziehen an seinem linken Rand weiter, überqueren das erste Schneefeld. Am Ende des Tales schwenken wir nach links in ein Seitental, durch das der Gletscherbach hinabtost. Hier ist kaum noch Vegetation – nur glattgeschliffene Felsen und riesiges Geröll; Schneefelder. Dann haben wir ihn vor, ja über uns, majestätisch erstarrt in diesem unwirklichen, strahlenden Hellblau. In Blöcke zerrissen krallen sich die letzten

Eisfinger des Gletschers in die steile, braunschwarze Felsenflanke. Nach 50 min. Wanderzeit haben wir den Gletschersee erreicht, suchen uns einen bequemen Felsklotz, genießen still die Pracht. Hunderte von Schmelzwasserfäden fließen unter dem Schnee und Eis heraus, vereinigen sich zu Bächen und stürzen tosend in den See.

Wir sind die einzigen Lebewesen hier, bis auf eine kleine Bachstelze, die neben uns auf einem Stein wippt. Eine Minivegetation kann bewundert werden: Steinbrechpolster, gelb und rosa blühend, daneben kaum größere Weiden, die ihre Blütenkätzchen hinaufrecken wie kleine Türme, um sie vom Wind bestäuben zu lassen; die Zwergbirke mit ihren rundlichen, gezähnten Blättchen hat in etwa die Höhe unsere Gänseblümchen.

Für den Rückweg brauchen wir nur eine dreiviertel Stunde, so daß man (samt gebührender Gletscherbewunderung) für die Tour noch nicht einmal zwei Stunden ansetzen muß.

12 km nördlich KORGEN sind wir wieder am Meer, genauer gesagt, am Sørfjord. Hier wird die »E 6« gerade neu trassiert: Tunnel werden gebohrt, Felsdurchbrüche gesprengt, bald können Sie sehr komfortabel entlangflitzen, werden dann aber den kleinen Sandstrand-Badeplatz von FINNEIDFJORD nicht mehr sehen.

Ein kleiner Sattel – und schon sind wir am Ranifjord, der dank seiner Breite eher nach Meer aussieht; er begleitet uns bis MO I RANA.

In MO gibt's einiges zu erleben! Am Ortsbeginn halten wir bei der Touristinformation, nehmen einen Stadtplan und viele Ratschläge in Empfang. Dann biegen wir 100 m weiter links

Mo i Rana, Moholmen

Richtung Sentrum, fahren am Bahnhof vorbei und überqueren die Bahnlinie nach links. Dahinter liegt gleich rechts die Naturhistorische Abteilung des Rana-Museums, wo Sie die einheimische Tierwelt kennenlernen und vieles über den Lebensraum Küste und die Geologie des Ranagebietes erfahren können (offen: Mo - Fr 9-15/19-22 Uhr, Sa 12-15 Uhr, So 16-18 Uhr). Wenn Sie hier parken, haben Sie nur wenige Schritte zur Küste bei Moholmen, dem ältesten Stadtteil. Hier spazieren Sie zwischen kleinen, sorgfältig restaurierten und liebevoll herausgeputzen Holzhäuschen und fühlen sich wie im 17. Jahrhundert. Wir fahren zur »E 6« zurück, biegen links, verlassen sie aber

Mo i Rana, Mofjellet

nach 500 m (an der zweiten Ampel) schon wieder nach rechts, um einen Blick auf die Mo-Kirke zu werfen, einen schönen, weißen Holzbau mit einem lustigen, bayerisch angehauchten Zwiebelturm. Dann fahren wir weiter auf der »E 6« nach Norden, biegen 1400 m später rechts in die »E 12« Richtung UMEÅ. Nach genau 3600 m verlassen wir sie wieder nach rechts (Wegweiser: Bertelberget/Mofjell). Wir erreichen nach 2000 m das Gelände eines Elektrizitätswerkes, schwenken davor nach links – und landen in der Wildnis! So, als hätte man Norwegen "en miniatur" nachgebildet, steigt das Sträßchen durch eine herrliche Landschaft mit Sumpfflächen, kleinen Seen und Wasserfällen zwischen Fichten- und Birkengruppen zum aussichtsreichen Bertelberget empor. Dort und unterwegs finden Sie eine Unzahl von geschickt angelegten Stellplätzen, von denen aus Sie spazieren gehen können, und auf denen Sie nachts Ihre Ruhe haben.
Wir kehren zur »E 6« zurück, schwenken rechts Richtung FAUSKE ein, überqueren nach 1000 m den Ranelva. Dahinter knickt die »E 6« nach rechts ab, begleitet den Fluß. Vom Hang rechts oberhalb des Ranelva grüßt Bertelberget herab, unser kleines norwegisches Paradies.
Höhlen und Gletscher kann man auch komfortabler serviert bekommen, als wir das bisher für Sie taten! 10 km nördlich von MO I RANA, wir hatten gerade auf einer zweibogigen Metallgitterbrücke den breiten Langvassåga überquert, folgen wir nach links den Wegweisern Svartisen/Grønligrotta. 1200 m später passieren wir einen großen Picknickplatz mit Informationstafel über Svartisengletscher und Höhlen.
Nach knapp 10 km auf der Stichstraße zum Svartisengletscher liegen rechterhand die zwei berühmtesten Höhlen Norwegens: die Setergrotte und die Grønligrotte. Wir holpern zunächst 1000 m bis zum großen ebenen Parkplatz vor der Setergrotte, diese ist etwas für sportliche Abenteurer. Mit Kopflaternen, Overall und Stiefeln versorgt können Sie zweimal täglich (11.30 und 15.00 Uhr) zwei Stunden durch das unterirdische Marmorlabyrinth krabbeln.
Wer's bequemer haben möchte, tuckert noch 1000 m weiter bergan bis zur Grønligrotte. Sie ist (als einzige in Norwegen) elektrisch beleuchtet; von 10 - 19 Uhr findet stündlich eine Führung statt. Gummistiefel, warme Jacke und Fotoapparat mit Blitzlicht sind die richtige Ausrüstung, um die unterirdische Pracht genießen zu können.
Bereits vor 500 Millionen Jahren wurde der Marmor unter hohem Druck und hohen Temperaturen aus dem ursprünglichen Kalkstein gebildet, darüber liegt wasserunlöslicher Glimmerschiefer. Während sich der Marmor nach und nach durch

Die Grønligrotte, die einzige beleuchtete Höhle Norwegens

einsickerndes Wasser auflöste, verblieb der Glimmerschiefer als Höhlendecke; Stalaktiten suchen Sie hier deshalb vergeblich. Um so ausgefallener sind die Formen der ausgewaschenen Höhlengänge, am Boden hat der unterirdische Fluß kreisrunde Strudeltöpfe gescheuert. In der "Kapelle" steckt ein großer Granitblock, der nur vom 15 km entfernten Gletscher durch Schmelzwasser und Eis in die Höhle gepreßt worden sein kann.

Wer nur einen kurzen Blick in die Höhle werfen möchte: Die beiden Eingänge liegen 160 m und 280 m unterhalb vom Grønli-Kro mit einem großen Parkplatz.

Noch 13,5 km sind es auf dem Teersträßchen bis zum Gletscherparkplatz. An diesem Fahrweg gibt es bei km 5,6; km 5,8; km 6,0 und km 6,1 praktische Übernachtungsplätze, die schönsten jedoch bei km 10,0 und km 11,0. Diese erwähne ich so präzise, weil am Ende der Straße der Touristen-Nepp Blüten treibt. Wer tagsüber parkt, löhnt 10 NKr., nachts steigert man sich auf 20 NKr.
Aber das ist nicht alles: Von hier aus sind es noch ca. 10 km bis zum Gletscher. Wer die Bequemlichkeit liebt, legt die erste Hälfte der Strecke (für happige 50 NKr. pro Person) per Boot auf dem Svartisvatnet zurück. Wir packen einen Vesperrucksack, ziehen die Gummistiefel über und folgen am rechten Seeufer einem typisch norwegischen "Natursti", mitten durch lockeren Birkenwald, vorbei an kleinen Wasserfällen. Wir überqueren Sumpfwiesen und Bachläufe, klettern über umgefallene Baumstämme oder kriechen unter ihnen hindurch. Am Ende des Sees hört die Vegetation nach und nach auf, man merkt deutlich, daß der eiskalte Hauch des Gletschers hier noch vor wenigen Jahrzehnten jeden Pflanzenwuchs unterband. Auf flachen Gesteinsplatten, geschichtet wie Lassagne, stapfen wir nun trokkenen Fußes rechts des tosenden Gletscherflusses hangaufwärts. Aus einem riesigen Felsschlund schießt der Gletscherabfluß heraus; er muß sich einen unterirdischen Weg gebahnt haben. Weiter und weiter steigen wir den vom Gletschereis glatt geriebenen Hang hinauf, erreichen den oberen Gletschersee; auf ihm treiben bläulich-gläsern schimmernde Eisberge. Eine letzte Felsnase, dann haben wir die blauweiße, bis ins Wasser hineinragende Eismasse vor uns, aber es braucht noch eine weitere Viertelstunde Kraxelei, bis man vom formatfüllenden

Svartisen-Gletscher mit Eisbergen

Svartisen-Gletscher – im Gletscherfeld

Gesamteindruck zur Nahaufnahme schreiten kann. Etwas Vorsicht ist schon am Platze, auch wenn während unserer Anwesenheit das Eis bewegungslos blieb – irgendwann müssen die Eisberge ja ins Wasser gekracht sein....
Auch für den Rückweg brauchen wir zwei Stunden. Als wir auf halbem Wege an der Bootsanlegestelle vorbei kommen, stauen sich dort die Wartenden. Wir verkneifen uns ein Grinsen und erleben eine zweite Auflage unseres Wasserfall-Sumpf-Birkenwald-Pfades.
Bei der Gletscherwanderung haben Sie sich ordentlich eingelaufen!? Wir gestatten uns deshalb, Ihnen im Verlaufe der nächsten Kilometer an der »E 6« einige auserlesene Wander-

vorschläge zu unterbreiten, von denen Sie sich den für Sie verlockendsten auswählen mögen:
An der »E 6« zurück, biegen wir links Richtung FAUSKE und rufen "Aha", als wir den achteckigen Grundriß der Rossvoll-Kirke erspähen; hier war wohl der Baumeister aus MOSJØEN tätig.
Auf den nächsten Kilometern hatten die Straßen- und Eisenbahnbauer einen Vorkämpfer. Rechts und links folgten Sie dem Verlauf des Ranaelva, der für sie Bahn gebrochen hat. Die bewaldete Landschaft ist nahezu menschenleer. Auch die Picknickplätze werden seltener, der nächste kommt erst 15,5 km nach unserem Gletscherabstecher. Oder nehmen Sie auch mit einem Kirchenparkplatz vorlieb? Er liegt 2 km später bei der Nevernes-Kirke (der Wasserhahn ist nur 20 m vom Parkplatz entfernt).
Auch durchs breite Dunderlandsdalen begleitet uns der Ranaelva, gern würden wir an seinem Ufer mal rasten, aber entweder hat er sich im dichten Wald versteckt, oder die Straße führt weit oberhalb von ihm dahin.
Erst bei STORVOLL kommen wir an den nächsten Picknickplatz mit Informationstafel über den Saltfjellet-Nationalpark (zu dem auch unser Svartisengletscher gehört). Von hier aus kann man in das urtümliche Stormdalen marschieren (Wandervorschlag 1). Dort finden Sie den nördlichsten, zusammenhängenden Fichtenwald der Welt, aber auch üppige Birkenbestände mit einem reichen Vogelleben. Der STORVOLL-Parkplatz wird 1 km vorher angekündigt. Hier liegt links der Straße eine knappe Parkgelegenheit, daneben markiert eine schwingende Fußgängerhängebrücke über den Ranaelva den Beginn des Wanderweges. Will man längere Zeit wandern, möchte man das WOMO natürlich nicht an der Straße abstellen! Fahren Sie 400 m später nach links auf einen Schotterweg, der parallel zur »E 6« weiterführt. Nach 600 m liegt ein ruhiger Parkplatz hinter Schule und Kinderspielplatz am Fluß.
Ihnen ist noch nicht nach wandern? Dann finden Sie 3,3 km später endlich den gesuchten, idyllischen Flußuferparkplatz, versteckt in einem Birkenwäldchen.
Wir verlassen nun das Dunderlandsdalen, ziehen in Schleifen bergan. Trotzdem begleitet uns der Ranaelva; er wandelt sich jedoch, je weiter wir hinauf ins Fjell ziehen, vom breitströmenden, ruhigen Fluß in einen über Klippen und Felsklötze hinabstürzenden, schäumenden und brausenden Katarakt. 18,5 km nach dem STORVOLL-Parkplatz macht uns ein Hinweisschild bewußt, wie nahe der Nachbar Schweden ist: "nedl. Nasa Sölvgruver" lesen wir, eine Schotterstraße führt zu einer nur 10 km entfernten, stillgelegten Silbergrube auf dem Nasafjäll,

bereits kurz hinter der norwegisch/schwedischen Grenze.
Wir folgen dem Wegweiser über den Ranaelva und 900 m bergauf. Dort kann man rechts der Straße parken, links beginnt der Pfad (Wegweiser: Nasa) durchs Fjell zur 3 Stunden entfernten Silbergrube (Wandervorschlag 2). Wir kurven noch 1500 m weiter auf dem Fahrweg bergauf und finden dort einen schönen, ebenen, aussichtsreichen Übernachtungsplatz.
Am nächsten Morgen passiert das, was jeder Nordlandfahrer irgendwann zum ersten Mal erlebt: Noch halb verschlafen ziehen wir die Rolläden hoch – und sehen uns umzingelt! Rings um uns, völlig ungeniert, weidet eine Rentierherde. Sie läßt sich auch nicht stören, als wir zum Filmen das Fenster öffnen. Erst als wir das Fahrzeug verlassen, eilen die Tiere mit langen wiegenden Schritten auf sichere Distanz.
Noch ein zweites, großes Ereignis steht uns heute bevor!
Auf der »E 6« sind es noch 6,5 km bis zum nächsten Picknickplatz, dort läßt die Straße die letzten Bäume hinter sich, es geht hinauf ins Fjell, der Polarkreis ist nahe! Daß winters hier oben extreme Bedingungen herrschen, sieht man an den hölzernen "Garagen", die über die Gleise gebaut wurden. In ihnen kann man ganze Züge abstellen, wenn Schneestürme die Weiterfahrt unmöglich machen.
Man würde sie einfach überqueren, ohne das Geringste zu bemerken, die Linie, für die die Wissenschaft die Bezeichnung 66° 33' n. Br. hat. In der Nacht vom 21. zum 22. Juni geht hier die Sonne nicht unter, wir sind am Polarsirkelen!
Damit das auch jeder merkt, wurde inzwischen ein "Polarsirkelsenter" errichtet, ein auffälliges Gebäude mit einer geschwungenen Dachkuppel, wo man nicht nur (kostenlose) Informatio-

Die E 6 überquert den Polarkreis – Polarkreiszentrum

nen erhält, sondern auch Speisen und Souvenirs kaufen kann. Im Museum erleben Sie ausgestopft die polare Tierwelt und in einer Multi-Media-Show mit digitaler Quadrophonie bekommen Sie das von Norwegen gezeigt, was Sie mit uns ohnehin erleben.
Aber auch an unsere traurige deutsche Vergangenheit in Norwegen werden wir ermahnt: Zwei Gedenksteine erinnern an die jugoslawischen und russischen Kriegsgefangenen, die sich beim Bau der militärisch wichtigen Nordlandbahn zu Tode schuften mußten.
Das Wetter stimmt uns auf den Norden ein: Nebelschwaden hetzen über die öde Fläche, Nieselregen. Wir haben keine Lust, ein Steinmännchen zu den 999 anderen zu stellen, das an unsere Anwesenheit erinnert – und ziehen weiter nach Norden. Mit 692 m erreichen wir 1700 m nördlich des Polarkreises die höchste Stelle im Fjell, langsam, kaum merklich, senkt es sich zum Lønsdal. Wieder überqueren wir die Bahnlinie an einer Stelle, wo sie in einer langgestreckten Bretterschachtel steckt. Ob die Fahrgäste hier in Busse umsteigen sollen, wenn der Zug im Schnee stecken bleibt – oder eher in Rentierschlitten?
Während im Fjell sich nur einzelne Birken in den Senken duckten, begrüßt uns das Lønsdal mit zusammenhängendem Birken- und Kiefernbestand. 23 km nördlich des Polarkreises biegen wir links zum Bahnhof LØNSDAL. Nach 300 m kann man rechts oder nach 500 m links (Lønsstua) zu Parkplätzen abzweigen. Von dort aus führen (mit rotem "T" markierte) Fjellwanderwege ins Saltfjellet und ins Junkerdal (Wandervorschlag 3).
Der Lønselva rechts der »E 6« ist ein optischer Genuß: Er macht sich einen Spaß daraus, über Steine zu springen oder zwischen ihnen dahinzuschießen, als wäre er lebendig; ein Fotomotiv löst das andere ab. Besonders bequem können Sie auf Fotojagd gehen, wenn Sie 3,4 km hinter LØNSDAL den Fluß überqueren und rechts dahinter auf dem Picknickplatz parken (er ist nicht angekündigt, man sieht ihn erst im letzten Moment).
Gut markiert ist die Abzweigung in die »77« nach Schweden 5 km später, auch "Junkerdalen" steht auf den Wegweisern, und hier sollten Sie auf keinen Fall vorbeirasen! Der Junkerdalselva hat sich auf den letzten 5 km seines Weges in den Saltdalselva durch eine schmale, steile Klamm gefressen, die Junkerdalsura. Diese ist durch ihre geologische Lage so stark von den kalten nördlichen Winden abgeschirmt, daß hier eine geradezu unglaubliche, fast tropisch anmutende Vegetation wuchert. Wir rollen an der Abzweigung der »77« noch 1400 m vorbei und parken rechts auf dem Gelände des Saltdal-Touristsenters (mit SHELL-Tankstelle).
Auf dem Tankstellengebäude, im norwegischen Stil, aus Holz-

stämmen und Grasdach, weidet eine Ziege. Am rechten Ende des Geländes finden wir eine ausführliche Informationstafel über die Junkerdalsura und den Beginn eines Spazierweges (Wandervorschlag 4). Er führt zunächst über eine schwingende Hängebrücke. Da er 1871 als 1,80 m breite Transportstraße angelegt wurde, können Sie auch jetzt noch bequem zu zweit nebeneinander wandern und sogar den Kinderwagen schieben. Nach 30 min. erreicht man neben einem Wasserfall eine Grillstelle (gespaltenes Holz liegt parat). Nun führt der Weg nur noch "einspurig" weiter, hier sind wir jedoch von der üppigsten Vegetation umgeben, außer "nördlichen" Pflanzen entdecken

Eine Hängebrücke ist der Beginn des Junkerdal-Spaziergangs

wir Einbeere, Seidelbast, Wintergrün, Studentenröschen, Knabenkrautorchideen und, teilweise sogar auf dem Wege wachsend, den seltenen Frauenschuh. Am üppigsten wuchern jedoch die Polster des Steinbrechs, die sich in den Farben gelb, orange und rotbraun abwechseln. Wacholder, Erlen, Birken und Weiden stellen den Baumbewuchs. Viele der Weidenstämme sind in 2 m Höhe streifenförmig abgeschält. Nach längerem Grübeln schlußfolgern wir: Elche mögen Weidenrinde!
Nach weiteren 30 min. erreichen wir einen abgerutschten Hang, dessen Steinlawine den gesamten Weg in den Fluß gerissen hat. Diese Passage würden wir mit Kindern unter 10 Jahren nicht überqueren, dahinter wird der Pfad schmal. An einem weiteren Hang werden wir nacheinander von vier Wasserfällen naßgespritzt. Nach 1 1/2 Stunden insgesamt endet der Wanderweg an einer geschotterten Fahrstraße und wir treten den Rückmarsch an.
Falls Sie die gesamte Schlucht nur einmal durchwandern möchten, findet sich vielleicht ein freundlicher Fahrer Ihres WOMO-Teams, der Sie auf der »77«, weit oberhalb der Schlucht, genau 5 km nach Osten fährt. Dort führt eine Schotterstraße (Wegweiser: JUNKERDAL) nach links, nach 500 m überquert sie den Junkerdalselva. Unmittelbar dahinter endet linkerhand der Wanderweg, den Sie nun in entgegengesetzter Richtung genießen können.
Die »E 6« führt uns nun entlang des Saltdalelva immer weiter hinab ins Saltdal. Die schneebedeckten Gipfel links über uns gehören noch immer zum über 1800 qkm großen Nationalpark Saltfjellet. Unser letzter Wandervorschlag in diesem Gebiet führt an seinen Nordrand, wo zum Beispiel am Kvitbergvatnet die Vogelbeobachter reiche Beute machen können. Genau 15 km nördlich des Junkerdalen biegen wir links nach RUSÅNES, überqueren den Saltdalselva, schwenken hinter der Brükke gleich links und folgen der Schotterstraße 2500 m in Schleifen bergauf bis zu einem Wanderparkplatz. Dort kann man außer unserem Kvitbergvatnet-Vorschlag unter einer ganzen Reihe von Wanderwegen wählen (auch Rundwanderwegen) oder einfach nur Picknicken und ruhig übernachten.

5 km südlich ROGNAN verlassen wir die »E 6« für eine längeren Abstecher. Die »812« (Wegweiser: BEIARN/MISVÆR) führt uns nach Westen, aufs Meer zu. Dort steht uns ein ganz besonderes Naturschauspiel bevor – vorher wollen wir uns jedoch etwas vormeckern lassen!
Lassen Sie sich nicht schocken, weil Sie auf einer Schotterstraße gelandet sind, nach 6 km bergauf wandelt sie sich in eine gepflegte Teerbahn um. Die Höhe ist so locker mit Birken

bewaldet, daß man eher von einer baumbestandenen Wiesen- und Sumpflandschaft sprechen muß. Hier eilen nicht Rentiere im schwingenden Gang vor uns davon, sondern hoppelnde Lämmer, deren Mütter am Straßenrand dösen. Nach genau 13 km geht das "määhhh" in ein "meck-meck-meck"-Stakkato über, denn rechts oberhalb der Straße liegt eine "Geiseter", die Ljøsenhammer-Ziegenalm. Dort können Sie nicht nur picknikken, sondern auch in der Gaststätte vespern und am linken Eck des Gebäudes Ihr WOMO entsorgen und Frischwasser tanken. Kinder springen natürlich sofort hinüber zu der großen Ziegenherde und den wohlig sich im Schlamm suhlenden Hausschweinen. Keine Frage, daß wir bei so viel Service auch ein halbes Kilo Original-Ljøsenhammer-Ziegenkäse erwerben.

Nun sinkt die Straße wieder ab, links bricht sich der Lakselva zwischen störrischen Felsen Bahn, fließt in den Kykkelvatnet, dahinter zweigt die »813« nach BEIARN ab.

Wir bleiben auf der »812«, erreichen bei MISVÆR das Meer. Am linken Ufer des Misværfjord zieht die Straße ins Gebirge, schneidet Landzungen ab, durchquert einen Tunnel, berührt den Skjerstadfjord, zieht wieder ins Gebirge. Die Erdkrume ist nur dünn, an manchen Stellen fehlt sie ganz. Manche Gipfel sind rund wie kahle Köpfe, Wasserfälle rinnen an ihnen herab wie Schweiß von der Stirne.

Die »812« endet, als sie auf die »17« stößt. Wir biegen rechts Richtung SALTSTRAUMEN, ein gewaltiges Naturschauspiel steht uns bevor. Zunächst düsen wir wie auf einer Schanze die Sundanbru hinauf, kurz darauf biegen wir hinter einer SHELL-Tankstelle nach links auf einen Picknickplatz. Er bietet den idealen Überblick über die elegant gespannte Saltstraumbru, unter der sich beim Wechsel der Gezeiten das Meerwasser wild strömend und gewaltige Strudellöcher bildend durch die Meerenge zwängt.

Vom Picknickplatz (mit Informationstafel über den "Tidevannsstrøm") führt ein Fußweg hinab unter die Brücke, wo Sie das einmalige Schauspiel sogar bei Regenwetter einigermaßen trocken verfolgen können. Vorsicht ist geboten, denn der Mahlstrom reißt alles in die Tiefe! Dann schwingen wir uns über die elegante, 800 m lange Brücke. Auch hier kann man unmittelbar

hinter der Brücke (zwei mal links) zu einem Picknickplatz abbiegen oder direkt unter der Brücke parken. Auch hier führt ein Fußweg bis hinab an das strudelnde Salzwasser. Biegt man hinter der Brücke nur einmal links, fährt an dem Saltstraumen-Camping vorbei und dann wieder links zum Saltstraumenhotel, so kann man auf dessen Parkplatz vom Wohnmobilfenster aus das Schauspiel genießen – oder darauf warten, denn nur alle sechs Stunden ist der Strom am stärksten, drei Stunden später steht er fast still (Gezeitentabelle im Hotel, in der Touristinformation oder auf dem Campingplatz).
Noch ganz trunken von den wirbelnden Wasserstrudeln fahren wir auf der »17« weiter nach BODØ, münden bei LØDING in die »80«, die von FAUSKE und der »E 6« herkommt.
BODØ ist die Hauptstadt von Nordland und mit 38.000 Einwohnern die zweitgrößte Stadt Nordnorwegens (nach Tromsø). Dreispurig führt die »80« ins Zentrum, jeweils zwei Spuren werden elektronisch für den stärkeren Fahrzeugstrom geöffnet. Wir halten uns zunächst Richtung Sentrum, unmittelbar hinter dem Ortsschild informieren wir uns rechterhand auf einem Parkplatz mit Stadtplan (50 m später geht es links zum neuen Norwegischen Luftfahrtzentrum). Dort finden Sie alles, was mit dem Traum vom Fliegen in Verbindung steht (offen täglich 11 - 16 Uhr).
Am nächsten Kreisverkehr, 400 m später, halten wir uns rechts (Wegweiser: KJERRINGØY/»834«), Sie sollten auf den nächsten 1000 m die 30 km/h-Begrenzung besonders ernst nehmen, sonst fliegen Sie nicht nur von den Sitzen, sondern auch Ihre Tassen aus dem Schrank. Die künstlichen Bodenwellen haben eine unwahrscheinliche Höhe. Nach 1100 m, an der ersten Ampel, biegen wir rechts zum Rønvikfjellet, 2100 m kurvt die Straße empor, dann erreicht man zunächst einen riesigen ruhigen Parkplatz. Noch ein paar Meter sind es zu einem zweiten Parkplatz vor einem Restaurant, der eine fantastische Aussicht auf die Stadt BODØ und bei entsprechendem Wetter bis zur Inselwelt der Lofoten bietet. Ein Spaziergang führt vom großen Parkplatz bis auf den Keiservarden (300 m ü. NN).
Sie möchten lieber am Meer übernachten?
Dann biegen Sie nicht rechts zum Rønvikfjell, sondern fahren auf der »834« weiter nach Norden. Am Industriehafen vorbei und dann durch eine bizarre Felsenlandschaft führt sie nach 6 km zum Örtchen LØP. Dort kann man links auf eine grüne Wiese hinter einem Sandstrand (!) einschwenken. Für diesen Vorläufer eines Campingplatzes verlangt man pro Tag bescheidene 30 NKr von Ihnen. Wer's komfortabler haben möchte, fährt noch 2,5 km weiter bis zum beliebten Badestrand von GEITVÅGEN mit einem "richtigen" Campingplatz.

TOUR 5 (305 km / 2-3 Tage)

Bodø – Fauske – Rago-Nationalpark – Gjerdalen – Vassmo – Ulsvåg – Skutvik (Fähre zu den Lofoten)

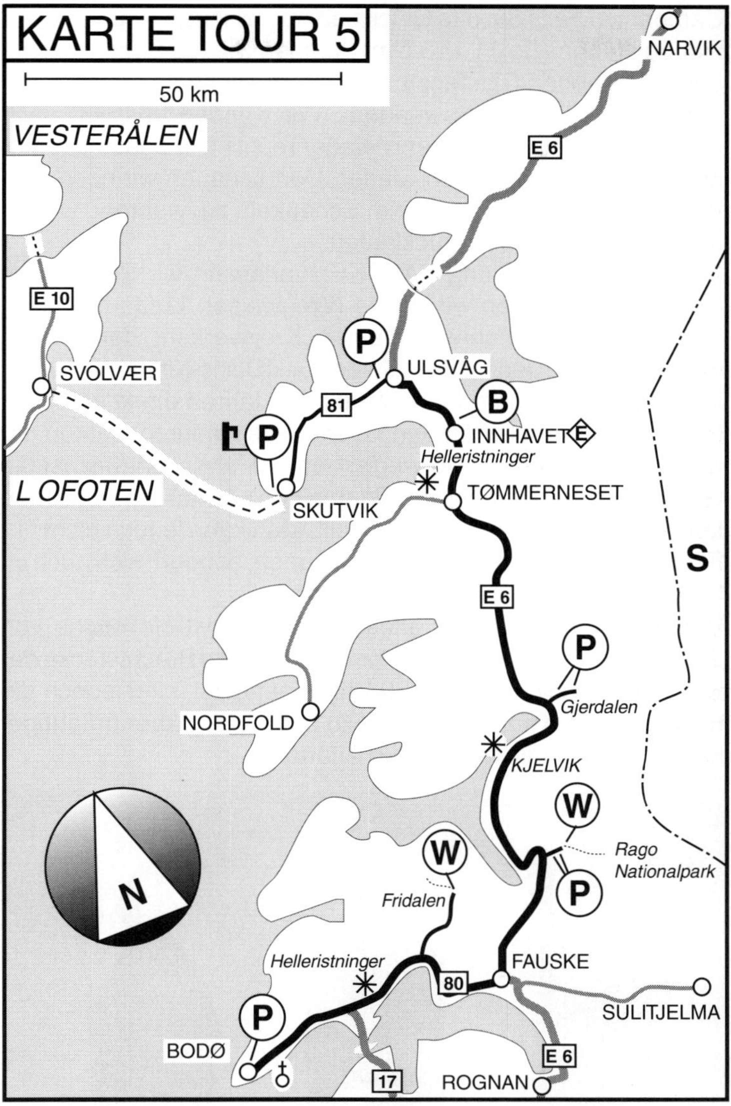

Zur Besichtigung von BODØ folgen wir den Wegweisern "Sentrum/Turistinformasjon", hinter Bahnhof und Diplomat-Hotel liegt sie direkt am Hafen.
Dort kann man auch parken – für 2 DM/Std.! Es sei denn, Sie kennen den 17-Uhr-Trick: In nahezu allen größeren norwegischen Städten ist werktags von 8 - 17 Uhr (Sa 8 - 15 Uhr) in der

Innenstadt das Parken teuer – und trotzdem kaum ein Parkplatz zu ergattern – aber nach 17 (bzw. 15) Uhr ist alles kostenlos! Mit einem Stadtplan ausgerüstet marschieren wir die Torvgata landeinwärts, passieren das Rathaus und stehen vor der Domkirche im neogotischen Stil. Auffallend ist der filigranhafte Campanile. Falls Sie das Glück haben, zwischen 11 und 15 Uhr hier zu stehen (So 11 - 13 Uhr), können Sie die farbenprächtigen, 12 m hohen Glasfenster an der Stirnseite des Gotteshauses auch von innen bewundern. Wir wenden uns nun nach rechts (Kongens Gate), dann wieder rechts (Hålogalandsgata) und finden uns am Hafen wieder. Dort schauen wir noch eine Weile den Fischerbooten beim Schaukeln zu, während wir am Kai zum Wohnmobil zurücklaufen.

Auf der »80« Richtung FAUSKE verlassen wir BODØ. Am Ortsausgang biegen wir rechts (Wegweiser: Luftfartssenter). Nach 700 m kommen wir an einen Kreisverkehr, den wir uns merken wollen, denn links geht es zur BODIN-Kirke. Wir halten jedoch zunächst geradeaus weiter und fahren direkt unter der Nabe eines propellerförmigen Gebäudes hindurch, parken dahinter rechts. Hier, im Norwegischen Luftfahrtszentrum, ist die Geschichte des Fliegens im Allgemeinen und der norwegischen Luftfahrt im Besonderen dargestellt. Man kann jedoch nicht nur Flugzeuge aller Altersklassen bestaunen, sondern sich auch im Flugsimulator wie im Düsenjet fühlen.

Wesentlich älter als das älteste Flugzeug ist die Kirche von BODIN, sie wurde bereits um 1240 erbaut. Die Prachtstücke der Kirche, die täglich von 10 -20 Uhr geöffnet ist, sind jedoch die Renaissance-Kanzel (um 1650) und die farbenprächtige, kunstvoll geschnitzte, barocke Altartafel.

Bodø, Bodin-Kirke, Holzschnitzereien

Auf der »80« fahren wir 4,5 km weiter nach Osten, bis HUNSTAD. Dort liegt rechts auf dem Gelände einer SHELL-Tankstelle eine Entsorgungsstation.
Der nächste Ort heißt BERTNES. Im Steinsenter (Geo-Senter) werden in erster Linie Gegenstände aus einheimischen Mineralien hergestellt und verkauft. Für einen bescheidenen Preis können Sie sich einen polierten Thulit, den Symbolstein Norwegens, als Andenken um den Hals hängen.
Steinbearbeitung hat in der Gegend von BODØ alte Tradition. 7600 m nachdem wir die Abzweigung der »17« Richtung SALTSTRAUMEN passiert haben und 1200 m nach einem gekennzeichneten Picknickplatz halten wir rechts der Straße; das Hinweisschild zu den Steinritzungen von VÅGAN ist links zwischen den Bäumen kaum zu sehen. 350 m stapfen wir einen markierten Pfad bergauf, überqueren auf Wackersteinen trockenen Fußes ein Bächlein und entdecken schließlich ein weiteres Symboltier der norwegischen Fauna, einen 8700 Jahre alten Elch in Lebensgröße – natürlich in Form einer Steinritzung. Auf dem Rückweg wenden wir uns der norwegischen Flora zu, denn im Bereich des Golfstromes sind längst die Heidelbeeren reif, und so ganz nebenbei sammeln wir eine Portion Birkenpilze – das wird ein Festessen heute Abend!
Der Spaziergang in BODØ war Ihnen zu kurz, außerdem wandern Sie viel lieber in der freien Natur? Dann biegen Sie mit uns 200 m hinter dem Ortsschild von NORDVIK nach links!
Über BRINGSLI, KÅSMO und AUSTERKLÖFT, vorbei am "Helsesportsenter" holpern wir auf zuletzt schlaglöcheriger Bahn 14,5 km bis zum einsamen Wanderparkplatz von FRIDALEN. Dort kann man grillen, schaukeln, natürlich ruhig übernachten und fein wandern. Markiert und bestens unterhalten sind die Wanderwege zum 4 km entfernten Sætervatn und zum 2,1 km nahen Hømmervatn. Beide Wege beginnen an einer abenteuerlichen Brückenkonstruktion und führen auf bequemen Holzstegen durch lichten Birkenwald und Fjell.
Am Ostufer des Valnesfjord kehren wir zurück zur »80« bei STRAUMSNES, 18 km sind es noch bis FAUSKE. Unterwegs haben wir bei TØRRVIK zwei schöne Picknickplätze entdeckt: Den ersten 11,5 km seit STRAUMSNES, rechts der Straße am Meer. Falls Sie Nachtruhe brauchen, fahren Sie noch 600 m weiter. Dort hat man beim Neubau der Straße einen Felssporn abgeschnitten, die alte Straße führt am Meer entlang um ihn herum und endet blind.
In FAUSKE biegen wir nach links in die »E 6« ein.
Falls man einen Norweger fragt, ob er FAUSKE kennt, so antwortet er: „Klar, dort ist Ankerske!“ Und er meint damit den berühmten, rosafarbenen FAUSKE-Marmor, der das Rathaus

von OSLO, den UN-Palast von NEW YORK und gar das Schloß des japanischen Kaisers schmückt.
Wir wollen auch ein Stück FAUSKE-Marmor als Andenken mitnehmen! Deshalb fahren wir in FAUSKE nur 1300 m auf der »E 6« nach Norden und biegen nach der Bahnunterführung links ins Industriegebiet, halten direkt auf den weißen Riesensteinbruch am Hang zu. Wir kommen uns zwar nicht gerade eingeladen vor, als wir interessiert dem Transport der riesigen Marmorblöcke zuschauen, aber kein Mensch kümmert sich um uns, als wir uns ein zartrosa gebändertes Souvenir vom Wegrand auflesen.
"Steinreich" setzen wir unsere Fahrt nach Norden fort. 300 m später sollten Sie den Weg über den Parkplatz rechts der »E 6« wählen, denn dort bekommen Sie schwarz auf weiß bewiesen, daß Sie sich genau in der Mitte Norwegens befinden: FAUSKE liegt sowohl von der Svinesundbrücke an der Grenze zu Schweden als auch von KIRKENES an der Grenze zu Rußland 1336 km entfernt. Na, da haben wir ja noch einiges vor uns!
15 km später fahren wir am rechten Ufer des Tørffjords entlang, Parkplätze an seinem Ufer laden zum beschaulichen Begucken ein. Dann beginnt eine Strecke, die geradezu mit Tunnels gespickt ist. Als erstes kommt der Negården-Tunnel, der zweite heißt Tennflåget-Tunnel – und jetzt müssen Sie höllisch aufpassen, denn unmittelbar hinter dieser dunklen Röhre zweigen wir links zum Rago-Nationalpark ab.
Kaum sind wir abgebogen, führt das Sträßchen (einspurig!) durch den 410 m langen Nordfjord-Tunnel. Sein Verlauf ist kerzengerade, so daß man bei Gegenverkehr rechtzeitig warten kann. Der letzte Zipfel des Tørffjords, an dem wir jetzt entlangfahren, ist von einem Campingplatz mit einem verlokkenden Sandstrand besetzt. Wir rollen vorbei und entdecken am Ufer des Laksåga eine Reihe von Picknick- und Übernachtungsplätzen, die schönsten bei km 2,9; km 4,5 und km 4,8. Der Laksåga muß seinem Namen alle Ehre machen, denn an seinem Ufer drängen sich die Petrijünger; einer lädt gerade einen Riesenfisch in den Kofferraum.
Bei km 6,3 endet der Fahrweg an einem Parkplatz mit Informationstafel, benachbart ist ein kleiner Campingplatz (50 Nkr./ Tag). Neben der Informationstafel beginnt der markierte Wanderweg in den Rago-Nationalpark. Er verläuft zunächst neben dem Laksåga, dann steil bergauf, über glattgeschliffenen Fels und weiter durchs Storskogdal bis zu einer offenen Übernachtungshütte am Storskogvatnet (einfache Strecke 1,5 bis 2 Stunden). Wanderprofis ziehen weiter nach Osten, denn der Rago-Nationalpark ist nur das westlichste (norwegische) Zipfelchen des größten Nationalparkblocks Europas; nach Osten

folgen die schwedischen Nationalparks Padjelanta, Sarek und Stora Sjøfallets.
Auch wer nicht zum Rago-Nationalpark wandern möchte, sollte einen Abstecher in das herrliche Laksågatal machen – und sei es nur, um beim Picknick am Fluß die herrliche Aussicht zu genießen.
Auf der »E 6« folgen nun Tunnel auf Tunnel, nicht immer schafft es die frische norwegische Brise, die Abgase aus ihnen hinauszupusten; schließen Sie lieber die Frischluftzufuhr.
Offensichtlich sind die Kosten für die vielen Tunnels noch nicht abbezahlt, denn hinter dem langen Kalvik-Tunnel werden wir zur Kasse gebeten, statt 40 NKr. für einen PKW knöpft man uns 55 NKr. ab; Begründung: „This car is over 5 meters!“
Hinter dem Kalvik-Tunnel steigt die Straße steil an (Picknickplatz mit schöner Aussicht über den Leirfjord links). Dann sinkt die breite Bahn wieder ab und ein zweiter Parkplatz wird mit dem "Blumenkohlsymbol" angezeigt. Hier sollten Sie unbedingt einen Stop einlegen, nur wenige Schritte führen hinüber zum Häuslerhof Kjelvik.

Häuslerhof Kjelvik

Dort ist die Zeit stehen geblieben. Noch vor wenigen Jahren war die einzige Verbindung mit der Außenwelt das Boot über den Leirfjord. Von seinem Ufer aus mußte alles auf dem Rücken hier hoch geschleppt werden. Die Einrichtung des Einsiedlerhofes ist vollständig erhalten (incl. Hühnern und Schafen), alles kann angefaßt und ausprobiert werden.
Ein letzter Tunnel, schräg wie eine Schanze, und wir sind wieder unten am Wasser, am letzten Zipfel des Leirfjords. Dort legt die Straße eine Verschnaufpause ein, dann sausen wir wieder hinauf und in den nächsten Tunnel hinein. Hinter dem zweiten

Tunnel sichten wir den Kobbvatnet, an seinem Ende glänzt ein herrlicher Sandstrand. Neugierig biegen wir rechts (Wegweiser: Kobbvassgrenda). Der ganze Strand ist belegt von einem Campingplatz, wir rollen einfach weiter, halten an der nächsten Gabelung (km 3,4) nicht rechts zum Kraftwerk, sondern links zum Reinoksvatnet – und landen auf einem anderen Planeten: Zunächst rollen wir nur am Ufer des Gjerdalselva durch eine herrliche Naturlandschaft. Dann jedoch rücken kahle Berghänge auf uns zu, Wasserschwaden schießen an ihnen hinab, mäandern durchs sumpfige Tal. Bei km 11,7, am Gjerdalsvatnet, ein Traumplatz. Aber wir sind süchtig geworden, rollen weiter und weiter. Ein zweites Plätzchen bei km 14,1, dann überqueren wir den Fluß, ziehen bergauf durch die immer dramatischer werdende Landschaft, passieren eine Wetterwarte und werden bei km 20,4 von einer Schranke gebremst (sonst hätten wir den fremden Planeten sicher umrundet). Wer das Gjerdal nicht besucht, der hat etwas verpaßt!
Weiter geht es auf der »E 6«. Nach 1800 m können wir von einem Picknickplatz aus noch einen Blick zurück über den Kobbvatnet werfen. Die Straße rast nun frontal auf ein Gebirgsmassiv zu. Rechtzeitig öffnet sich ein Tunnelschlund, fauchend unterqueren wir es, erblicken erst nach 4,5 km am Mørsvikfjord wieder Tageslicht. Die Straßenbauer, so scheint es, lassen sich ihren Teer per Schiff bringen! Denn kaum haben wir den Fjord berührt, ziehen wir schon wieder ins Landesinnere davon. Einen schönen Sandstrand hat auch der nächste See, und so findet man gleich an seinem Beginn den Falkelv-Camping.
Der nächste interessante Platz liegt bei TØMMERNESET. 500 m nach dem Ortsschild biegen wir links auf die »835« Richtung NORDFOLD/BOGØY, bereits nach 200 m liegt rechts ein äußerst malerischer Picknickplatz am Rande einer Urlandschaft aus glattgeschliffenen Felsbuckeln, mit Tümpeln zwischen ihnen. Ein kurzer, bequemer Fußweg führt zum steinernen Rentier. Zunächst entdecken wir allerdings nur die Informationstafel, erst das kleine Holzschild mit dem "Blumenkohlsymbol" lenkt unseren Blick über einen Kanal zur lebensgroßen Steinritzung.
TØMMERNESET liegt am Meer, am Sagfjord, aber man muß sich beeilen, einen Aussichtsplatz am Ufer zu finden, sonst landet man bereits wieder in einem Tunnel (die Abzweigung heißt TØMMERNES-Gård).
Überraschenderweise bleibt die Straße hinter dem Tunnel dem Meer treu, aber Parkplätze gibt es keine. Dafür entdecken wir am Ende des Fjords bei INNHAVET eine SHELL-Tankstelle mit Entsorgungsstation und gute 1000 m später eine (nicht gekennzeichnete) Abzweigung zu einem kleinen See, wo man gut

stehen kann.
Wir streifen kurz den Innhavetfjord, dann zeigt ein Straßenschild wieder 7 % Steigung an. Ein weiterer Picknickplatz liegt dort links der Straße, wo nach rechts die »827« abzweigt. Die Straße windet sich hinauf und wieder hinab nach ULVSVÅG, da bietet sich uns ein fantastischer Blick über die Inselwelt und das offene Meer bis zu den bizarren Gebirgszacken den Lofoten.
In ULVSVÅG biegen wir links in die »81« nach SKUTVIK, der Fährstation zu den Lofoten, denn eher kann man sich das Nordkap entgehen lassen, als diese einmalige Inselgruppe.
1200 m nach der Abzweigung führt ein Weg zwischen Bäumen zu einem kaum sichtbaren Stellplatz am Ufer; sehr schön steht man auch auf dem Parkplatz 4,5 km nach der Abzweigung JØRENVIK.
Auch die Bergzacken von Hamarøy sind nicht von schlechten Eltern, fast 1000 m ragen sie direkt aus dem Meer empor. Unverwechselbar ist das spitze "Matterhorn" von Hamarøy (Hamarøyskaftet, 613 m); es wurde erstmals 1885 bestiegen.
Kurz darauf passieren wir HAMSUND, den Wohnort des berühmten norwegischen Dichters Knut Hamsun (täglich Führung in seinem Elternhaus).
Linkerhand ist die Landschaft plötzlich völlig andersartig, sie gleicht einer Finnischen Seenplatte.
Nach 36 km auf der »81« haben wir SKUTVIK erreicht. Zwei Stunden dauert die Überfahrt nach SVOLVÆR auf der Lofoteninsel Austvågøy; die Abfahrtszeiten sind: 6.00, 8.20, 11.30, 13.00, 17.45, 18.30 und 23.00 Uhr; WOMO bis 6 m (incl. Fahrer) und seine Beifahrerin zahlen knappe 100 DM für die Überfahrt.
Der Kurs zu den Lofoten ist West/Nordwest. Folglich wollen wir den nächsten Morgen abwarten, um bei unseren Ankunftsfotos die Sonne im Rücken zu haben. Unmittelbar vor der Fährstation biegen wir rechts (Wegweiser: SKUTVIK-Gjestegård), rollen an dem Gasthaus vorbei und finden kurz darauf vor einem kleinen Fischerhafen mit Mole einen absolut ruhigen Übernachtungsplatz direkt am Wasser (am weißen Schuppen vor der Mole Wasserhahn mit Schlauch).

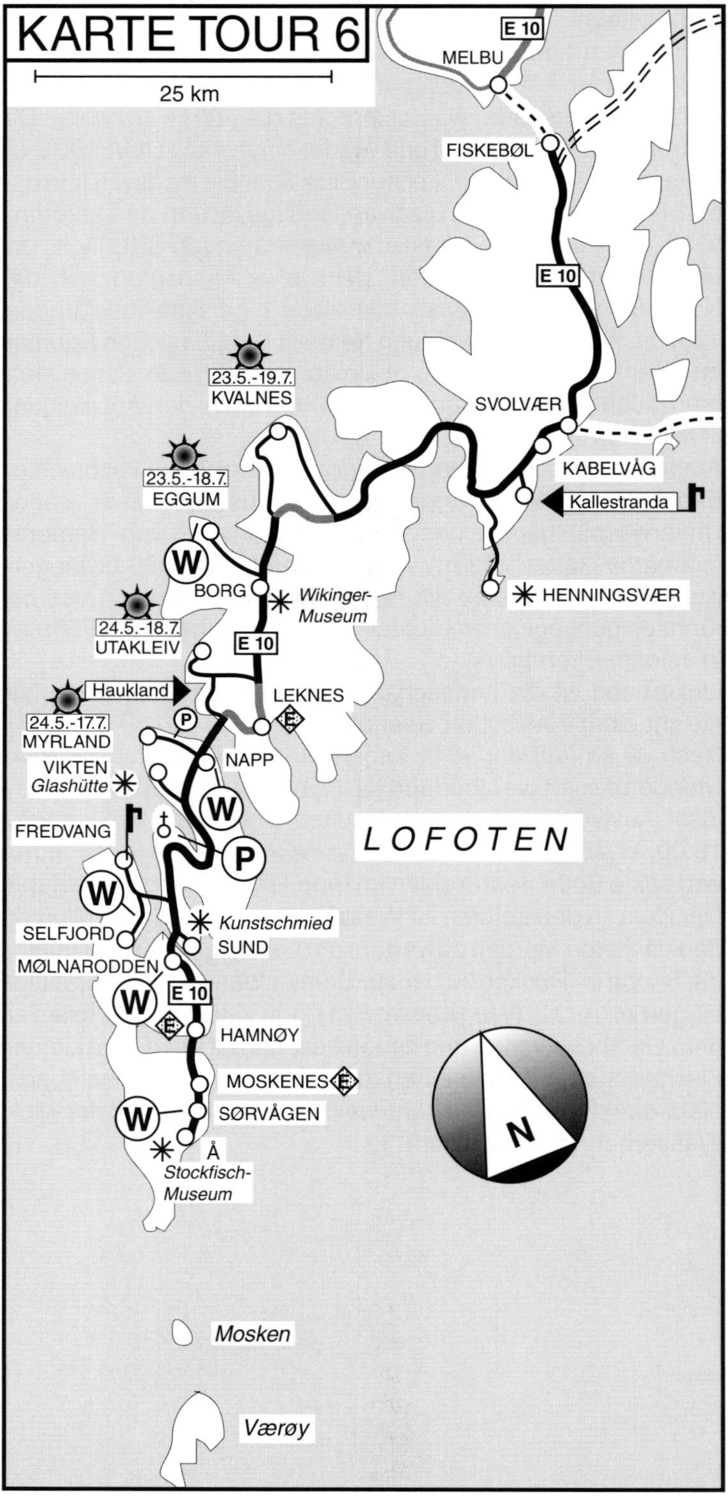
KARTE TOUR 6
25 km
E 10
MELBU
FISKEBØL
E 10
23.5.-19.7.
KVALNES
SVOLVÆR
23.5.-18.7.
EGGUM
KABELVÅG
Kallestranda
W
BORG
Wikinger-
Museum
HENNINGSVÆR
24.5.-18.7.
UTAKLEIV
E 10
Haukland
LEKNES
P
24.5.-17.7.
MYRLAND
NAPP
VIKTEN
Glashütte
W
FREDVANG
P
LOFOTEN
W
Kunstschmied
SELFJORD
SUND
MØLNARODDEN
W
E 10
HAMNØY
MOSKENES
W
SØRVÅGEN
Å
Stockfisch-
Museum
N
Mosken
Værøy

TOUR 6 (390 km / 2-4 Tage)

Svolvær – Henningsvær – Eggum – Borg – Vikten – Sund – Moskenes – Sørvågen – Å – Fiskebøl

Die kleine Fähre ist bei den harten Lofotenfischern in die Lehre gegangen! Fröhlich sich aufbäumend spielt sie mit jedem Wellenberg, senkt hinter ihm die Nase schnüffelnd in die Tiefe, auch querende Wogen werden mit seitlichem Wippen begrüßt.
Die paar Passagiere blicken starr auf die Horizontlinie als einzigen Anhaltspunkt, weil ihnen der feste Boden unter den Füßen fehlt. Als wir im Hafen von SKROVA einlaufen, der einzigen Zwischenstation, atmen einige hörbar auf; dann ist es nur noch ein Katzensprung bis SVOLVÆR auf der Lofoteninsel Austvågøy.
Überrascht sind wir schon, daß über die Vesterålen- und Lofoteninseln eine Europastraße hinwegführt, aber dann genießen wir das (zunächst) breite Band der »E 10« nach Süden. Als Wegweiser dient uns "Å", der südlichste Ort der Lofoten und gleichzeitig natürlich der Ort mit dem kürzesten Namen der Welt.
Unsere Straße führt durch eine gewaltige Felsbrockenlandschaft, die jedoch grün bewachsen ist, so wie alles, selbst die steilsten Felshänge, geradezu "lofotisch" grün überwuchert sind.
Windböen peitschen die Birkenbüsche am Wegrand, bringen unser WOMO ins Schwanken. Für die kreisrunden Lachsaufzuchtbecken hat man jedoch geschützte Buchten ausgesucht, in denen auch heute kaum Seegang herrscht.
Bereits nach gut 3 km haben wir unsere erste Station erreicht, KABELVÅG. Erst am Ende der Ortes führen uns Wegweiser nach links: "Lofotakvarium, Museum, Galerie Espolin". Auf engstem Raum können Sie hier Historie, Natur und Kunst der Lofoten genießen. Halten Sie sich nicht zu lange auf, denn ohne einen einzigen Abstecher sind es, über viele Brücken und durch einen Meerestunnel 127 km auf der »E 10« bis Å.
Diese Straße benutzt stets den schmalen, flachen Küstenstreifen, in Radfahrerkreisen sind die Lofoten deshalb durchaus beliebt. Knapp neben ihr erheben sich bereits steile, manchmal fast senkrechte Wände bis in 1000 m Höhe. Aber auf Abstecher kann man nicht verzichten, sie führen zu den "Perlen" der Lofoten.
Die erste Perle liegt 5 km weiter südlich, wir folgen nach links den Wegweisern "KALLESTRANDA/HOPER". Sie finden eine herrliche Badeplatz- und Campingwiese mit Toilette und Wasserhahn hinter einem feinen Sandstrand, umrahmt von Felsklö-

Badeplatz Kallestranda

ßen in einer grünen Landschaft, wenn Sie folgender Wegbeschreibung folgen: Von der »E 10« kommend biegen Sie nach 800 m nach rechts in einen gelöcherten Schotterweg (Wegweiser: KALLE). Dieser führt 1900 m am rechten Rand der Bucht entlang, bis zu den letzten Pfahlbauten eines kleinen Fischerhafens; dort geht's steil rechts hoch und 500 m bis zur Sandstrandwiese. Die "Pfahlbauten", die mich so sehr an die steinzeitlichen Wohnhäuser von UNTERUHLDINGEN (Bodensee) erinnern, sind die typischen Fischerwohnungen der Lofoten, die "Rorbuer".

König Øystein, so berichtet die Sage, ließ bereits im 12. Jahrhundert für die Fischer Quartiere errichten, die nur im Winter, zur Kabeljau-Saison, bewohnt wurden. Man errichtete sie unmittelbar am Ufer auf Pfählen, damit sie leicht per Boot erreicht werden konnten. Anbauten enthalten die Gerätschaften wie Netze, Angelleinen, Salzfässer, Werkzeuge, nebenan stehen die vielen Gestelle zum Trocknen des Kabeljaus. Die Herstellung von "Tørrfisk", also Stockfisch, geht allerdings erst auf das 15. Jahrhundert zurück. Italienische Seeleute waren 1432 auf den Lofoten gestrandet und hatten während ihres unfreiwilligen Aufenthaltes den Norwegern die Herstellung von "stocca fisso" beigebracht, einer Spezialität für die italienische Küche. Und so werden sie auch heute noch in erster Linie nach Italien exportiert. Aber warten Sie ein bißchen, im Stockfischmuseum von Å erklärt man Ihnen das ganz genau.

Wir rollen weiter auf der »E 10«, durchqueren einen nur 4,50 m breiten Tunnel, und mitten drin kommt uns ein dicker LKW entgegen – puuhhh!

Kurz darauf zweigen wir nach links Richtung HENNINGSVÆR

ab, dem "VENEDIG der Lofoten". Bereits 500 m nach der Abzweigung könnten Sie sich auf einem herrlichen Sandstrand aalen, fürs WOMO gibt's Parkplätze oben an der Straße. Platz für Ihr Badelaken würden Sie leicht finden, denn Sie wären die einzigen Badegäste – kein Wunder bei 10 °C Lufttemperatur. Weitere Ausbuchtungen oberhalb des Klippenstrandes geben Gelegenheit für ein Picknick im sturmgeschüttelten WOMO. Technisch Interessierte wählen den Picknickplatz nach 5,5 km, um gleichzeitig die Spannbetonbrücke nach HENNINGSVÆR begucken zu können. Bei km 6,8 müßten Sie allerdings noch ein zweites Picknick einlegen, denn jetzt kommt erst die größere der beiden HENNINGSVÆR-Brücke. Die Brücken sind nur einspurig angelegt, aber genau in ihrem Scheitelpunkt, wo man die beste Sicht auf den Gegenverkehr hat, wurde jeweils eine Ausweichstelle (Kennzeichnung "M") eingerichtet.
Hinter dem Ortsschild von HENNINGSVÆR finden wir links einen großen Parkplatz und den Beginn der "brygga". Nun, in VENEDIG sind wir nicht, das merken wir schon an der Temperatur, aber der lange, kanalartige Sund, an dessen Ufer die Rorbuer auf ihren Holzbeinen stehen, erinnern schon ein bißchen an den "Canale Grande". Wir spazieren auf den Holzbohlen der Kaianlagen entlang, gucken in die Galerie des Malers Karl Erik Harr, spähen durch Maschendrahtfenster, hinter denen Stockfischbündel lagern oder verpackt werden. Bald sind wir wieder zum Parkplatz zurückgekehrt.

Die "Brygge" von Henningsvær

Dort ziehen wir es vor, uns in der "Fiskehallen" mit Dorsch im fangfrischen Zustand einzudecken und kehren zur »E 10« zurück. Die Felsküste, glatt gewaschen von den anbrandenden Wellen, wechselt ab mit hellen Sandstränden, das klare Wasser

schimmert vor ihnen türkisfarben. Dann kommt wieder eine weitgespannte Brücke in Sicht, die uns von der Insel Austvågøy nach Gimsøy hinübertragen wird. Strategisch günstig plaziert für einen Fotostopp ist der Picknickplatz mit Informationstafel und Toilette unmittelbar vor der Brücke.
Auf diesen offiziellen Picknickplätzen entlang der »E 10« ist die Parkzeit auf 4 Stunden begrenzt, falls Sie also nicht ausgerechnet um Mitternacht einen Standortwechsel vornehmen wollen, folgen Sie uns lieber zu abgelegeneren Übernachtungsplätzen!
Noch nicht einmal 4 km geben wir Gimsøy die Ehre, dann sausen wir schon hinüber nach Vestvågøy. Dort durchqueren wir zunächst eine völlig ebene Landschaft mit Viehweiden, Sumpfflächen und kleinen Seen, wie wir sie vom Festland kennen, auch die Ziegenherden erinnern uns an MISVÆR (der LJØSENHAMMER-Ziegenkäse schmeckt übrigens köstlich, wie eine Mischung aus Karamel und Nougat – und er sieht auch so aus; vielleicht ist es gar kein Käse?).
Aber schon wieder kommen steile, lofotengrüne Felswände auf uns zu. Vor ihnen biegen wir rechts, machen einen Umweg über KVALNES. Nach 10 km, KVALNES ist durchquert, holpern wir hinter einem Viehrost links hinauf zu dem Metallgittermasten einer Funkstation. Hier finden wir einen Logenplatz mit freiem Blick nach Norden über das Meer und nach Nordosten zu den Bergzacken der Vesterålen. Falls Sie zwischen dem 23.5. und dem 19.7. bei wolkenfreiem Himmel Ihren Blick um Mitternacht nach Norden wenden, werden Sie dort die Sonne – nicht untergehen sehen.
Für einen meerverbundeneren Blick nach Norden finden Sie 200 m weiter rechts der Straße einen kleinen Picknickplatz mit Tisch und Bank.
Nach weiteren 8 km haben wir am Ende des Urvatnet wieder die »E 10« erreicht. Sie schwingt sich steil einen Hang hinauf, schneidet eine Landzunge ab, sinkt wieder zum Meer hinab, umrundet eine weite Bucht, den Borgpollan. Diese wird von einem Felsriegel in zwei Hälften zerlegt. Die »E 10« erklimmt den Riegel, sinkt wieder hinab. Jetzt sollten Sie aufpassen, denn Sie sehen nur den Wegweiser zu einem Picknickplatz. Dieser selbst verbirgt sich, ruhig und abgelegen, hinter einem Hügel.
Am Ende des Borgpollan verlassen wir die »E 10«; ein ganz außergewöhnliches Plätzchen werden wir am Ende der Stichstraße nach EGGUM finden. Zunächst ziehen wir an dem fast geschlossenen "Bodden" entlang, dann leuchten uns die ersten hellen Sandstrände entgegen. Nach 7,5 km (Wegweiser: Sjøhus Eggum) kann man zum linken Rand eines kleinen Bootshafen holpern und findet dort ein Picknickplätzchen mit

Tisch und Bank, Sandstrand zwischen Felsen und Blick auf die kleine Hafenbucht.
Kurz darauf haben wir die offene See erreicht, wieder mit einem völlig freien Blick nach Norden. Nach 9 km durchqueren wir EGGUM (ca. 30 Häuser), rattern über einen Viehrost neben einer Informationstafel und haben nach weiteren 900 m unser Traumplätzchen gefunden: Es ist ein herrlich einsam gelegener Golfrasen-Picknickplatz, wo wir unser WOMO so ausrichten, daß das große Heckfenster genau nach Norden zeigt. Eine erste Erkundungstour erbringt, daß nur 200 m weiter entlang des Weges nochmals ein Picknickplatz nahe des Utdalsvatnet liegt. Die "Burg" von EGGUM, ein archaisch wirkender Rundbau aus Natursteinen erweist sich bei näherer Besichtigung als Flak-Turm aus dem II. Weltkrieg.
Aber wir wollen die Mitternachtssonne nicht vom bequemen Bett aus begucken – wir unternehmen eine Mitternachts-Sonnen-Wanderung!
Gegen 22.00 Uhr, dick eingemummt, an den Füßen Gummistiefel, im Rucksack Thermosflaschen mit heißem Tee folgen wir der Fortsetzung des Weges – unser Ziel ist der Leuchtturm von Gleivneset, den wir auf der äußersten Landspitze im Westen erspähen können. Wir passieren den Utdalsvatnet, ein zweites Viehgatter, dann wird der Fahrweg zum Spazierweg, schließlich zum Trampelpfad. Mächtige Baumstämme sind als Treibholz angeschwemmt worden, Äste und dicke Bretter. Manches Mitternachts-Sonnen-guck-Bänkchen haben Spaziergänger vor uns errichtet. Auch eine modernen Skulptur des Schweizer Bildhauers Markus Raetz, ein stilisierter Kopf aus Eisenerz, blickt genau nach Norden.

*** Picknickplatz bei Eggum mit Mitternachtssonnenblick

Wer nur einen bequemen Spaziergang mit Mitternachtssonnensicht geplant hat, sollte nach einem guten Stündchen nach einem windgeschützten Plätzchen Ausschau halten.
Wir halten weiter nach Westen, nun ist es ein Klettersteig über Felsen und glitschige Hänge. Erst nach weiteren 40 min. erreichen wir schnaufend den kleinen Leuchtturm mit dem achteckigen, spitzen Türmchen, von dem die alte, orangene Leuchtfarbe abblättert. Wesentlich moderner sind die vier 55-Watt-Solarplatinen, die ihm seine Power verleihen. Kurz bevor wir den Leuchtturm erreicht haben, ist die Sonne orangerot am Horizont versunken. Wir suchen uns ein Sitzplätzchen, schlür-

Wikingerboot "Lofotr"

fen unseren heißen Tee und erleben wenig später bereits wieder den Sonnenaufgang. Für eine "richtige" Mitternachtssonne auf den Lofoten sind wir Anfang August zu spät dran. Herrlich jedoch ist die Aussicht bis zu den steilen Felsen der südlichen Lofoten und den aus dem Meer ragenden Vesterålen im Nordosten.

Am nächsten Morgen kehren wir zur »E 10« zurück, verlassen Sie nach 950 m nach links, besuchen die Wikinger.

Das neue Lofotr-Wikingermuseum von BORG liegt als gewaltiger Hallenbau links oberhalb der Straße. Mit 83 m Länge ist er der größte, jemals ausgegrabene und nun völlig rekonstruierte Häuptlingshof. Wir schauen im Wohnbereich den Wikingern bei der Arbeit zu, nachdem wir uns an das Dämmerlicht gewöhnt haben, das von den Feuerstellen und den Rauchöffnungen in der Decke stammt. Die archeologischen Fundstücke im rechten Teil des Hallenbaus sind ausführlich auch in deutsch erläutert. Bequem konnte man als Häuptling auf dicken Fellen lagern und sich von einer der vielen Leibeigenen den Met usw. reichen lassen!

Jetzo aber genug rumgelottert, Kurzschwert und Schild ergriffen und hinabgeeilt zum 15 min. entfernten Borgpollan, wo segelfertig die "Lofotr" liegt, die sehenswerte, originalgetreue Nachbildung eines Wikingerschiffes. Auf ihm darf man herumklettern und sehnsüchtig aufs Auslaufen in südlichere, wärmere Gewässer warten.

Nun bleiben wir immerhin 9,5 km auf der »E 10«, dann biegen wir rechts Richtung UTAKLEIV/HAUKLAND-Badepatz. Nach 8 km erreichen wir eine tiefe Bucht, umringt von steilen, grünen Lofotenfelsen. Wir trauen unseren Augen kaum, so herrlich

Badestrand Haukland

weiß blinken uns die Sandstrände an. Die erste Hälfte der Bucht ist durch eingezäunte Wiesenparzellen mit abgestellten Wohnwagen versperrt, aber im zweiten Teil liegt ein großer Parkplatz mit Toiletten und Wasserhahn.
Hier endet die Teerstraße, aber auf Schotter geht es bequem weiter. Die Halteverbotsschilder auf den nächsten Metern verstehen Sie schnell, wenn Sie den Blick nach oben richten. Selten habe ich ein Felswand gesehen, die so steil neben einer Straße emporragt. Die vielen Gesteinstrümmer rechts und links des Weges lassen mich das Gaspedal noch etwas stärker durchdrücken.
Genau 4 km nach dem Badeplatz kommen wir an das Ortsschild von UTAKLEIV, auch hier sind neben der Straße Picknickplätze eingerichtet mit freiem Blick nach Norden. Etwas naiv wirken auf uns die Schilder "Wohnmobil- und Caravanpark" und eine Aufforderung, pro Nacht 40 NKr. in einen Briefkasten zu werfen. Aber vielleicht steckt ein viel listigerer Gedanke hinter dieser Aufforderung, und man möchte damit nur unliebsame Gäste verscheuchen.
Bei OFFERSØY sind wir wieder auf die »E 10« zurückgekehrt, haben also die "Großstadt" LEKNES mit Flugplatz und Entsorgungsstelle an der ESSO-Tankstelle links liegen gelassen.
Die häufigsten Lebewesen auf den Lofoten (außer Möwen und Touristen) sind Schafe. Die Touristen jedoch kommen sich 2,5 km später eher wie gerupfte Gänse vor, denn über 15 DM verlangt man für das einmalige Durchqueren des Nappstraum-Tunnels, durch den wir, unter dem Meeresboden hindurch, zur Insel Flakstadøy hinüberdröhnen.
Unmittelbar hinter der Mautstation am Tunnelende biegen wir scharf links nach MYRLAND. Wieder fahren wir an kleinen, hellgelben Sandstränden entlang, auf den saftigen, grünen Wiesen dahinter weiden zufriedene Schafe. Manche stehen oder liegen kauend auf der Straße und müssen persönlich zur Seite gebeten werden.
An Holzgestellen trocknen Dorschköpfe, zu Trauben gebündelt, Tausende, Zehntausende....
Hinter S. SANDNES ein besonders großer Sandstrand, am Straßenrand eine ganze Reihe von Stellplätzen; hier ist wieder freier Blick nach Norden. Für eine ruhige Übernachtung sollten Sie schnell zugreifen, denn kurz darauf endet die Straße in der Hundert-Seelen-Gemeinde MYRLAND; dort gibt es keine Stellplätze.
Biegt man hinter der Mautstation nicht sofort links, sondern erst am Ende des Fischerdörfchens NAPP, so gelangt man auf einem Holperweg entlang des Hafengeländes bis zu einem entlegenen Riesenparkplatz an der äußeren Mole. Hier sollen

Sie nicht nur ruhig nächtigen, sondern auch die Nappstraumküste erwandern. Die Hinweistafel am Ende des Parkplatzes markiert den Beginn des alten Fischerpfades, der über ANDOPEN und NUSFJORD nach NESLAND führt. Er ist gut markiert und neuerdings einer der beliebtesten Wanderwege auf den Lofoten.

Nur wenige Kilometer sind es auf der »E 10« bis VAREID, hier knickt sie nach links ab. Wir biegen rechts und stehen nach 3,7 km auf dem Parkplatz der Glashütte von VIKTEN. Allein der schöne Holzbau mit dem Naturgrasdach ist schon einen Abstecher wert (oder können Sie auch den Wasserschlauch am linken Rand des Parkplatzes nutzen?).

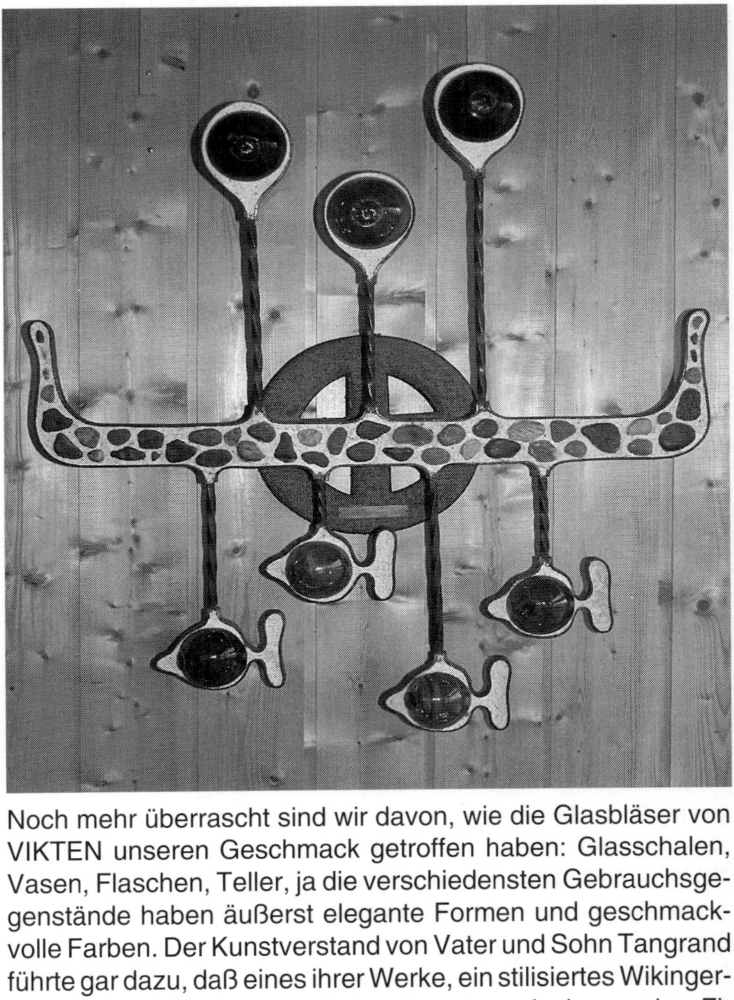

Noch mehr überrascht sind wir davon, wie die Glasbläser von VIKTEN unseren Geschmack getroffen haben: Glasschalen, Vasen, Flaschen, Teller, ja die verschiedensten Gebrauchsgegenstände haben äußerst elegante Formen und geschmackvolle Farben. Der Kunstverstand von Vater und Sohn Tangrand führte gar dazu, daß eines ihrer Werke, ein stilisiertes Wikingerboot mit drei Insassen und vier darunter schwimmenden Fischen, zum Lofotensymbol avancierte. Die beiden Künstler wissen, was sie können; man merkt es an den Preisen!

Die »E 10« umrundet des Flakstadpollen. Bereits auf der Fahrt zur Glashütte hatten wir die weißen Sandstrände an seinem Ufer gesichtet, aber es gibt keine Picknickplätze, meist versperren sogar Leitplanken den Weg zum Ufer. Nach 10,8 km, am Ende der Bucht, machen wir einen Abstecher zur kleinen, roten Holzkirche von FLAKSTAD mit dem spitzen Zwiebelturm. Er erinnert Sie an die Türme des Kremls? Das ist Zufall. Das Holz für den Bau der Kirche stammt jedoch zum Teil von russischen Handelsschiffen, die hier strandeten. Am Ortsende von FLAKSTAD führt ein schlechter Schotterweg nach rechts zu einem kleinen Campingplatz auf einer grünen Wiese, ein ganzes Stück vom Meer entfernt.
Näher am Wasser liegen die beiden nächsten Parkgelegenheiten: Die erste ist ein offizieller Picknickplatz (mit Toilette) direkt oberhalb des herrlichen Sandstrandes nach nur 400 m auf der »E 10«. Zu der zweiten führt 900 m später ein Schotterweg hinab; es ist weiter nichts wie ein ruhiger, abseits gelegener Wiesenplatz mit freiem Blick nach Norden; von ihm aus kann man fein am Meer entlang schlendern.
2 km später durchqueren wir RAMBERG, am Ende seines herrlichen, breiten, weißen Südseesandstrandes liegt ein Campingplatz.
Unser Blick schweift nun frei über den Selfjord, eine neue, breitgespannte, hellgraue Betonbrücke führt hinüber nach FREDVANG. Aber eine einzige Brücke reicht gar nicht aus, um den breiten Ausgang des Fjords zu überspannen. Wie im Wasser fischende Brontosaurier stehen zwei Betonkolosse hintereinander, lassen geduldig den Verkehr über Schwanz, Rücken und Hals hinwegrollen.
FREDVANG begrüßt uns mit einem Picknickplatz mit überdachten Sitzgelegenheiten, Toiletten und Wasserhahn. Fährt man von hier aus 700 m geradeaus in den Ort, so kann man dort nach rechts zu einem Campingplatz direkt am herrlichen Sandstrandmeer abzweigen.
Wir biegen bereits nach 200 m links (Wegweiser: SELFJORD), passieren nach 400 m eine richtige Bäckerei (endlich mal frisches Brot!) und halten nach 3200 m in Richtung SELFJORD auf einem Parkplatz links der Straße. Auf der anderen Straßenseite, also bergwärts, entdecken wir den Wanderwegweiser "KVALVIKA" und einen steil hinaufführenden Trampelpfad. Er endet auf der anderen Seite der Halbinsel an herrlich einsamen Sandstränden....
Nur noch 29 km sind es auf der »E 10« bis Å. Die bizarren Gebirgszacken um uns herum arrangieren sich rings um den Selfjord zu einem letzten, atemberaubenden Höhepunkt.
Nach genau 7 km, unmittelbar vor der Brücke, die uns zur

Selfjord bei Sund

letzten Lofoteninsel Moskenesøy hinübertragen wird, biegen wir links Richtung SUND. Am Ortsbeginn folgen wir nach rechts dem Wegweiser "Museum". Auf dem Areal des kleinen Fischereimuseums werkelt auch der Kunstschmied von Sund. Der alte Schmied und sein Geselle gestalten Adler und andere Tiere der Lofoten aus Stahl. Es ist interessant, Ihnen bei der Arbeit zuzuschauen und sich mit ihnen darüber zu unterhalten. Sie kommen kaum nach mit der Produktion, so groß ist der Touristenandrang. Drehen Sie aber auch eine Ehrenrunde durch das äußerst malerische Fischerdörfchen SUND, ich kann Ihnen jede Menge von Fotomotiven garantieren.

Beim Schmied von Sund

Wir fahren nun zum zweiten Mal nach Moskenesøy. Während es Richtung FREDVANG zwei betonierte Saurier waren, die unter uns stillhielten, hängt die "Kåkern bru" nur an ein paar Stahlseilen.

In MØLNARODDEN, 400 m nach dem Ortsschild, führt ein Schotterweg nach rechts zu einem Wanderparkplatz. Auf glattem, gewachsenen Fels lenkt uns der markierte Wanderweg zunächst bergan und dann wieder hinab zum malerisch von Berghängen umgebenen Selbjørnvatnet.

Die »E 10« zieht nun am offenen Meer entlang, rechts von uns steigen die Berge steil empor, einzelne Schneefelder reichen bis zum Wasser, nach links jedoch schweift der Blick übers

Hamnøy, Picknickplatz mit WOMO-Entsorgung

offene Meer – nur Wellen bis zum Horizont.
Kaum haben sich ein paar Klippen ins Meer gewagt, dann sind sie mit Häusern bebaut; HAMNØY steht auf dem Ortsschild. Gleich dahinter liegt rechterhand ein Picknickplatz mit herrlichem Blick über den Kirkefjord, an seinem Ufer leuchten farbenfroh die Rorbuer auf ihren Stelzenfüßen, vor ihnen liegen angetäut Trawler und Jachten, kleine Bootchen wippen auf den Wellen, umrahmt wird das ganze Bühnenbild von einem herrlichen Gebirgspanorama mit weiß glitzernden Schneeflächen.
Eine archaischere Wohnmobilentsorgung wie auf diesem Platz hat uns Norwegen noch nicht geboten: Mit einer kräftigen Eisenstange (festgekettet, damit sie keiner klaut) soll man ganz offiziell einen Kanaldeckel zur Seite hebeln und den Kloinhalt hineinschütten (daneben ein Wasserhahn mit Schlauch).
Moskenesøy ist zerfurcht und zergliedert, überall dringen Fjordarme ins Landesinnere hinein. Ampelgesteuert überspannen zwei Hängebrücken den nächsten, vor jeder Ampel können Sie jedoch bei Rot etwas Sinnvolles tun:
Beim ersten Rotlicht finden Sie links der Straße zum Greifen nahe eine Möwenbrutkolonie, die Vögel haben sich so an den Verkehr gewöhnt, daß Sie mit Fotoapparat oder Videokamera fast auf Armlänge herangelassen werden.
Vor der zweiten Ampel liegt links das Puppen- und Spielzeugmuseum von SAKRISØY, rechts der Straße wird frischer Fisch verkauft. Wir umrunden nun eine Bucht, an ihrem Südende zweigt eine Stichstraße zum Fischerdörfchen REINE ab, ebenfalls einem der beliebtesten Fotomotive der Lofoten.
Nochmals haben wir ein Hängebrücke vor uns, die angeblich 39 to aushält, aber unter 3 to WOMO bereits zu schwanken

beginnt. Nun schieben sich, fern am Horizont, graue Felszacken aus dem Meer, das können nur die Vogelinseln Værøy und Røst sein. Im nächsten Ort, in MOSKENES, legen die Fähren zu ihnen und nach BODØ ab. Wenn Sie nach MOSKENES abbiegen, unmittelbar hinter der auffälligen Kirche ein zweites Mal nach links abschwenken, so finden Sie am Ende des Fahrweges einen großen, aber ruhig gelegenen Picknickplatz mit Entsorgungsstation, Wasserhahn und Toiletten.
Fast aneinander gewachsen geht MOSKENES nach SØRVÅGEN über, dessen Häuser gruppieren sich im Halbkreis um einen schönen See. Diesen kann man auf bequemen Spazierwegen umrunden. Ausgangspunkt des Spazierweges ist ein Wanderparkplatz. Sie finden ihn, wenn Sie am Ende des Ortes, noch weit hinter dem See nach rechts dem Wegweiser "Hundepensjonat" folgen.
Ihnen steht der Sinn nach Höherem?
Sie wollen endlich die Lofoten von oben sehen??
Dann werfen Sie den Rucksack über, ziehen Sie die Gummistiefel an und marschieren Sie mit uns auf gewachsenem Fels auf die zwei Wasserfälle zu, die den See von SØRVÅGEN speisen – den Sørvågvatnet (Wegweiser: Munkebu).

Wanderung zum Kolfjellet, Struvdalsvatnet

Am rechten Rand der Wasserfälle steigen wir weiter bergan, wenden uns, am Stuvdalsvatnet angekommen, nach rechts. Der Weg ist breit ausgetreten und bequem zu gehen, hat jedoch immer wieder schlammige Passagen. Auch dieser See wird von einem Wasserfall an seinem anderen Ende gefüllt. Kurz bevor wir ihn erreichen, ragen rechterhand zwei Gipfel auf – der vordere mit einer runden Kuppe (Kolfjellet, 316 m), der hintere mit einer schrägen Schanze. Ein Pfad zweigt nach rechts vom

Uferweg ab, steigt steil zum Sattel zwischen den beiden Gipfeln hinauf. Die Abzweigung liegt kurz nach einem Ferienhaus mit schwarzer Holzvertäfelung und noch weit vor einem zweiten, roten mit grünem Dach. Der Stieg zum Sattel ist steil und streckenweise naß wie ein Schwamm; wir können uns kaum vorstellen, wie es wäre, hier auf trockenem Torf hinaufzufedern. Die sumpfigen Matten um uns herum stehen jedoch in voller Blüte, es dominieren Wollgras und Knabenkrautorchideen. Schnaufend erreichen wir die Höhe und entdecken dort zweierlei: Einen Blick zur anderen Seite hinab, auf einen stillen, einsamen Bergsee, den Moskenesvatnet, an dem vorbei der Wanderweg nach MOSKENES hinabführt. Ein zweiter Wegweiser, völlig unleserlich, deutet nach rechts auf den rundkuppigen Gipfel des Kolfjellet – unser Aussichtsziel.
Das letzte Stück hinauf ist ein Klacks – der Lohn der Mühe enorm: Nach 1 1/4 Stunden Wanderzeit bekommen wir die Lofoten aus einer völlig anderen Perspektive geboten. Wie Möwen schweben wir über das Küstenland hinweg, weit und immer weiter schweift unser Blick über das Meer, die Inseln im Süden wirken nun ganz nahe. Sie sollten auf einen solchen Aussichtspunkt von hoher Warte, und sei es auch nur ein kleiner 316-m-Hügel wie unser Kolfjellet, nicht verzichten.

Auf dem Kolfjellet

Nun sind es nur noch wenige hundert Meter bis zu dem Örtchen, dessen Name nicht mehr abgekürzt werden kann: Å. Der letzte Ort der Lofoten, den Sie mit dem Wohnmobil erreichen können, bietet drei Attraktionen:
Bereits 200 m nach dem Ortsschild biegen wir links zum Tørrfisk-Museum, dem einzigen Stockfischmuseum der Welt. Dort verfolgen wir nicht nur sämtliche Arbeitsgänge vom Fang

Im Stockfisch-Museum von Å

des Dorsches bis zum Versand der gepreßten Stockfischbündel (in Jutesäcken) nach Italien – wir erfahren auch endlich, was mit den Dorschköpfen passiert: Sie werden in 30-kg-Säcke verpackt und in erster Linie nach Nigeria verschickt, wo man mit Gemüse, Kartoffeln und rotem Pfeffer daraus eine kräftige, eiweißreiche Suppe kocht (hätten Sie's geahnt?).

Ein kurzer Tunnel, dann endet die »E 10« mit einem großen Parkplatz. An seinem Beginn führt ein bequemer Fußweg zum Fischereimuseum, einem Areal von neun Gebäuden: Bootshaus, Dampfpresse für Dorschöl, Bäckerei, Fischerhütten usw. sind komplett eingerichtet und schildern das Leben in Å in

Å, der südlichste Ort der Lofoten

vergangenen Zeiten.
Am Ende des Parkplatzes führt ein zunächst bequemer, geteerter Fußweg für die Bustouristen weiter nach Süden. Verwirrt stapfen sie dann mit ihren Knöchelsöckchen in weißen Schuhchen über Moospolster, versuchen auf spitzen Zehen die schwarzen Moorpfützen zu umrunden, um am Felskap einen Blick auf die Vogelinseln im fernen Süden zu werfen.
Wir wenden das WOMO, rollen gemütlich, ohne einen einzigen Abstecher, auf der »E 10« zurück, vorbei an SVOLVÆR, bis zur Nordspitze von Austvågøy. Dort, in FISKEBØL, geht die Fähre zu den Vesterålen ab. Es ist ein "dicker" Kahn und der Andrang ist hoch, denn die 20-Minuten-Strecke ist die kürzeste und preiswerteste Verbindung zum Festland. Trotzdem ist seit kurzem eine Brückenverbindung im Bau.
Die Abfahrtstermine sind: 6.40/7.50/9.10/10.30/11.50/13.15/14.40/16.00/17.40/19.15/21.10/22.40/24.00 und 1.05 Uhr.
Sie sehen also: längere Wartezeiten sind ausgeschlossen!
Sollten Sie vor der Fähre übernachten wollen, so biegen Sie einfach vor dem Fähranleger links. Spätestens nach 2500 m finden Sie rechts des schmalen, verkehrsarmen Sträßchens einen geeigneten Platz.

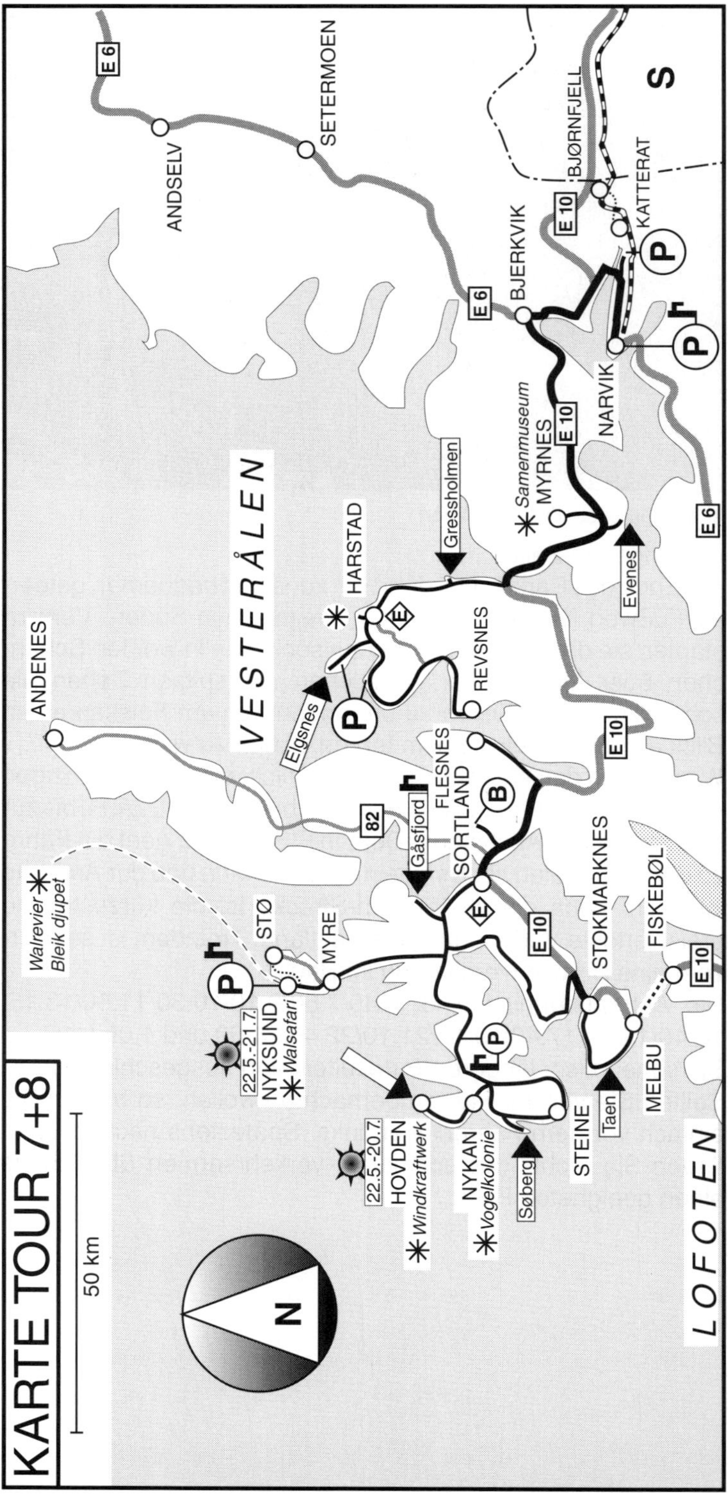
KARTE TOUR 7+8
50 km
N
VESTERÅLEN
LOFOTEN
S
ANDENES
ANDSELV
SETERMOEN
E 6
E 10
82
BJØRNFJELL
KATTERAT
BJERKVIK
NARVIK
Samenmuseum
MYRNES
Gressholmen
Evenes
HARSTAD
REVSNES
Elgsnes
FLESNES
SORTLAND
Gåsfjord
STOKMARKNES
FISKEBØL
MELBU
Taen
STEINE
Søberg
NYKAN
Vogelkolonie
HOVDEN
Windkraftwerk
22.5.-20.7.
NYKSUND
Walsafari
22.5.-21.7.
MYRE
STØ
Walrevier
Bleik djupet

TOUR 7 (365 km / 2-3 Tage)

Melbu – Taen – Bø – Steine – Hovden – Nyksund – Stø – Gåsfjord – Sortland – Osvolldal

Er hat wirklich kaum geschwankt, der dicke Pott; kann man in der Nebelsuppe überhaupt schwanken? Minute für Minute tutete sich die Fähre den Weg frei, wachsam kreiste der Radararm über uns, Sicht praktisch 0.

Auch im Hafen von MELBU irrten wir zunächst umher. Das lag jedoch weniger am Nebel als an den fehlenden Verkehrsschildern. Schließlich bekamen wir Auskunft, folgten den anderen nach rechts auf der »E 10«, bogen jedoch nach 250 m (keine Hinweisschilder) scharf links und nach Westen ab.

Wir sind völlig allein auf der schmalen Straße, noch nicht einmal eine Umgebung haben wir, alles hüllt sich in schweigenden Nebel.

Aber wir wissen, wohin wir wollen! Gebannt starren wir auf den Tacho und nach 10 km gespannt auf den linken Straßenrand. Nach genau 10,7 km biegen wir nach links auf einen großen, geschotterten Picknickplatz: "TAEN Friluftsområde" entziffern wir auf einem Holzschild – und beruhigt betten wir uns zum Schlaf.

Herrlich, dieser Wetterumschwung! Strahlend blauer Himmel und eine freundlich blitzende Sonne machen unseren Schlafplatz zu einem kleinen Paradies: Vom buschgesäumten Parkplatz (Wasserhahn hinter einem der Büsche) führt ein Fußweg, vorbei an Toilette und Waschbecken, quer über ein Golfrasen-Spielgelände zum herrlich goldgelben Sandstrand. Umgeben ist das Kollvika-Gelände von felsigen Hügeln, auf denen man fein herumklettern kann. Ob Sie nun herumtollen oder nur träumend daliegen und auf die bizarre Bergspitzenkulisse der Lofoten im Süden schauen wollen – wir wünschen Ihnen dabei genauso schönes Wetter.

Erst am nächsten Tag setzen wir unsere Vesterålentour fort. Die Küstenlinie wird nun rauh und felszerrissen, die auf den saftigen Wiesen zufrieden muffelnden Schafe gehören zu einsamen, weit verstreuten Bauernhöfen.

Beim Leuchtturm von DRAGNES, am Nordkap der Insel Hadseløy, schwenken wir nach Osten, halten auf einen fast zuckerhutförmigen Bergkegel zu. Wenig später haben wir STOKMARKNES erreicht, eine gute Gelegenheit zum Einkaufen, bevor wir zur großen Nachbarinsel Langøy aufbrechen.

Eine weit gespannte Betonbrücke dröhnen wir steil hinauf, und doch ist sie wieder nur ein Vorgeschmack auf ein noch gewaltigeres Brückenbauwerk: Nach 2,5 km biegen wir nach rechts

auf den Brücken-Besichtigungspicknickplatz und genießen die Kombination aus bizarrer Bergwelt und graziler Brückenbautechnik. Gestützt auf 26 Pfeiler überspannt das Betonband den Langøysund. Viele haben bereits vor Ihnen diesen Neubau überquert und brav Maut entrichtet, das Bauwerk abbezahlt; die Mautstelle wurde inzwischen entfernt.
Unmittelbar nach Ende der Brücke verlassen wir die »E 10« nach links (Wegweiser: EIDSFJORD/SANDNES). Landwirtschaftlich geprägt ist auch der Beginn der Insel Langøy, große Schafherden weiden sogar an den steilen Berghängen. Am Ortsbeginn von FLEINES überrascht uns eine Sitzgruppe mit einem kunstvoll bearbeiteten Felsen. Mehrere farbenprächtige

Ölgemälde stellen Szenen aus einer Seenot-Rettungsaktion im Jahreswechsel 1923/24 dar. Dann rollen wir auf die erste steile Bergwand zu, "Lofoten-grün" hätten wir beinahe gesagt. Fällt unser Blick nach links, so ragen aus dem jenseitigen Ufer des Eidsfjord noch bizarrere Gipfel.
Hinter GRØNNIG mit seiner kleinen weißen Kirche umfahren wir eine tiefe Bucht, ebenfalls umstanden von steilen, grünen Berghängen. Zeitweise wird es aber auch Moosen und Flechten zu viel. Dann rollen wir durch eine unbelebte Steinwüste aus schwarzem Vulkanfels. Wie um das archaische dieser Landschaft zu betonen hört nun auch noch die Teerdecke auf, und wir prasseln auf einer Schotterbahn weiter.
Erst kurz vor HOLMSTAD setzt der Teerkomfort wieder ein. "Indre Eidsfjord Kirke" steht auf einem Holzschild, das rechts auf einen Hügel hinaufzeigt. Wir haben das weiße Bauwerk mit dem spitzen, viereckigen Turm schon von weitem gesehen. Es ist verschlossen, bietet jedoch einen weiten ebenen Platz davor

mit schönem Blick über den Eidsfjord; Wasserhähne findet man hinter der Kirche links, am Rande des Friedhofes.
4 km später stoßen wir in FRØSKELAND auf die »820« und biegen links Richtung BØ. Sofort rollen wir auf eine besonders vielgestaltige Bergkulisse zu: Aus noch dicht bewachsenen Hügeln erheben sich kahle, spitze Zacken; in ihren schattigen Einschnitten haben sich Schneefelder gehalten. Der auffälligste Gipfel, mit senkrechten Furchen, wird immer schmaler, je mehr wir ihn umrunden. Es ist der beliebte Kletterberg Reka (605 m); nichts für harmlose Bergwanderer wie uns.
Wir sind genau 4,7 km auf der »820«, linkerhand blinkt ein See. Ein Damm führt hinüber zu einer Insel mit großem Parkplatz, der nur darauf wartet, von Ihnen besetzt zu werden. Bei der Rückkehr zur »820« sehen wir das Wasser unter dem Damm ins Landesinnere strömen: Also doch keine Insel, sondern ein schmaler Fjordarm, der sich bei steigender Flut jetzt füllt (Saltstraumen "en miniatur").
Kaum verläßt uns der letzte Fjordzipfel links, schon taucht ein neuer rechts der Straße auf. Dieser öffnet sich jedoch bereitsnach Westen zur Nordsee; so stark sind die Vesterålen vom Meer zerfurcht.
Dieser Auenfjord ist besonders malerisch, eine ganze Schar von Inselchen scheint in ihm zu schwimmen, in seinem ruhigen Wasser spiegeln sich die gegenüberliegenden Bergzacken.
Den letzten Fjordzipfel schneiden wir wieder mit einem Damm ab. Kurz davor liegt ein Picknickplatz, von dem aus wir dem hineinsprudelnden Salzstrom zuschauen können.
Nun legt die Straße einen Bergtrip ein, der 1612 m lange Rüggedaltunnel erspart uns jedoch größere Paßaktionen. Unmittelbar hinter der dunklen Röhre liegt links ein besonders pittoresker Picknickplatz mit Toilette, Wasserhahn und einem Informationsbüro, wo man sich mit viel Material über die Vesterålen eindecken kann.
Dann geht es wieder hinab – rechts ein See, links ein See und dann rechts wieder der erste Fjord, alles umrahmt von herrlichen Gipfeln: Die Vesterålen brauchen sich hinter den Lofoten wirklich nicht zu verstecken. Ein paar hundert Meter Land zu beiden Seiten, dann rechterhand der nächste Fjord. An seinem letzten Zipfel gabelt sich die Straße, rechts geht es nach HOVDEN.
Wir merken uns diese Stelle, bleiben noch 1100 m auf der »820«, schwenken dann nach links Richtung VEANOVA. Das Sträßchen ist verzweigt, an mehreren Gabelungen folgen wir zunächst dem Wegweiser STRAUMSNES. Diese kleine Anhäufung von Holzhäuschen in pittoresker Umgebung liegt an einer kurzen Stichstraße; über RAMBERG erreichen wir BØ.

Die Gemeinde BØ umfaßt mehrere Ortschaften, wir passieren zunächst die rote Holzkirche von BØ mit ihrem kreuzförmigen Grundriß, einsam auf einem flachen Hügel gelegen. Dann knicken wir an der Südspitze der Halbinsel nach Nordwesten, weit geht der Blick über die ruhig wie ein Spiegel schimmernde See.
Nordsee = Mordsee heißt es jedoch in vielen Gedichten und traurigen Liedern. Im fast "großstädtischen" Zentrum der Gemeinde, in STEINE, gedenkt man im kleinen Park rechts der Straße mit einem Minnestein den vielen auf der See gebliebenen Fischern.

Føre, Grab aus der älteren Eisenzeit

An STEINE schließt sich VINJE an. Biegt man links zum Hafen ab, so kommt man zum Heimatmuseum von BØ. Es beherbergt eine große Sammlung von Gegenständen aus dem Alltagsleben der "Fischerbauern" (offen 12 - 15 Uhr).
Auf den Vesterålen fühlte man sich auch schon früher wohl, als man noch keine Museen einrichtete. Genaue Kenntnisse aus der Zeit vor 1500 Jahren, also aus der älteren Eisenzeit, vermitteln uns die Gräber von FØRE. Wir folgen dem Wegweiser "Hellegraver" bis zu einem kleinen Parkplatz mit Hinweistafel und stapfen durchs Gras bis zu dem schön über der Bucht gelegenen Gräberfeld. Die Toten wurden mit reichen Grabbeigaben bestattet. Männer bekamen nicht nur Wegzehrung und ihre Waffen, sondern auch ihren treuen Hund mit auf die letzte Reise; Frauen natürlich ihren Schmuck und wichtige Haushaltsgegenstände, zum Beispiel die Spinnräder. Offensichtlich wurde damals auch noch im Jenseits gearbeitet.
Berühmt ist der 800 m lange Sandstrand von FJÆRVOLL, den wir vor FŒRE passiert hatten – aber was hilft der schönste Strand, wenn man nicht hinkommt!? Vielleicht ist die Westseite der Bucht wohnmobilfreundlicher eingerichtet?
3 km nördlich von FØRE, in STRAUME, biegen wir zweimal links nach SØBERG. Dort fahren wir zwischen den paar Bauernhäusern hindurch, geradewegs aufs Meer zu; der Weg endet an einem geschotterten Picknickplatz mit Tisch und Bank unmittelbar neben einem herrlichen, weißen Sandstrandrund. Dort kann man sich herrlich in der Sonne aalen und abwechselnd den rechten oder linken großen Zeh ins 14 °C kalte Wasser stecken.
Es gibt Leute, die bringen sich aus jedem Urlaub ein paar Steine

Bade- und Picknickplatz von Søberg

mit, zur Erinnerung an bestimmte Situationen oder wegen ihrer Besonderheit. Einen haben wir schon, ein Stück rosa Marmor aus FAUSKE. Im Nachbarort STRAUMSJØEN werden wir einen zweiten auflesen, denn dort stehen die ältesten Berge Europas, über 3,5 Milliarden Jahre haben sie auf dem Buckel. Außer einem alten Erinnerungsstein nehmen wir noch ein paar Fotos mit von schön restaurierten Fischerhütten in einer malerischen Bucht.
Weiter geht's auf der »820« nach Norden. Nach 8 km verlassen wir sie nach links Richtung HOVDEN. Im Nu haben wir die offene See erreicht, kurven am rechten Ufer des Åsanfjords entlang.
Nach 8,6 km, das muß wohl SANDVIKA sein, führt ein kurzes Schotterstichsträßchen nach links zu einem kleinen, einsamen Sandstrand.
In NYKVÅG, nach 11,3 km, folgen wir nach links dem Wegweiser "Post". Bereits nach wenigen Metern werden wir aus der Höhe laut schreiend beschimpft: Auf jedem Absatz der steilen Felswand sitzen Möwen, mal einzeln, mal paarweise schnäbelnd, mal Jungtiere, die beim Nahen eines Elterntieres ein futtergieriges Geschrei erheben.
Genug Vögel beguckt?
Dann wollen wir in HOVDEN unseren Blick wieder weit in die Ferne schweifen lassen, wenn möglich, bis zur Mitternachtssonne. Aber HOVDEN hat noch mehr zu bieten: Zunächst passieren wir bei riesigen, zeltförmigen Stockfischgestellen zwei Sandstrände, nachdem wir einen Blick auf den großen Dreiflügler geworfen haben, eine der wenigen Windkraftanlagen Norwegens (kein Wunder bei den vielen Wasserkraftwer-

Sandstrand von Hovden mit Mitternachtssonnenblick

ken). Die strategisch günstigsten, gleichzeitig auch schönsten Mitternachtssonnenplätze erreicht man, wenn man wenig später links zum Antennengittermast hinauffährt und dann rechts zum Hafen abschwenkt. Die absoluten Profis rollen natürlich so weit, wie es geht, denn ganz draußen, am Ende der Mole, liegt noch ein letzter, schöner Parkplatz.
Zurück auf der »820« biegen wir links Richtung SORTLAND, fahren also eine ganze Weile auf der uns bekannten Straße zurück. Auf bequemer breiter Bahn, im Fünften mit 80 km/h, können wir, locker zurückgelehnt, am besten die herrliche Bergkulisse genießen: Oft sind die Bergspitzen so bizarr gezackt, die Alpen haben keine grandioseren.
Reichlich 32 km rollen wir zurück auf der »820«, passieren ein zweites Mal den Ryggedal-Tunnel, werfen nochmals einen Blick zu dem längsgefurchten Kletterfelsen Reka; dann biegen wir nach links in die »821« Richtung MYRE. Auch dies ist eine Stichstraße für uns, und wir werden genau an diese Abzweigung zurückkehren müssen. Vielleicht sind die Touristen deshalb auf den Vesterålen so selten, weil die Sehenswürdigkeiten stets abseits liegen und nicht schön "der Reihe nach" abgefahren werden können.
Diesen letzten Abstecher auf den Vesterålen werden Sie bestimmt nicht vergessen, Sie werden eine Begegnung der besonderen Art haben!
Die »821« führt uns zunächst am linken Ufer eines Sees entlang mit lauter privaten Stichstraßen zu noch privateren Ferienhütten. Wesentlich WOMO-freundlicher zeigt sich der Steinlandsfjord, genau acht aussichtsreiche Picknickplätze liegen links der Straße an seinem Ufer. Während der Fahrt hingegen sollten Sie Ihre Blicke mehr auf die Straßenränder richten! Lange, schwarze Bremsspuren zeugen von dem erfolgreichen (?) Versuch, verkehrwidrig kreuzenden Schafen auszuweichen.
Nach genau 23 km begrüßt uns MYRE mit einer ESSO-Tankstelle samt Entsorgungsstation. Vor Erreichen des Zentrums schickt uns jedoch ein Wegweiser nach rechts Richtung STØ, außerdem lesen wir "WHALE WATCH". Dabei handelt es sich keineswegs um eine neue, besonders großformatige Modeuhr, sondern um ein einmaliges Safariangebot.
Nein, eigentlich ist es dreimalig: Von ANDENES, STØ und NYKSUND werden Bootsfahrten zu den Walrevieren angeboten.
Nach 1100 m gabelt sich die Straße, wir biegen links, Richtung NYKSUND, denn dort sollen Geister leben.
Das alte Fischerdorf an der Außenkante der Vesterålen war einst auch das größte. Die "Bryggen" mit ihren Speicherhäusern zeugt noch heute vom Erfolg der Fischer und der Pelztier-

Das "verlassene" Fischdorf Nyksund

züchter, zeitweise gab es zehntausende von Füchsen in den Zuchtfarmen. Der Zusammenbruch kam in den 70er Jahren: Die Norwegische Regierung setzte Umsiedlerprämien aus, der Hafen von MYRE bot den Fischern Platz auch für größere Schiffe; Nyksund wurde zum Geisterort. Seit 1984 wohnen wieder Menschen im Ort, ein Jugendprojekt machte NYKSUND europaweit bekannt, auch private Investoren bewahren die herrliche Architektur des Ortes vor dem völligen Verfall. Einigen Anteil daran haben zwei junge Firmen, die den Ort auch für Touristen interessant machen: Michel Jürgensen (ein junger Deutscher) von "Biber arctic" bietet Übernachtungsmöglichkeiten, geführte Bergwanderungen, Hundeschlittenfahrten, Polarlicht- und Seeadlertouren an, Annbjørg Andreassen (spricht gut deutsch) von "Whale Tours" veranstaltet ganztägige Ausfahrten zu den Walen (mit beiden haben wir einen 10-%-Rabatt für Sie ausgehandelt, siehe Anzeige).
Aber schön der Reihe nach!
Nach 2 km seit der Abzweigung nördlich von MYRE haben wir den Prestfjord erreicht, neben riesigen Dorschfischtrockengestellen sichten wir den ersten Picknickplatz, aber eigentlich kommen alle paar Meter Gelegenheiten, die grandiose Bergkulisse an der gegenüberliegenden Fjordseite gebührend zu würdigen. Einen besonders aussichtsreichen Picknickplatz finden Sie beim Minnestein für Torsten Reinholdtsen, "der viele Fischer vor dem sicheren Tod gerettet hat".
Nach 6 km nimmt die Straße eine Passage, wo sie in den steilen Fels gehackt ist. Rechts geht es senkrecht in die Höhe, links schwappt das offene Meer.
Bei km 11,0 parken wir sehr bequem vor der Mole von NYK-

SUND rechts. Hier kann man vom WOMO-Fenster aus die Mitternachtssonne bewundern oder bei kleinen Spaziergängen auf der Mole oder den umliegenden Hügeln.
Am nächsten Morgen können wir lange ausschlafen, erst kurz vor 12 Uhr trifft sich die "Walsafari" im Hafen, nachdem sie von Annbjørg Andreassen mit je zwei Tabletten seefest gemacht worden ist. Unser Boot, ein für den Sommer gechartertes Küstenwachtschiff der norwegischen Marine, ist grundsolide und bestens gewartet. Ausgestattet mit modernster Satellitenpeilung kann es auch bei 0-Sicht jeden Ort metergenau erreichen. Das Radar zeigt jede Felsbank, jeden "Gegenverkehr"

Die "SHV Odin" im Hafen von Nyksund

an. 474 PS treiben unsere "SHV ODIN" mit 12 bis 14 Knoten im Golfstrom nach Norden, der Stelle zu, wo der flache Kontinentalschild schnell von 200 m auf über 2500 m abfällt.
Hier, im "Bleik djupet", jagt zu dieser Jahreszeit der bis zu 60 to schwere und 20 m lange Pottwal. Mit einer speziellen Anpassungstechnik gelingt es diesem gewaltigen Lungenatmer, in die tiefsten Tiefen hinabzutauchen, einen Druck von über 200 atm zu ertragen – nur um die größten der leckeren Kraken zu erbeuten und dabei auch noch gefährliche Kämpfe auszustehen. Oftmals zeugen davon Verletzungen, die die Kraken mit ihren großen Saugnäpfen hervorgerufen haben.
Nach 3 Stunden haben wir das Walgebiet erreicht, ein Mann der Besatzung besteigt den Ausguck, ein kleines Türmchen an der Spitze des schwankenden Mastes. Er hält Ausschau nach dem "Blas", einer gut sichtbaren Fontäne aus wasserdampfübersättigter Luft, die die Meeresriesen beim Atmen ausstoßen. Alles blickt gespannt in die Runde ....
Da beschleunigt die Maschine, das Schiff legt sich in eine Linkskurve, und nun sehen wir sie auch: Eine winzige Nebelwolke weit vor uns. Fotoapparate werden schußbereit gemacht, Fernrohre gezückt,. Eine breit gefächerte Schwanzflosse erscheint kurze Zeit über der Wasseroberfläche – und weg ist er.

Aber schon fliegt das Ruder wieder herum, der nächste "Blas" ist in Sicht. Diesmal läßt uns das Tier näher herankommen, scheint mit uns zu spielen. Schon erkennen wir auch die kurze fleischige Rückenflosse, ahnen die dunkle Masse des Tieres knapp unter der Oberfläche. Dann ein kurzer Ruck, die Schwanzflosse steht zwei, drei Sekunden wie ein Signal über dem Wasser, um mich herum prasseln wie spanische Kastagnetten die Verschlüsse der Fotoapparate, dann ist er weg,

hinterläßt eine kreisrunde, stille Fläche im wogenden Meer. Aber wir geben nicht auf, pirschen uns an die nächste Fontäne heran, treiben die letzten Meter völlig lautlos näher. Diesmal haben wir Glück! Langsam sich mit den Wellen wiegend und regelmäßig wie eine uralte Dampflok schnaubend schwimmt der Gigant neben uns her, zum Greifen nahe. Außer dem Atmen des Tieres ist kein Laut ist zu hören, sogar die Fotoapparate schweigen, alle sind fasziniert. Auch der Wal scheint sich in seiner Starrolle wohlzufühlen, Minute um Minute vergehen. Dann verliert der Star die Lust an den Zwergen über sich – oder er hat Sehnsucht nach einer leckeren Krake. Elegant krümmt sich der massige Leib, der Schwanzfächer schwingt nach oben, verharrt eine Weile, dann sinkt das Tier in die Tiefe; Beifall brandet auf wie nach einer Ballettvorführung.
Nun ist auch Zeit, an das eigene leibliche Wohl zu denken! Heiße Fischsuppe wird gereicht, Brühe, Tee und Kaffee gab's schon die ganze Zeit – und als Zugabe führt eine Delphinschule einige Kunststücke vor.
Auf dem Heimweg werden uns noch einige Besonderheiten geboten: Wir passieren Anda fyr, eine Vogelklippe mit Papageientauchern und Kormoranen, wo auch eine Seehundkolonie lebt. Dann tuckern wir am Hafen von STØ vorbei, ganz nahe an der Küste entlang, wo ein aussichtsreicher Wanderweg von NYKSUND nach STØ entlangführt.
Mit etwas schwankenden Beinen, jedoch hoch zufrieden und voll der herrlichsten Eindrücke, gehen wir in NYKSUND an Land, nur wenige Schritte sind es bis zum ruhigen Übernachtungsplatz vor der Mole. Fährt man mit dem WOMO über die Mole, so findet man 200 m dahinter, beim ersten Haus, links der Straße zwei Wasserhähne.

Blick vom Aussichtsfelsen oberhalb Nyksunds

Am nächsten Morgen verlassen wir NYKSUND, diesen zu neuem Leben erwachten Geisterort, halten 800 m später bei einer Lachszuchtfarm, wo acht kreisrunde Becken neben der Straße liegen. Dort kann man bequem parken und sich auf Schusters Rappen nach STØ aufmachen: Der Wegweiser zeigt den Hang hinauf bis zu einem Sattel mit zwei großen Steinmännern. Dann umgeht der Wanderweg landeinwärts eine Bergkuppe und steigt schließlich hinab zur Meeresküste, der er bis STØ folgt (einfache Strecke 3 Stunden).
Wer's bequemer haben möchte, fährt 11,3 km zurück und biegt kurz vor MYRE links nach STØ. Über KLO (keine Wohnmobilentsorgung!) erreichen wir das noch aktive Fischerdörfchen, das jedoch sonst keine Attraktionen und auch keine WOMO-Plätzchen bietet. Einzige Sehenswürdigkeit ist wenige hundert Meter vor dem Ort die Kirche von LANGENES; dort findet man einen ruhigen Parkplatz und eine Informationstafel, sonst nichts. Die Kirche ist der einzige Überrest eines Fischerdörfchens, das bereits im letzten Jahrhundert aufgegeben wurde. Über MYRE kehren wir auf der »821« wieder zur »820« zurück, biegen dort am Eidsfjord links Richtung SORTLAND. Kerzengerade führt das breite Asphaltband nach Osten.
Nach gut 5 km, wir haben gerade wieder Meersicht, machen wir unseren letzten Vesterålen-Abstecher nach links Richtung HOLM/BREMNES. Wir folgen 7 km dem Ufer des Gavlefjords, bis sich einer seiner Seitenarme tief ins Land einschneidet. Dort, im Scheitel des Gåsfjords, liegt ein kommunaler, gebührenfreier Campingplatz (natürlich mit Toiletten und Wasserhähnen). Eine ganze Reihe von norwegischen Wohnwagen ist dort abgestellt, und so dürfte es für Sie kein Problem sein, Anschluß

zu finden.
Zurück auf der »820« sind es nur 1800 m bis zum alten Handelshof von JENNESTAD. Er wurde restauriert und beherbergt nun eine Galerie. Am Hafen wurde der Laden im alten Stil mit dem ursprünglichen Warenangebot ausgestattet. Die alten Graphitgruben, die einen Teil seiner Bedeutung ausmachten, liegen unmittelbar neben der Straße, können aber nicht besichtigt werden.
Nun sind es nur noch wenige Kilometer bis SORTLAND, wo uns wieder eine riesige, 20-beinige Saurierbrücke zur anderen Seite des Sunds hinübertragen wird. Falls Sie eine Entsorgung nötig haben, rollen Sie an der Brückenauffahrt vorbei und 200 m später links auf das Gelände einer ESSO-Tankstelle.
Wir brummen den weiten Brückenbogen hinauf bis in schwindelnde Höhen, sausen nach dem Scheitelpunkt wieder hinab. Am Ende der Brücke gabelt sich die Straße, wir müßten auf der »E 10« nach rechts Richtung HARSTAD fahren, vorher machen wir jedoch links einen Besuch bei der Firma "Sortland Caravan". Das kleine Zubehörgeschäft ist gut ausgestattet, wem das Gas ausgeht, der findet dort den passenden Adapter (ca. 100 NKr.), um seinen Druckregler an eine norwegische Gasflasche anschließen zu können.
Wir halten nun auf der »E 10« nach Süden. Rechts der Straße liegt der breite Sortlandsundet, links erheben sich fast 1000 m hohe Gipfel. Der erste Einschnitt zwischen Ihnen ist das Osvolldal; nach nur 3600 m seit der großen Brücke zeigt ein kleines Schildchen nach links (Wegweiser: Osvolldalen/Sørfjord). Genau 5,5 km poltern wir auf dem schlaggelöcherten Erdweg ins tiefe Tal bis zur einsamen Osvolldalen-Friluftsområde am Ende eines Sees.
Dort gibt es alles, was des Campers Herz begehrt: Einen Grillplatz, einen Badeplatz am herrlichen Sandstrandbogen, Toiletten natürlich und kleine Plätscherbäche, die in den See münden und an denen man Dämme bauen kann. Noch im letzten Jahrhundert lebten einige Familien hier, sie zogen nach Amerika, um dort ihr Glück zu machen. Die Überreste ihrer Behausungen kann man auf Streifzügen durchs Hinterland aufspüren.

TOUR 8 (295 km / 2-4 Tage)

Osvolldal – Flesnes-Revsnes – Rå – Elgsnes – Harstad – Gressholmen – Evenes – Myrnes – Narvik – Ofotbahn – Rombaksbotn (Karte s. Tour 7)

Hier, im Osvolldal, kann man's schon eine Weile aushalten. Reiche Beute machen die Beerensucher – und es geht doch nichts über Joghurt oder eine Quarkspeise mit frischen Heidelbeeren!

Gut ausgeruht setzen wir unsere Fahrt auf der »E 10« nach HARSTAD fort. Als wir in LANGVASSBUKT den Gullesfjord erreichen, knickt die »E 10« nach rechts ab, aber auch geradeaus geht es nach HARSTAD, nämlich per Fähre. Wir rollen auf der »850« 11 km bis FLESNES, wo man im Stundenrhythmus nach REFSNES übersetzen kann (6.30, 7.30 .... 20.30, 21.30 Uhr, Preis: WOMO plus 2 Personen 100 NKr.).

Wir trödeln nun auf der rechten Seite des Gullesfjords weiter auf der »850« entlang, nach 6 km passieren wir HEMMESTAD-Brygge, einen alten Handelshof. In seinen restaurierten Wänden beherbergt er ein Museum, das die Bereiche Handel, Seefahrt und Fischfang in früherer Zeit schildert.

Der Fjord, so schön er ist, bietet keinen einzigen Picknickplatz. So können wir nur kurze Blicke auf die riesige Insel Kvæøy werfen, die wie ein gestrandeter Wal in seiner Mitte liegt.

16 km nach der Fährstation kommen wir nach STRAUMEN. Wie ein reißender Gebirgsfluß strömt das Salzwasser unter der Brücke ins Landesinnere – die Flut steigt. Direkt hinter der Brücke kann man parken und dem Schauspiel zugucken.

Rå, die nördlichste Gartenbauschule der Welt

Wenig später, in KVÆFJORD, verlassen wir die »850« (die direkte Strecke nach HARSTAD), biegen nach links in die »849« ein (Wegweiser: BORKENES).
Nach 2,5 km geht's rechts hoch (Wegweiser: Gartnerscole) und wir halten vor den Gebäuden der nördlichsten Gartenbauschule der Welt in RÅ. Verständlicherweise hat man es sich hier zur Aufgabe gemacht, besonders kälteresistente Nutzpflanzen, Obstbüsche und Bäume zu züchten, die nach einer kurzen Vegetationszeit bereits Früchte tragen. Eine besondere Attraktion für die Besucher jedoch ist der liebevoll angelegte botanische Garten, der jetzt in voller Blüte steht.
Nördlich von BORKENES öffnet sich der Kvæfjord herrlich weit, der Blick schweift hinüber zum Nachbarufer, schließlich bis zur Vesteråleninsel Andøy und endlich weit hinaus ins offene Meer. Auf einen schönen Picknickplatz müssen wir jedoch noch eine ganze Weile warten. Bereits will sich die Halbinsel Elgen mitternachtssonneversperrend ins Bild schieben, da taucht er doch noch auf, der große, sauber geteerte Picknickplatz Nupen. Für eine ruhige Übernachtung sollten Sie mit uns 8,6 km später links nach ELGSNES abzweigen. Die Straße führt steil bergauf, bereits nach 5,0 km können Sie links oberhalb der Straße, umgeben von lustigen, kleine Birken, ungestörte Nachtruhe finden. Noch einsamer wird es 1000 m später, wo abseits der Straße ein großes Gelände zum Abstellen von Wohnmobilen und Campinganhängern wartet (die vielen P-Schilder längs der Straße sind für den Wintersportlerandrang auf dem beliebten Aunfjellet aufgestellt).
Kurz darauf hat die Straße den höchsten Punkt erreicht, senkt sich nun, an den Hang geklammert, wieder zum Fjord hinab;

Das herrliche Sandstrandrund von Elgsnes

rechts unter uns liegen die Häuser von INDRE AUN.
Ein Schottersträßchen bringt uns zur Nordspitze der Halbinsel, vorbei an einer kleinen roten Kapelle (rechts) mit Friedhof (links, mit Wasserhahn). Der Fahrweg endet mit einer Wendeschleife. An ihrem Rande, oberhalb eines herrlichen Sandstrandes, kann man parken.
Die eifrig wuchernde Vegetation verbirgt weniger Erfreuliches: Das felsige Kap ist unterhöhlt und wieder zubetoniert, Reste von Flak-Stellungen, Unterständen und Bunkern kann man umherstreifend besichtigen.
Uns ist nicht wohl in der Nähe Großdeutscher Historie. Wir rollen 1000 m zurück und finden neben der kleinen Kapelle einen friedlichen, ruhigen Übernachtungsplatz und nebenan, unter den Birken, reiche Ausbeute an Heidelbeeren und sogar einige Steinpilze für eine First-Class-Pilzpfanne.

HARSTAD stellt sich laut Prospekt als kulturelles Zentrum Nordnorwegens vor – wir sind gespannt! Zurück auf der »849« biegen wir links und münden später in die »850« ein.
Bereits 1 km später machen wir nach links einen Abstecher Richtung TRONDENES, wo zwei völlig unterschiedliche Zeugen der Geschichte HARSTADs auf uns warten.
Vor der Kirche von TRONDENES, nach 2200 m, biegt die Hauptstraße nach links ab, wir halten rechts auf dem großen geteerten Parkplatz am Meer (fährt man geradeaus, findet man hinter dem roten Gebäude am alten Friedhof einen Wasserhahn). Die mittelalterliche Steinkirche aus dem Jahre 1250 sei gleichzeitig eine Kunstkammer. Vielleicht können Sie das bestätigen, wenn Sie die Öffnungszeit erwischen (Mo - Fr 9-14 Uhr, Sa 9-12 Uhr, So 9-11 Uhr). Immerhin wurden im benachbarten Laugensee die ersten Christen in Nordnorwegen getauft.
Weniger friedlich ging es auf der Höhe zu, die man nach einem knappen Kilometer erreicht, wenn man weiter der Hauptstraße folgt; "Adolf-Kanonen" steht auf dem Wegweiser.
11.00, 13.00, 15.00 und 17.00 Uhr darf man das Kasernentor passieren und zur größten landgestützten Kanone der Welt auf dem Hügel hinauffahren (nur vom 12.6. bis 13.8. möglich).
Für das gigantische Geschütz, das mit seinem Riesen-Kaliber von 40,6 cm im Umkreis von 50 km Schrecken verbreiten konnte, mußte eine spezielle Auffahrtsrampe angelegt werden. Im Krieg fand es nie Verwendung, erst später gab das norwegische Militär einige Probeschüsse ab, wobei im weiten Umkreis die Fensterscheiben zu Bruch gingen. Granaten der Kanone werden im Kriegsmuseum in NARVIK gezeigt; im Bunker unter der Kanone berichtet ein Museum über ihre

Harstad, Adolf-Kanone

Geschichte.
Seltsame Bewohner hat diese norwegische Kaserne: Außer jungen Soldaten in ihren schmucken grünen Uniformen begegnen uns auch Vierbeiner in brauner Tracht! Mindestens 14 Elche würden auf dem Kasernengelände leben, sie kämen und gingen, Zäune seien für sie kein Hindernis – so berichtet uns der Wachoffizier.
Wir kehren zur »850« zurück, biegen links und erreichen nach 1200 m das Informationsbüro im Hafen von HARSTAD. Dort sind viele Parkplätze (von 9 - 16 Uhr kostenpflichtig). Bei einem feinen Stadt- und Hafenbummel entdecken Sie an der linken Außenmole, beim Kulturhaus, sicher auch die "Anna Rogde". Seit 1868 segelt dieser Zwei-Mast-Schoner durch die Welt und ist damit der älteste Aktive seiner Art. Schmuck sieht er aus mit seinen hellglänzenden frischlackierten Holzplanken; der einzige Fremdkörper ist der metallische Radararm am hinteren Mast.
Für einen Einkaufsbummel braucht man sich in HARSTAD nicht zu beeilen, die großen Supermärkte haben von 9-20 Uhr geöffnet. Nach dem Verlassen HARSTADs Richtung NARVIK auf der »83« finden Sie nach 3300 m ein letztes, günstig gelegenes "Kjøpesenter" links der Straße.
Die »83« folgt im wesentlichen dem Ufer des Vågsfjords, schneidet manchmal eine Landzunge ab, durchquert einen Tunnel, umrundet Buchten.
"Vik" ist norwegisch und heißt "Bucht"; und so passieren wir die Ortschaften BREIVIK, NORDVIK und südlich davon konsequenterweise SØRVIK. Zum wenig später folgenden BROKVIK biegen wir links, zweigen jedoch schon 300 m später nach

rechts ab (Wegweiser: GRASHOLMEN). Nach weiteren 1000 m müssen wir wieder nach links abzweigen, aus dem "GRASHOLMEN" ist inzwischen "GRESSHOLMEN" geworden, was aber auf norwegisch beides Mal "Grasinselchen" heißt.
Nach 300 m können wir auf grasgrünen Wiesenflächen hinter goldgelbem Sandstrand einparken (die Zufahrt zum Grasinselchen bleibt den Anliegern vorbehalten). Sanitäre Einrichtungen und ähnliches fehlen, aber ein Idyll ist der Platz allzumal, gut geeignet auch für einen Surf-Stop (Sie haben doch die dicken Moltopren-Anzüge dabei?).
Richtung Süden führt uns ein anderes schmales Sträßchen zur »83« zurück.
Nach knapp 5 km haben wir das gigantische Bauwerk der Tjeldsund-Brücke vor uns. Die Konstrukteure wandten eine Mischtechnik an, um den breiten Sund zu überspannen: Die beiden schrägen Auffahrten sind aus Stahlbeton und führen zu einer Hängebrücke im Mittelteil aus Metallgitterteilen und Stahlseilen. Beim Überqueren ermitteln wir eine Gesamtlänge von 1.001,11 m (Sie haben auch einen Zollstock dabei?). Hinter der Brücke rechts können Sie während Ihrer eigenen Messungen oder Fotografieraktionen das WOMO abstellen.
Seit Beginn der Brücke sind wir wieder auf der »E 10« (sie beginnt in Å, erinnern Sie sich?) und rollen weiter nach Süden. Bald verlassen wir das Ufer des Tjeldsunds und ziehen durchs Landesinnere Richtung Ofotfjord.
Genau in der Mitte zwischen HARSTAD und NARVIK hat man einen großen Flughafen gebaut, wahrscheinlich haben ihn beide Gemeinden gemeinsam finanziert. 700 m nach der Flughafenzufahrt verlassen wir die »E 10« nach rechts Richtung EVENES; 3,8 km später, direkt hinter der Kirche von EVENES, biegen wir links nach LILAND.
Das Sträßchen führt direkt am Ofotfjord entlang, der sich nach wenigen Metern bereits in Form eines herrlichen Sandstrandes präsentiert. Am Ende der Sandbucht kann man rechts zwischen Birken zu einem idyllischen Rasenplatz rollen, wo man mit bester Sicht auf Sandstrand, Fjord und Bergwelt picknicken und auch ruhig übernachten kann. 500 m weiter liegt eine felsige Landspitze, Evenestangen (mit großem Parkplatz). Auf ihrem äußersten Ende steht ein eigentümliches Kunstwerk, aus der Ferne ähnelt es einem alten, schwarzen Holzbottich. Der Kunstliebhaber entdeckt aus der Nähe 20 schwarze Basalthalbsäulen, zu einem Kegelstumpf aneinander gefügt. Ihre polierten, ebenen Innenseiten sind mit durchaus neuzeitlichen, keineswegs besonders anständigen Steinritzungen verziert. Die restlichen Bauwerke auf Evenestangen erinnern uns wieder bedrückend an die Anwesenheit des deutschen Militärs im zwei-

ten Weltkrieg.
Auf gleichem Wege kehren wir zur »E 10« zurück, bereits vor unserem Abstecher hatten wir die Hinweisschilder "Samisk Museum" gesehen. Nach nur 600 m (auf der »E 10« nach rechts), biegen wir links zum Samischen Freilichtmuseum. Es gibt 4600 m für das WOMO zu fahren und 300 m für Sie zu laufen. Von 12 - 17 Uhr werden Führungen angeboten, in der restlichen Zeit können Sie die für das samische Nomadenleben typischen Behausungen von außen betrachten (norwegische und englische Erklärungen). Haben Sie schon einmal einen "lavvu" gesehen, ein typisches Lappenzelt, dessen Bodenkälte durch ein dickes Lager von Birkenreisig isoliert wird? Ich würde lieber in eine "gamme" ziehen, auch wenn sie zunächst mehr der Unterkunft eines bedürfnisarmen Maulwurfs gleicht. Unter der grasbewachsenen Erdkuppel verbirgt sich ein durchaus wohnliches Einzelzimmer mit senkrechten Wänden, waagerechter Decke und großem Fenster. Der Boden ist beim Ofen mit Steinen bedeckt, das Großvaterbett steht auf gehobelten Dielen. Desweiteren gibt es natürlich Ställe, Vorratshütten, eine Scheune und ein "Feuerhaus". Hier wird keineswegs die Feuerlöschspritze abgestellt, sondern das meist feucht geerntete Heu nochmals getrocknet, damit es dem Vieh besser schmeckt.

Samenmuseum bei Myrnes: "Lavvu" und "Gamme"

Weiter ziehen wir auf der »E 10« nach Osten, haben bei BOGEN kurzen Meerkontakt (Picknickplatz hinter BOGEN). Dann durchqueren wir eine wellige Landschaft aus Birken, Kiefern, Moorflächen und kleinen Seen, erreichen bei BJERKVIK den Herjangsfjord und "unsere" »E 6«; für den Lofoten-Vesterålen-Abstecher haben wir eine gute Woche gebraucht!
Wir schwenken in die »E 6« Richtung NARVIK, nach rechts,

nach **Süden** ein. Nein, nein, das Nordkap werden wir nicht auslassen, aber den 32-km-Abstecher nach NARVIK auch nicht!

Da manche unserer Leser NARVIK auf der »E 6« von Süden aus ansteuern, versetzen wir uns nun im Geiste dorthin und werden von dort aus den Abstecher beschreiben.

Die junge Geschichte NARVIKs ist unmittelbar mit der der schwedischen Bergwerksstadt KIRUNA verbunden; vor der Jahrhundertwende gab es in NARVIK nur einige, wenige Bauernhöfe. Die geistreiche Idee, das schwedische Eisenerz übers Fjell zur auch winters eisfreien Nordsee zu transportieren, führte 1885 zum Baubeginn der "Ofotbanen". Die "Rallare", denen man in NARVIK (neben der Brücke der »E 6« über die Eisenbahn) ein Denkmal gesetzt hat, waren Wanderarbeiter (meist Bauern oder Fischer), die unter unsäglich harten Bedingungen die Bahntrasse in die norwegischen Gebirgswände hackten und sommers wie winters die Schienen verlegten. Auch "Svarta Bjørn", ihre Köchin, wurde nahe des Bahnhofes mit einem Denkmal geehrt.

Kommt man von Süden nach NARVIK, so findet man unmittelbar vor der genannten Brücke das Informationsamt und erhält einen Stadtplan: Die beste Aussicht auf die Erzverladestadt hat man vom Geysir aus!

Wir biegen vor dem Informationsamt rechts, Wegweiser Fjellheisen/Gondelbanen, schwenken unterhalb der Talstation nach links und schlängeln uns immer weiter bergan, bis der Weg vor einem Minikraftwerk endet. Jetzt können Sie sehen, welche Bedeutung "ELKAB", die Erzgesellschaft für die Stadt hat, nimmt doch der rostbraune Bahnhofs- und Verladebereich fast die Hälfte der Halbinsel ein. Weit geht der Blick über die gesamte Stadt, den Ofotfjord und die umliegenden Halbinseln und Inseln.

Aber nun zum Geysir: Wer etwa glaubt, daß aus einer geheimnisvollen Gesteinsspalte oder einem düster blubbernden Sumpfloch ein dampfender Wasserstrahl emporschießt, der sieht sich getäuscht. An der linken Hauswand des Kraftwerkes, knapp unterhalb des Daches, entdecken Sie eine solide Edelstahlspritze, ähnlich der, die die Feuerwehr verwendet. Pünktlich um 13.00 und 21.00 Uhr wird die Kraft des zunächst unsichtbaren Wasserstroms, die rund um die Uhr eine Turbine antreibt, für fünf Minuten publikumswirksam umgeleitet: Erst ein lächerliches Rinnsal, schießt nach und nach ein immer kräftigerer Wasserstrahl gen Himmel, wohl an die 30 m hoch – und wenn der Wind ungünstig weht, stehen Sie plötzlich ganz schön im Regen.

Wieder kommen wir an der Gondelbahn vorbei. Dort finden Sie

einen großen Parkplatz und können sich zwischen 10.00 und 1.00 Uhr nachts zum Fjellheisen in 656 m Höhe emporliften lassen. Dort kann man im Restaurant einkehren oder wandern und die Aussicht genießen.
NARVIK hat noch eine zweite Brücke über die Bahnlinie, 500 m weiter südlich. Überquert man sie, so findet man 400 m später links gegenüber "Idrettens Hus", der Sporthalle, eine großen kostenfreien Touristenparkplatz. Von hier aus erreichen Sie alle weiteren Sehenswürdigkeiten in wenigen Minuten:
Die Kirche von Narvik, ein imposanter Steinbau in einem schönen Park, liegt von hier aus im Südwesten. Nach Nordosten kommen Sie zum Stadtteil Brennholtet mit einem steingeritzten Elch. Kehren Sie über die Brücke zurück, so stoßen Sie direkt aufs Kriegsmuseum des Roten Kreuzes. Mit bedrückender Präzision werden hier anhand einer Unsumme von Fundstücken die Kriegsgeschehnisse in und um NARVIK geschildert; ein Museum, daß man auf keinen Fall auslassen sollte.

Narvik, Rot-Kreuz-Museum

Wer noch vor wenigen Jahren NARVIK von Schweden aus besuchen wollte, mußte sein WOMO auf die Erzbahn verladen lassen, konnte dann aber bequem den grandiosen Verlauf der Ofotbanen und die herrlichen Ausblicke genießen; heute muß sich der Fahrer auf der neuen »E 10« KIRUNA - NARVIK auf den Straßenverlauf konzentrieren. Wir wollen uns das Eisenbahnvergnügen nicht entgehen lassen – und gleichzeitig eine kleine Fjellwanderung auf den Spuren der Rallare einlegen!
Vor dem Bahnhof finden wir eine bequeme, kostenlose Parkmöglichkeit, und die Zugverbindungen haben wir Ihnen nachfolgend aufgelistet (eventuell werden sie von Jahr zu Jahr verändert):

Sie starten um 10.30 Uhr (13.40 Uhr) in NARVIK und steigen um 11.11 Uhr (14.28 Uhr) in BJØRNFJELL aus, wandern bis KATTERAT, wo Sie um 17.12 Uhr wieder in den Zug einsteigen können, der 17.40 Uhr in NARVIK ankommt (Preis hin und zurück 20 DM, Kinder bis 16 Jahre die Hälfte).
Wir haben die Tour für Sie ausprobiert, waren begeistert; hier einige unserer Eindrücke:
50 min. Eisenbahngenuß pur, so könnte man das kurze Stück auf der Ofotbanen nennen, deren Trasse eigentlich nur für den Erztransport angelegt worden war. Heute bringt sie auch den Urlauber, ohne umzusteigen, bis ins ferne Stockholm. Wir wählen einen Fensterplatz auf der linken Seite, denn dort ist die Aussicht steil hinab in den schmalen Rombaksbotn besonders grandios, wenn wir nicht gerade durch einen der 13 (!) Tunnel rauschen....
In luftiger Höhe, im Bahnhof von BJØRNFJELL, schultern wir unsere Rucksäcke, überqueren vom Bahnhofsgebäude aus die Schienen und wandern jenseits der Gleise zurück (Wegweiser: Rombaksbotn 13 km/KATTERAT-Stasjon 9 km). Rückblickend müssen wir die Entfernungsangabe nach KATTERAT stark anzweifeln, denn selbst der trainierte Wanderer braucht ohne größere Pausen 2 1/2 Stunden für diese Strecke. Wählen Sie also lieber die 10.30 Uhr Abfahrt in NARVIK, dann können Sie die Tour genießen und unterwegs zünftig picknicken (den richtigen Platz dafür zeigen wir Ihnen noch).
Wir halten uns zunächst stets in der Nähe der Schienen, also an einer unbeschilderten Gabelung rechts. Erst nach einer knappen halben Stunde verlassen wir die Bahnlinie nach links, dort, wo sie in einem Tunnel verschwindet. Unser Wanderweg ist der ehemalige Transportweg der Rallare, folglich ist er gut befestigt, bequem zu begehen, eine Freude sicher auch für die Mountain-Biker. Jetzt zieht er neben kleinen, idyllischen Seen dahin, links sind mehrere Höhlen in den steilen Fels gesprengt, direkt am Wegrand wachsen herrliche Birkenpilze.
Nach einer Stunde Wanderzeit erreichen wir ein Schilderkreuz, kurz dahinter entdecken wir einen Picknickplatz mit einer Grillstelle vor einem massiven Steinhaus (ohne Dach). Oberhalb informiert uns eine riesige Panoramatafel über den weiteren Verlauf unserer Tour und über die gesamte Region.
Nun zieht der Weg nach KATTERAT oberhalb der Bahnlinie hinauf, belohnt uns nach 20 min. mit einer Sitzbank und einer herrlichen Aussicht über das Norddal bis zu den Häusern von KATTERAT am gegenüberliegenden Hang (puh, ist das noch weit!).
Wir kriegen's mit der Angst zu tun, starten durch, konzentrieren uns nur noch auf den Weg, überschreiten nach weiteren 30 min.

die Bahnlinie, stolpern hinab in ein Tal, überqueren ein Flüßchen, hasten am gegenüberliegenden Hang wieder hinauf und sinken erschöpft auf das Bänkchen am Bahnhof von KATTERAT – seit dem Aussichtspunkt ein Gewaltmarsch von genau 60 min. Da ertönt eine Ansage: Der Zug hat 30 min. Verspätung....

Folglich wird das Bänkle zum einzigen Vesperplatz unserer Tour, bevor wir uns wieder komfortabel und aussichtsreich (diesmal sitzen wir logischerweise rechts) nach NARVIK zurücktransportieren lassen (haben Sie das rostbraune Schiffswrack am Ufer des Rombaksbotn entdeckt?).

Nun haben wir uns einen ruhigen Erholungsplatz verdient!

Wir können unter drei Möglichkeiten wählen: Entweder wir beehren den Yachthafen von NARVIK (auf der »E 6« über die Bahnlinie, dahinter links und die erste wieder rechts bis hinab zum Wasser). Dort findet man nicht nur einen großen Picknickplatz mit Tischen und Bänken, sondern an seinem Rande auch Wasserhähne mit riesig langem Schlauch.

Die "zweite" Wahl wäre "Ornesvika", der beliebteste Badeplatz von NARVIK. Zwei Abfahrten führen zu ihm von der »E 6« aus. Die erste liegt 1000 m nördlich der »E 6«-Brücke über die Bahnlinie (Wegweiser: Ornesvika), die zweite führt nochmals 1400 m später vom Picknickplatz "Veteranplassen" aus unterhalb der »E 6« zurück.

Wir fahren zum einsamen Rombaksbotn 13 km nördlich von NARVIK. Aufpassen, die Abfahrt in die gut geteerte Stichstraße ist nicht beschildert, sie kommt genau 2300 m nach der Abzweigung zum Bahnhof von STRAUMSNES (STRAUMSNES st.)!

Zwei schöne Picknickplätze haben wir für Sie gefunden: Der erste liegt 3,2 km nach der Abzweigung rechts, etwas erhöht, schön zwischen Birken; den zweiten, auf dem wir eine ruhige Nacht verbrachten, finden Sie 400 m später links der Straße auf einem Halbinselchen im Bodden. Von hier aus sehen wir nochmals die schwarze Linie am Berghang, dort, wo die Erzbahn mühsam zum Fjell hinaufsteigt.

1200 m später endet die Fahrstraße für Sie bei einem Schlagbaum vor einem Wasserkraftwerk. Sie können jedoch weiter marschieren und einen Blick auf das verrostete Heck eines Kriegsschiffes werfen, das bei den Kämpfen um NARVIK zerstört wurde.

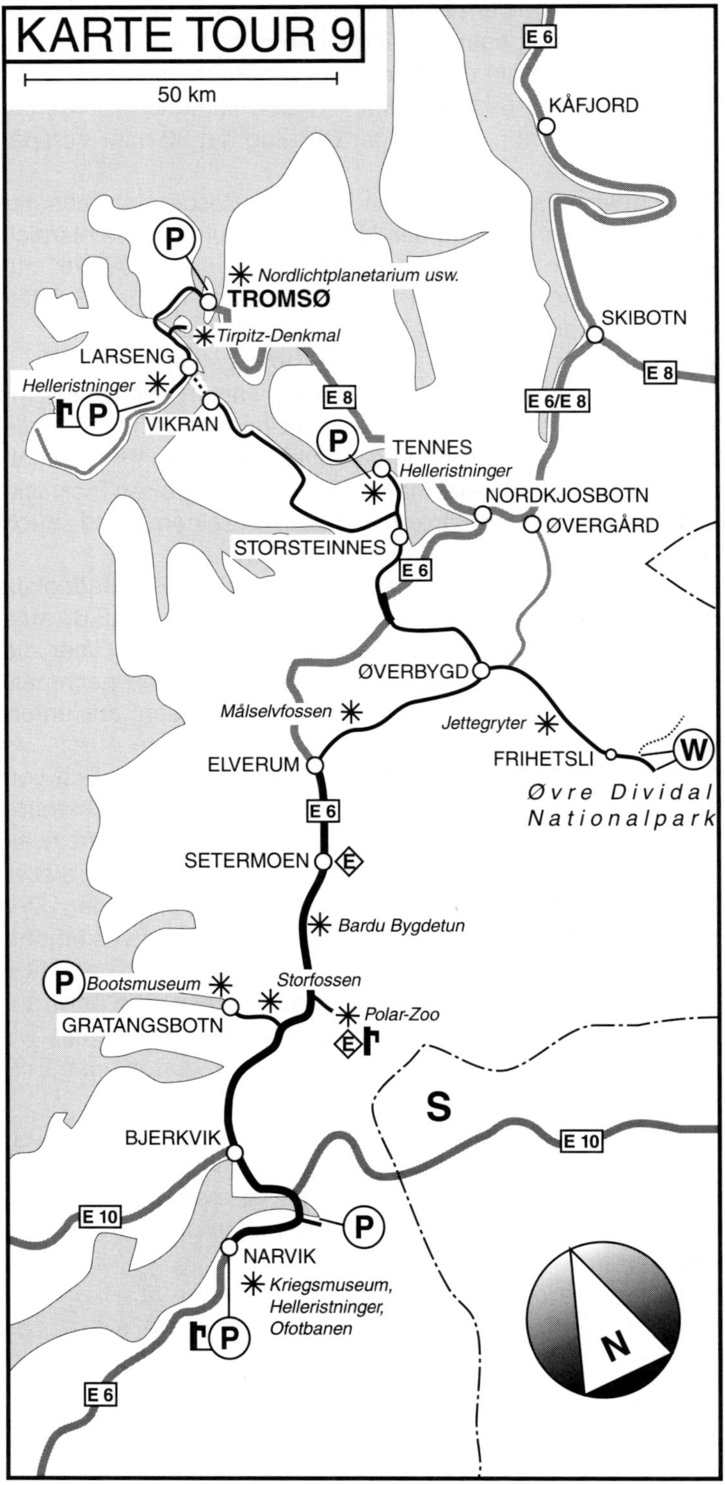
KARTE TOUR 9
50 km
E 6
KÅFJORD
Nordlichtplanetarium usw.
TROMSØ
Tirpitz-Denkmal
SKIBOTN
LARSENG
Helleristninger
E 8
VIKRAN
E 8
E 6/E 8
TENNES
Helleristninger
NORDKJOSBOTN
ØVERGÅRD
STORSTEINNES
E 6
ØVERBYGD
Målselvfossen
Jettegryter
FRIHETSLI
ELVERUM
Øvre Dividal Nationalpark
E 6
SETERMOEN
Bardu Bygdetun
Bootsmuseum
Storfossen
Polar-Zoo
GRATANGSBOTN
S
BJERKVIK
E 10
E 10
NARVIK
Kriegsmuseum, Helleristninger, Ofotbanen
E 6
N

TOUR 9 (355 km / 3-4 Tage)

Rombaksbotn – Gratangsbotn – Målselvfossen – Øverbygd – Øvre Dividal – Storsteinnes – Tromsø

Sie haben die Abfahrt zum Rombaksbotn verpaßt?
Das merken Sie schon 400 m später, dann schwingt sich Ihr WOMO nämlich über die 700 m lange Rombaksbru (vor Beginn der Brücke liegt rechts ein kleiner Parkplatz, dort könnten Sie wenden!).
4,5 km nach der Brücke zweigt nach rechts die »E 10« ab, der "Nordkalottveien" nach KIRUNA. Ihr müßten Sie folgen, wenn Sie sehen wollen, wo das viele Eisenerz herkommt, das in NARVIK verschifft wird.
Sieht man mal von einem kleinen Landzipfel ab, so begleitet uns links der Straße von NARVIK bis BJERKVIK, wo die »E 10« von HARSTAD herkommend einmündet, der Herjangsfjord. Dann werden wir für eine ganze Weile dem Meer untreu.
Wer in Norwegen ins Landesinnere fährt, der steigt ins Gebirge hinauf! Und so dröhnen auch wir, gemütlich bei 50 km/h im dritten Gang, die 7 %ige Steigung hinauf. Nach 7 km haben wir bereits 334 m ü. NN erreicht und 1500 m später dürfen wir linkerhand an einem ersten See rasten.
Das Seenangebot allerdings ist reichlich, manchmal werden wir gleichzeitig rechts und links der Straße von Wasser flankiert. 1800 m nach dem ersten Parkplatz können Sie zur Abwechslung rechts der Straße ganz offiziell an Tisch und Bank neben einer Informationstafel picknicken; ein drittes Mal 2 km später.
Mühsam hat sich unser Diesel die Höhe erschnauft, da taucht die Abzweigung in die »825« Richtung GRATANGEN auf. Außerdem wird "Bootmuseum" angezeigt – und unser WOMO würde, wenn es könnte, mißmutig die Schnauze verziehen, denn Schiffe schwimmen nun mal im Meer....
Kurve auf Kurve muß es die mühsam erkämpften Höhenmeter wieder hinabgebremst werden, bis wir nach 3 km in GRATANGSBOTN nach rechts zum Gratangenfjord und zum Bootsmuseum abzweigen. Eine ganze Reihe von Gebäuden wird benötigt, um die Bootstypen der einheimischen Fischer, die seit fast 200 Jahren in der Vergessenheit alter Bootshäuser und Schuppen verfielen, wieder herzurichten und ansprechend zu präsentieren (offen: 11 - 18 Uhr). Für ihre Arbeit bekam die Bootssammlung 1991 den Europäischen Museumspreis. Wir verleihen ihm zusätzlich einen WOMO-Preis für einen schönen großen, ruhigen Übernachtungsplatz.
Am nächsten Morgen turnen wir die steile und kurvige »825« wieder empor, gönnen dem Diesel nach 3 km eine Pause,

während wir eine Weile dem Storfoss beim Brausen und Schäumen zuschauen. Es ist ein WOMO-freundlicher Wasserfall: Nur 20 m neben der Straße kann man rückwärts an ihn heranfahren und vom Heck-Panorama-Fenster aus bei Kaffee und Kuchen das Toben der Wassermassen genießen. Gesättigt sind Augen und Magen, als wir in die »E 6« einschwenken; nur noch 1035 km sind es bis KIRKENES.
Bereits 900 m später liegt links der Straße ein schöner Picknickplatz mit Toilette. Ein paar Schrittchen und man hat einen Panoramablick über den Gratangenfjord, genau können wir die Stelle erkennen, wo heute Nacht unser WOMO stand. Kurz darauf haben wir mit 428 m ü. NN den höchsten Punkt des Fjells erreicht; in welliger Landschaft kurvt nun die «E 6« dahin, bis sie langsam ins Salangsdal absteigt.
Das Außenthermometer zeigt 9° C an, da fühlen sich ja nur wilde Tiere im Freien wohl. Am Beginn des Salangsdals zweigen wir nach rechts Richtung BONES ab, außerdem ist "Polarzoo" angezeigt. Nach 2,5 km passieren wir die Kirche von LUND (Wasserhahn auf dem Friedhof), und 800 m später stehen wir auf dem großen Parkplatz vor dem nördlichsten Raubtierpark der Welt. In riesigen Gehegen, die den natürlichen Lebensbedürfnissen von Bären, Wölfen, Vielfraß und Luchs weitestgehend entsprechen, bekommen wir die typischen Raubtiere des Nordens präsentiert. Aber auch Ren und Hirsch, Dachs und gar Moschusochsen leben hier. Während der Fütterung um 14 Uhr ist der Besuch sicher am interessantesten (offen 10 - 18 Uhr). Auf dem großen Parkplatz darf man gegen Gebühr im WOMO übernachten, die Benutzung des langen Wasserschlauchs und der Entsorgungseinrichtung sind kostenlos. Im weiteren Verlauf

Freilichtmuseum: Bardu Bygdetun

des Tales haben wir weder schöne Picknickplätzchen noch Ausgangspunkte für interessante Wanderungen entdeckt.
Weiter führt uns die »E 6« durchs Salangsdal. Breit sind das Tal, der Fluß und auch die Europastraße, so daß wir flott vorankommen. Wir passieren zwei Picknickplätze nach 5,5 km und 6,0 km am brausenden Fluß, legen unseren nächsten Stop aber erst nach 11,8 km beim Bardu-Bygdetun ein. Die alten Gebäude des Freiluftmuseums sind komplett mit dem alten Inventar eingerichtet, außerdem stellt ein kleines Mineralmuseum neben einer umfassenden Übersicht über die einheimischen Gesteinsarten eine Fülle von glänzenden Mineralien aus der ganzen Welt aus.
3 km später kommen wir auf der «E 6« an einen Punkt, der eigentlich gleich dem Polarkreis markiert sein müßte – noch genau 1000 km sind es bis KIRKENES, wo Norwegen an der Russischen Grenze endet.
SETERMOEN heißt der nächste Ort, wo wir einen Blick auf die schöne, achteckige Kirche werfen und eine Entsorgungsstation bei der Tankstelle entdecken, dann folgen wir dem breiten Barduelva ins Bardudal (nach 7,5 km Picknickplatz oberhalb des Flusses).
Wer in ELVERUM nach rechts auf die »87« abbiegt, trifft nach 77 km, in ØVERGÅRD, wieder auf die »E 6« – wer auf ihr bleibt, hat für die Strecke 78 km benötigt! Auch wir biegen hier rechts, haben aber einen ganze Reihe von anderen Gründen – denn abkürzen tun wir sowieso nie.
Haben Sie rechts oben im Gebirge den Istindan-Gletscher gesehen? Auf den nächsten Kilometern blinkt er immer wieder blaugrau zwischen den grünen Baumwipfeln hindurch.
Nach 8,3 km auf der »87« biegen wir links in eine Stichstraße zum Målselvfoss; aus dem Birkenwald beidseits der Straße leuchten hunderte von orangegelben Birkenpilzhüten. Folglich dauert es etwas länger, bis wir nach 3 km vor dem Målselvfoss-Turistsenter parken und rechts zum Fluß hinabsteigen. Gewaltig wälzt sich der gesamte Målselva in voller Breite steile Klippen hinab in breitem, weiß schäumendem Band. Es ist einer der imposantesten Wasserfälle Norwegens. Diesseits des Flusses, direkt zu unseren Füßen, hat man ein Babybett in den Fels gehackt, in ihm können sich die Lachse wesentlich bequemer flußaufwärts schnellen; auf das Lachsstudio am Ende des bequemen Fußweges können Sie getrost verzichten.
Weiter ziehen wir auf der »87« nach Osten, bereits jetzt schweift der Blick an den grünen Hängen hinauf zum Fjell an der schwedischen Grenze. Dort liegt einer der schönsten Nationalparks Norwegens, Øvre Dividalen. Die "Großen Vier" – Bär, Wolf, Luchs und Vielfraß – haben dort ihrer früher intensiv betriebenen Ausrottung getrotzt und können sich nun wieder

ungestört vermehren.
In ØVERBYGD biegen wir mit der »87« hinter der STATOIL-Tankstelle scharf rechts (an diese Stelle werden wir wieder zurückkehren), 5,5 km später verlassen wir die »87« endgültig nach rechts, ziehen nach Süden ins Dividalen. Der Abstecher läßt sich zunächst recht langweilig an, auf europastraßenbreiter Bahn düsen wir ohne Gegenverkehr durch Birkenwälder. Dann erheben sich langsam die Bergkolosse des Nationalparks vor uns. Es sind keine spitzen, bizarren Zacken wie auf den Lofoten, sondern behäbige, runde Kolosse.
Nach 19 km Stichstraße passieren wir einen Campingplatz, bei

Øvre Dividalen NP: Jettegryter im Dividalselva

km 21,4 zeigt ein Wegweiser nach links zu einem "Fiskeplass" (ruhiger Parkplatz am Fluß).
Bei km 22,0 überqueren wir den Dividalselva auf die linke Seite; er hat sich aus einem ruhig strömenden Langweiler zu einem recht munter brodelnden Gebirgsflüßchen gemacht. 2400 m später halten wir neben einer gesperrten Brücke, einer der optischen Höhepunkte unseres Abstechers ist erreicht!
Wie ein wild schäumendes Untier preßt sich der Fluß zwischen den eng stehenden Felswänden hindurch, die seiner Wut nicht weichen wollen. Aber er wendet eine spezielle, nachhaltig wirkende Zerstörungstechnik an: Strudelnd sausen die Wasserströme im Kreise, schleifen Trog für Trog ins Gestein, höhlen es aus wie einen Schweizer Käse. Viele der "Jettegryter" liegen jetzt, in der Sommerzeit, trocken, und wir können sie gebührend bestaunen. Spaziert man 500 m die Straße flußabwärts, so kann man unterwegs immer neue Abschnitte des Zerstörungswerkes begucken und dann bis zum Fluß hinabsteigen. Auf glatten Klippen erkunden wir noch weitere, herrliche Passagen dieses einmaligen Naturwunders.
Wenige Meter flußaufwärts fließt das Wasser bereits wieder ruhig, am Ufer warten geduldige Petrijünger darauf, Zwei-Kilo-Forellen an Land ziehen zu können.
Bei km 31,5 passieren wir FRIHETSLI, eine Ansammlung von Bauernhöfen, dann wird die Fahrbahn schmaler.
Nun haben wir nur noch zwei Wanderparkplätze zu beschreiben: Nach 2 km steht die Wandererhütte "Ventebu" links unter Birken, gegenüber ist ein riesiger Parkplatz eingerichtet, und nach weiteren 5 km endet der Fahrweg kurz vor der Grenze des Nationalparks mit einer weiten Wendeschleife, in deren Mitte Tische und Bänke zur Rast einladen.
An beiden Plätzen kann man herrlich ruhig übernachten und die verschiedensten Wanderungen erleben. Wir starten von der (unverschlossenen) Ventebu ins Skakterdal. Sofort nimmt uns ein verwunschener Märchenwald auf, durch den sich ein lustiger Pfad schlängelt; er stolpert über Wurzeln, hüpft über Steine, wiegt sich auf Torfpolstern. Schließlich steigt er an, macht eine Aussichtspause an einer steilen Terrasse zum Skakterelva. Locker nehmen wir eine ebene Passage durch lichten Birkenbuschwald, dann schnaufen wir weiter empor. Nach einem knappen Stündchen haben wir auf einem flachen, geröllübersäten Felsplateau die Baumgrenze erreicht und uns damit einen herrlichen Blick in die Runde erwandert. Folgt man dem Pfad noch 200 m weiter, senkt er sich zu einem kleinen, verwunschenen Bergsee, wo man windgeschützt picknicken kann. Einen zweiten See entdecken wir erst beim Rückmarsch, er liegt noch vor dem Felsplateau, rechts unterhalb des Wanderweges.

Noch nicht genug gewandert?
Nach einem weiteren Stündchen würden Sie auf der Höhe auf einen Querweg treffen, der Sie nach 3 Stunden nach rechts zur Dividalshytta führt. Von dort geht es bergab zurück zum Endpunkt des Fahrweges. Sie sehen: Das wäre eine Ganztagswanderung oder schon ein kleines Zweitagesabenteuer mit Zelt, Isomatte und Schlafsack.
Auf dem Rückweg lüftet sich für uns der Schleier um den geheimnisvollen Moltebeerenmythos: Erstmals entdecken wir reife, d.h. blaßgelbe Beeren (unreif sind sie rot) und stellen fest – sie schmecken wie Birnenkompott, getarnt als gelbe Brombeere am Stiel.
Nach ruhiger Nacht auf dem Ventebu-Parkplatz düsen wir zur »87« zurück. Wer auf unseren Abstecher nach TROMSØ verzichten möchte, biegt hier rechts und trifft uns an der »E 6« bei ØVERGÅRD wieder. Wir rollen nach links und biegen an der STATOIL-Tankstelle in ØVERBYGD in die »857« Richtung STORSTEINNES ein.
In endlosen Kurven, Schleifen und Windungen, die um imaginäre Hindernisse herumzuführen scheinen, ziehen wir durch sumpfigen Birkenwald, in dessen saftigem Unterholz sich Ziegen- und Schafherden wohlfühlen; dann erreichen wir einen Riesensee. An seiner Oberfläche rollen die Wogen, vom Sturm gepeitscht, wie im Meer. Flache Inseln liegen in ihm gut verankert.
Der anspruchsvolle WOMO-Tourist wartet so lange vergeblich auf einen bequemen Aussichtsparkplatz, bis er unverhofft an der Einmündung zur »E 6« steht. Hier biegt er rechts Richtung KIRKENES ein und bekommt nach 400 m seinen Komfortparkplatz – zwar nicht an einem See, dafür aber mit einer Touristen-Information und einer freundlich lächelnden Lappenfamilie, die Felle, Geweihe und andere Samen-Souvenirs verkaufen möchte.
Noch nicht einmal 3 km sind wir der »E 6« gefolgt, da verlassen wir sie wieder nach links und haben nach genau 13 km, in STORSTEINNES, wo wir auf den Balsfjord stoßen, bereits wieder 234 Höhenmeter vernichtet. Hier stoßen wir auf die «858«, der wir im Zickzack über die Balsfjord-Halbinsel bis zur Fährstation VIKRAN folgen werden.
Nach 5 km machen wir auf der »859« einen Abstecher nach TENNES, am Ende der Stichstraße wartet dreierlei auf uns:
Ein ruhiger Parkplatz am Fjord, die Kirche von TENNES, die Balsfjord-Kirke aus dem Jahre 1855 mit Toiletten und großem Parkplatz und ein "Kultursti" zu drei Felszeichnungsfeldern.
Wir parken neben der weißen Kirche, die von einem verspielten Architekten entworfen wurde: Drei Gebäude mit Satteldach sind

aneinandergereiht, eines immer größer als das andere. Auch der Kirchturm besteht aus drei Stockwerken, die zwei unteren mit Satteldach, das quadratische Glockentürmchen mit spitzem Walmdach.
Links des alten Friedhofes führt der Kulturpfad zunächst zur Felswand Kirkely (2700 v. Chr.). Hier versammelten sich Jäger und Sammler, tauschten ihr Wissen über die Wanderwege des Wildes, gute Fischgründe und natürlich reiche Sammelplätze für Pilze und Moltebeeren aus. Für spätere Generationen ritzten sie ihre Erfahrungen in die Steine ein. Lustig klein sind die Tierdarstellungen, aber äußerst präzise, jedes Kind erkennt sie sofort. Aber wie ist die Giraffe nach TENNES gekommen?
Liebevoll ist der Kultursti zu den anderen Felsritzungsfeldern angelegt, trotzdem sollte man bei feuchter Witterung Gummistiefel anziehen, man versinkt bis zu den Knöcheln im Moor. In Okkhammaren (4600 v. Chr.) habe ich einen fetten Ochsen fotografiert, dem der "Bildhauer" gleich eine Zerlegeanweisung

für die besten Stücke mit eingeritzt hat. Und in Gråbergan (2600 v. Chr.) schließlich bekomme ich einen der alten Jäger auf die Fotoplatte oder eher, wie er sich selber sah. Von hier aus sind es nur noch 50 Schritte hinab zur Fahrstraße, auf der man trockenen Fußes zum WOMO zurückkehren kann (Rundweg knapp 2 km).
Auf der »858« überqueren wir nun zweimal die Balsfjord-Halbinsel, bleiben dann dem Balsfjord bis VIKRAN treu. Dort will das Fährschiffchen gerade ablegen, die Drahtseile im Heck sind schon hochgezogen, aber man sieht uns kommen und lädt uns noch ein.
Abfahrtzeiten VIKRAN-LARSENG: 6.15/6.45/8.00/9.00/10.00/ 12.30/13.00/14.10/14.45/15.20/16.15/16.45/17.45/18.45/

20.00/20.45/21.45/22.45 Uhr, am Wochenende seltener, Preis 18 DM.

Nach 15 min. Überfahrt schwenken wir in LARSENG nicht mit den anderen nach rechts Richtung TROMSØ, sondern biegen links, halten nach 500 m auf einem Parkplatz neben einer Gärtnerei. Oberhalb der Treibhäuser auf steilen, schwarzen Felsen hatten sich vor 4500 Jahren wieder die Felsritzer betätigt. Besonders originell ist ein Steinzeitpärchen: Er ist etwas klein geraten, seine Brunhilde guckt sich im Spiegel an (oder wirft sie gerade das Lasso nach einem Rentier?).

Fährt man noch ein Stück weiter auf der Straße, so kann man

Steinritzung von Straumhella

nach links hinab zu einem offiziellen Parkplatz für "Campingvogner" rollen (mit Wasserhahn). Oberhalb des Platzes liegt eine Gaststätte, die "Hella Være- og Spisested", die ein gutes und variationsreiches Mittagsmenü anpreist.
Wir wenden nun und düsen am Ufer entlang auf TROMSØ zu. Rechts, im Fjord, liegt ein kleines Inselchen, Håkøy. Sie dürfen uns über die lange Holzbrücke allerdings nur folgen, wenn Ihr WOMO nicht mehr als 5 to wiegt. Nach 3200 m halten wir und gehen nach rechts zu der kleinen Stahlplatte, die man aus dem Rumpf der versenkten Tirpitz geschweißt hat. Das Denkmal erinnert an den 12.11.1944, als englische Spezialbomben das

Tirpitz-Denkmal auf der Insel Håkøy

größte deutsche Kriegsschiff vor dieser Insel versenkten.
Wir nähern uns TROMSØ, der größten Stadt Nordnorwegens von Nordwesten. Das Zentrum der Stadt mit den vielen Superlativen liegt auf der Insel Tromsøy, zwei gewaltige Brücken verbinden sie mit der Nachbarinsel Kvaløy (von der wir kommen) und mit dem Festland.
Steil, im dritten Gang, dröhnen wir zum Zenit des riesigen Spannbetonbauwerkes empor. Von oben hat man das Gefühl, auf dem Flughafen von TROMSØ zur Landung anzusetzen. Dann geht es wieder genauso steil bergab, nach über 1200 m erst ist das Ende der Brücke erreicht. Wir kurven um die Landebahn des Flughafens herum, halten uns am nächsten Kreisverkehr Richtung SENTRUM-NØR.
Am großen Supermarkt "Polar-Senteret" vorbei kommen wir nach knapp 2 1/2 km an die Abzweigung zur Universität (erster Superlativ: nördlichste Universität der Welt). Neben ihr liegt das Nordlichtplanetarium (nördlichstes Planetarium der Welt), und ein geologischer Lehrpfad führt rechts ab zum nördlichsten Botanischen Garten der Welt, wo man eine arktisch-alpine Vegetation von überall auf der Welt pflegt.
Geschickt gestylt ist das Äußere des Nordlichtplanetariums, es ähnelt verblüffend einer Raumkapsel. Im Inneren kann man in einer äußerst anspruchsvollen 360°-Projektion das flammende, grüne Nordlicht, die Mitternachtssonne und andere Höhepunkte des Polarhimmels erleben. (Vorstellungen: 12.00/ 13.30/15.00/16.30 und mit deutscher Erklärung um 18.00 Uhr, Sa/So 12.00 Uhr).
Links, weit oberhalb der Universitätsgebäude, erspähen wir die drei Skischanzen von TROMSØ, und dazwischen liegen, in Terrassen angeordnet, die sommers verwaisten Universitätsparkplätze; hier kann man ruhig und ungestört übernachten.
Wir rollen nun weiter hinab Richtung Sentrum, das wir durch einen 2,7 km langen Tunnel erreichen. Aber was für einen Tunnel: Noch tief im Berg müssen wir, auch für Norwegen einmalig, an einem Kreisverkehr nach links schwenken und erblicken kurz vor der Tromsøbru wieder das Tageslicht. Die Brücke führt nach links (»E 8«) hinüber zum Festland, wir halten geradeaus auf die Altstadt zu.
Mühelos finden wir neben der Kathedrale (nördlichste ev. Domkirche der Welt) einen Parkplatz, denn es ist bereits nach 17.00 Uhr. Nach Norden spazieren wir die Fußgängerzone mit ihren hübschen Holzhäusern entlang, links liegt die nördlichste kath. Domkirche der Welt, schwenken dann nach rechts in den Hafen. Dort liegt, leicht erkennbar an zwei riesigen Walfangharpunen, das Polarmuseum. Das Gebäude gehört zu der unter Denkmalschutz stehenden Tollbodbrygga und auch die weite-

ren Speicherhäuser mit ihren nasenförmigen Kranerkern haben wir, in verfallenem Zustand, schon in NYKSUND bestaunt.
Das Polarmuseum informiert nicht nur über Wal- und Fischfang, sondern auch über die norwegischen Forschungsaktivitäten in den Polargebieten. Deshalb hat sich Roald Amundsen, dessen Büste vor dem Museum steht, auch schon warm eingemummt.
Am Stortorget vorbei kehren wir zum WOMO zurück.

Tromsø, Blick über die Tromsø-Brücke zur Eismeerkathedrale

Die Altstadt von TROMSØ ist ein Idyll, sie reiht sich ein neben BERGEN, TRONDHEIM und ÅLESUND in die Hitliste unserer norwegischen Lieblingsstädte. Abschließend machen wir eine zweite Sightseeingtour durch den Kreisverkehrstunnel und steuern nach einem Bummel durch den Botanischen Garten einen ruhigen Übernachtungsplatz auf dem obersten Universitätsparkplatz an.

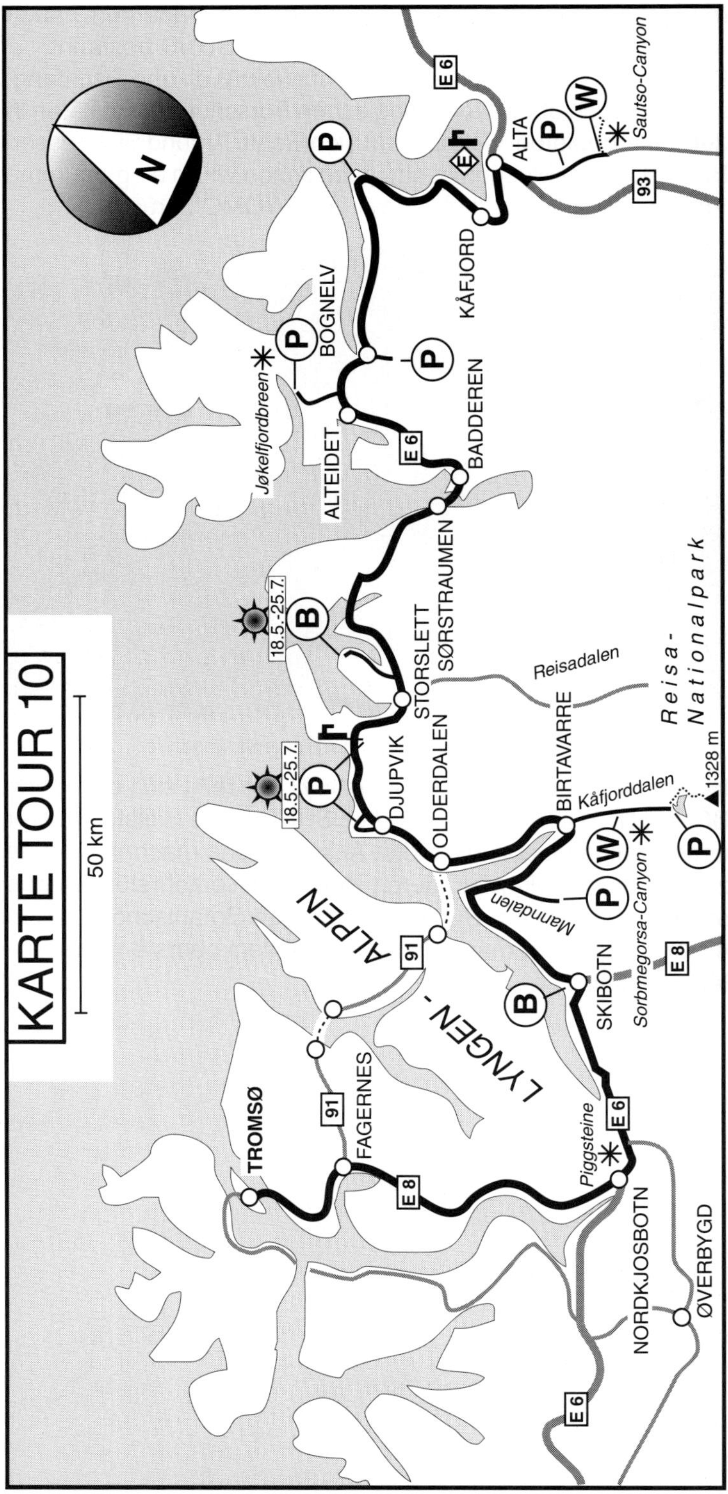
KARTE TOUR 10
50 km
N
TROMSØ
FAGERNES
E 8
91
LYNGEN-
ALPEN
Piggsteine
E 6
NORDKJOSBOTN
ØVERBYGD
SKIBOTN
E 8
Sorbmegorsa-Canyon
Manndalen
OLDERDALEN
DJUPVIK
18.5.-25.7.
STORSLETT
SØRSTRAUMEN
Reisadalen
BIRTAVARRE
Kåfjorddalen
1328 m
Reisa-
Nationalpark
ALTEIDET
Jøkelfjordbreen
BADDEREN
BOGNELV
KÅFJORD
ALTA
Sautso-Canyon
93

TOUR 10 (585 km / 2-4 Tage)

Tromsø – Nordkjosbotn – Skibotn – Manndalen – Kåfjorddalen – Sørstraumen – Øksfjord-Gletscher – Bognelvdalen – Alta – Sautso-Canyon

Down-Town-TROMSØ, der alte Stadtkern, hat uns gut gefallen. Fein kann man da bummeln, alles Sehenswerte scheint auf kleinstem Raum versammelt zu sein. Aber die größte Stadt Nordnorwegens bietet noch viel mehr:
Fährt man, an der Fußgängerzone vorbei, zur Südspitze der Insel Tromsøy, so passiert man wieder einen Superlativ – "Mack", die nördlichste Brauerei der Welt und ein Begriff in ganz Norwegen.
Nach 3 km knickt die Straße an der Südspitze Tromsøyas nach rechts und 500 m später halten wir an einer Straßengabelung. Links sehen Sie das schlanke hohe Marmormonument, das zur Erinnerung an den Flug der "Italia" errichtet wurde. Dieser Zeppelin überflog am 25.5.1928 unter dem Kommando von Umberto Nobile den Nordpol und verunglückte anschließend nördlich von Spitzbergen; die Überlebenden wurden unter großen Opfern geborgen (Roald Amundsen kehrte von einem der Rettungsflüge nicht zurück).
Vor dem Denkmal führt ein Fußweg zur nahen "Telegrafbuka", einem hübschen Wiesenplatz mit Sitzbänken, die vermutlich wesentlich häufiger Zuspruch finden, als der davorliegende Badestrand.
Nach rechts geht es zum TROMSØ-Museum (offen 9 - 21 Uhr) mit fachübergreifenden Ausstellungen über Umwelt, Samische

Tromsø, Eismeerkathedrale

Völkerkunde und speziell die Arktis.
TROMSØ verabschiedet sich mit zwei Höhepunkten im wörtlichen Sinne. Zunächst schweben wir nördlich der Altstadt über die gigantische Tromsøbru nach Osten zum Festland (Sie hat beidseits der Fahrspuren Fußgängerwege, wäre das nicht einen Abstecher wert?). Vom Zenit der Brücke hat man den schönsten Blick auf die Eismeerkathedrale, dieses einmalige Bauwerk im Stadtteil Tromsdalen. Eine eigenwillige Architektonik schafft Verbindung zur arktischen Natur, wird man doch sofort an die spitzen Zacken norwegischer Gebirge oder schwimmender Eisberge erinnert (offen 10 - 17 Uhr).
Auf der »E 8«, die TROMSØ mit der »E 6« und dem fernen KILPISJÄRVI in Finnland verbindet, rollen wir nach Süden, passieren "Tromsøbil & Caravan" mit Zubehörhandel.
Wir ziehen nun auf der Ostseite des Balsfjord nach Süden, das andere Ufer kennen wir ja bereits. Nach 24 km zweigt in FAGERNES nach links die »91« ab. Sie führt über die Lyngenhalbinsel zur »E 6« bei OLDERDALEN und verkürzt die Strecke um 118 km. Allerdings nur, was das Rollen Ihrer Räder anbetrifft, denn unterwegs müssen zwei Fjorde überquert werden. FAGERNES liegt an einem Seitenarm des Balsfjords, dem Ramfjord. An seiner Südspitze liegt ein gut besuchter Campingplatz.
Die »E 8« scheint eine der meistbefahrenen Straßen Nordnorwegens zu sein, manchmal sehen wir gleichzeitig 5 - 6 Autos, dafür sind die Picknickplätze um so seltener. Der erste kommt nach 34 km seit der Tromsøbru, der zweite nach 40 km.
Bei »km 46« haben wir wieder den Balsfjord erreicht, jetzt muß bald die Kirche von TENNES in Sicht sein. Richtig, nach weiteren 9 km, bei der "MO-Planteskole" liegt sie genau am gegenüberliegende Ufer.
Nun fahren wir in den Nordkjosen hinein, den südlichsten Zipfel des Balsfjords und sehen schon, im spitzen Winkel, die »E 6« auf uns zu kommen. An einem Campingplatz vorbei biegen wir bei NORDKJOSBOTN nach links in die Nordkap-Rennstrecke ein.
Was halten Sie von Graffiti? Haben Sie wenigstens eine Farbsprühflasche dabei? Nein??
Dann brauchen Sie auch nicht bei "Piggstein", nach 5,5 km links der »E 6«, vergeblich nach einem Platz für Ihre Erinnerungsmalerei zu suchen. Seit Jahrzehnten verewigen sich dort die Nordlandfahrer, müssen bereits auf Nachbarfelsen ausweichen. Wer weiß, wie viele Farbschichten schon übereinander liegen.
4 km später stoßen von rechts auf der »87« kommend die TROMSØ-Verweigerer zu uns; ob sie wohl die große Zwei-

Piggstein an der »E 6«

tagestour im Øvre Dividal Nationalpark gemacht haben?
Nach 18 km biegt links die »868« nach LYNGSEIDET ab und der Storfjord beginnt mit seinem südlichsten Zipfel. Dort, wo er sich zum Lyngen vergrößert, werden sich uns die schönsten Ausblicke auf die tief verschneiten Lyngenalpen mit ihren blauglänzenden Riesengletschern bieten. Deshalb wollen wir Ihnen die möglichen Aussichtspunkte etwas genauer beschreiben:
Bereits 2 km nach der »868«-Abzweigung liegt der erste Platz, von der »E 6« durch Busch und Baum sichtgeschützt; nach 9 km in FLETNES ein aussichtsreicher Campingplatz unten am Fjord. Nach 24 km kommt rechts der »E 6« ein stillgelegtes Straßenstück, auch ein guter Platz, um die hochalpine Bergwelt abzulichten. Bei »km 26,6« nochmals ein aussichtsreicher Picknickplatz links der Straße mit Tisch und Bank, dann weicht das gegenüberliegende Ufer zurück. Die himmelragenden Bergzacken, die aus dem Fjord heraus bis in Höhen von fast 2000 m aufstreben, entfernen sich von uns.
Eigentlich fahren wir ja gerade auf zwei Europastraßen, der »E 6« und der »E 8«. Zweitere wird uns jedoch gleich nach Südosten verlassen; gemeinsam rollen wir noch durch eine flache, sandige, kiefernbewachsene Heidelandschaft, dem letzten Abschnitt des Skibotndals, bevor seine Sandmassen in den Fluten des Fjords versinken.
Der Küstenbereich bei SKIBOTN ist eine einzige Sandstrandorgie! Falls Sie sich zu einem Picknick verleiteten lassen wollen, ohne bis zu den Ohren im Sand zu versacken, dürfen wir Ihnen folgende Zufahrten empfehlen:
300 m nach Abzweigung der »E 8« verlassen Sie die »E 6« nach

links (Wegweiser: Strandbu) in eine geteerte Seitenstraße, passieren zwei kleine Campingplätze und schwenken nach 1400 m links hinab zu herrlichen, weiträumigen Stellplatzmöglichkeiten vorn am Wasser mit schönem Blick über den Fjord und die Lyngenalpen.
Falls Sie die erste Abfahrt verpassen, biegen Sie 1000 m nach dem Ortsschild von SKIBOTN links (Wegweiser: SKIBOTN Kurssenter) und rollen 900 m später auf dem gleichen befestigen Wege nach rechts hinab in die Dünenlandschaft.
Nach SKIBOTN rückt der Fuß der bizarren Lyngenalpen, an denen wir uns gar nicht satt sehen können, wieder näher. Um schöne Aussichtspunkte brauchen Sie sich während der nächsten 25 km keine Gedanken zu machen, sie reihen sich alle paar hundert Meter rechts und links der Straße auf. Wir sind umgeben von einer nahezu unwirklichen Naturstimmung: Über uns entladen sich braune Regenwolken prasselnd auf WOMO-Dach und Windschutzscheibe. Auf der anderen Fjordseite hängen graue Schleier über den Gletschern, die Sonnenstrahlen schießen durch sie hindurch und werfen blendend blaue Reflexe von den Eiswänden zu uns herüber.
Nun knickt unsere »E 6« scharf rechts ab, keine noch so kühne Brücke könnte die 7 km breite Mündung des Kåfjords überspannen.
Auch hier ist die Aussicht grandios: Am anderen Fjordufer ist inmitten steiler Hänge eine Talsenke ausgespart, gibt an ihrem Ende den Blick frei auf noch höhere, weiße Bergspitzen.
Was hat unsere Fjordseite zubieten?
Wie wär's mit einem Ausflug ins Manndal, meine Damen?
Wir folgen dem Wegweiser "Manndalen", nachdem wir etwa zu einem Drittel in den Kåfjord hineingerollt sind. Zwei schmale Sträßchen lassen uns die Wahl, ob wir rechts des Manndalselva über Kjerringdalen oder an seinem linken Ufer nach Süden holpern wollen. Auch die Kjerringdalen-Strecke überquert nach 10 km den Fluß und vereinigt sich mit der anderen Straße.
Nun, meine Damen, zufrieden mit den markant-kantigen Felsen, von denen die Wasserfälle herunterschießen – oder sollen wir Ihnen einen Wasserfall zu Füßen legen?
Dann müssen Sie sich nur noch die kleine Mühe machen, nach weiteren 3800 m ein Viehgatter zu öffnen und zu schließen – und 2000 m später haben Sie einen Traumplatz für sich ganz allein: Der Fahrweg endet mit einer Wendeschleife, nebenan kann man sich zwischen Birken auf Wiesenplätzen einparken, unmittelbar zu Füßen einer schäumenden Wasserkaskade.
Der brüchige Fels, aus dünnen Platten geschichtet, ist nicht glattgeschliffen, sondern Stück für Stück unter dem Anprall des Wassers zerbrochen, das sich an verschiedenen Stellen hin-

Manndalen: Wasserfall-Picknickplatz

durchzwängt und schließlich an uns vorbei zum breit strömenden Gebirgsfluß wird.

Auf der direkten Manndalenstraße rechts des Flusses entlang erreichen wir bei LØKVOLL wieder die »E 6«, ein noch gewaltigeres Naturphänomen wartet im Kåfjorddal auf uns.

Nach 15 km, in BIRTAVARRE, haben wir den Botn des Kåfjordes erreicht, und wir biegen rechts ins Kåfjorddal. An Schotterbergen vorbei, die wie Abraum wirken, rollen wir nach Süden. Die Hänge des Tales, dessen Grund Raum gibt für Felder und Weiden, beherbergen Schätze. Auf halber Höhe sieht man da und dort schwarz gähnende Höhlen, Probeschächte auf der Suche nach dem begehrten Kupfererz.

Zur Zeit der Jahrhundertwende waren an den Talhängen eine ganze Reihe von Gruben in Betrieb, mit Seilbahnen brachte man das Erz zur zentralen Verhüttungsanlage Ankerlia – heute sind ihre Ruinen ein sehenswertes technisches "Freilichtmuseum".

Nach 10,1 km liegt rechts der Schotterstraße neben dem Fluß ein großer Picknick- und Wanderparkplatz mit Tischen und Bänken, einer wichtigen Informationstafel und einem Fußgängerbrückchen (wer nicht aufpaßt, übersieht den hinter Bäumen versteckten Picknickplatz!).

Kennen Sie den Raisduoddarhaldde? Nein??

Sollten Sie aber, er ist mit 1328 m Finnlands höchster Berg. Wenn man an der Abzweigung zum Picknickplatz vorbei immer weiter und weiter bergauf nach Süden kurvt, so kommt man in die Einsamkeit. Zwischen bizarren Schluchten turnt das Sträßchen auf die Höhe des Fjells hinauf und endet nach weiteren 13,6 km am großen Guolasjavrre-See. Wenn Sie ihn links

umrunden und dann (Luftlinie) 7 km genau nach Südosten marschieren, dann können Sie vom Raisduoddarhaldde auf den gesamten Rest Finnlands hinabblicken.
Wir kehren zu unserem Wanderparkplatz zurück, prägen uns genau die Lage von drei Sehenswürdigkeiten ein: Ankerlia, Sorbmegorsa, Monte Carlo – und marschieren los!
Nach nur 550 m durch Niederwald jenseits des Flusses stolpern wir schon zwischen den historischen Ruinen alter Schmelzöfen,

kraxeln über Schlackehaufen, sammeln grün glänzendes, kupferhaltiges Gestein. Auf einer Kuppe oberhalb der Ruinen von Ankerlia wartet ein Schilderbaum. Scharf rechts geht's nach Monte Carlo, halb rechts nach Sorbmegorsa.
Welches Schuhwerk sollen wir Ihnen empfehlen, um den dramatischen Sorbmegorsa-Canyon zu erobern? Lesen Sie unsere Schilderung und entscheiden Sie selbst:
Nach bereits 300 m endet der breite Weg am Ausgang des Canyons, der Wegweiser zeigt hinein. Eine Weile stehen wir dumm herum, dann haben wir begriffen: Wir sollen auf dem im Sommer trocken liegenden Flußgeröll in die Schlucht hineinturnen. Bequemer als erwartet steigen wir über die flachen, meist fest verkeilten und abgeschliffenen Steinplatten "flußaufwärts". Vom Wasser ist nur sporadisch etwas zu sehen, manchmal hört man es unter dem Geröll gluckern, dann ist es ganz verschwunden.
Die Wände der Schlucht sind von Anfang an steil, stellenweise gar überhängend. Problematisch wird unsere Expedition erst später, als eine Schneezunge von der linken Wand herab bis zum Fuße der rechten reicht. Hier sind die Felsen scharfkantig und spitz, die Schneefläche hat gefährliche Spalten, tief unten gluckert das Schmelzwasser.

Wir überwinden das Hindernis, wieder bequemer geht es in die immer enger werdende Schlucht. Schließlich sind die Felsflanken, anfangs 100 m weit auseinander, auf 5 m zusammengerückt. Die Wucht des Wassers hat das Gestein nur in die Tiefe zerfressen können, oben ist kaum noch der Himmel zu sehen; ein breiter Wasserstrom schießt über Klippen durch die enge Klamm, es spritzt von unten, tropft von oben, mehrmals müssen wir, über Felsblöcke balancierend, die Flußseite wechseln.
Hinter dieser Klamm erweitert sich die Schlucht wieder, steigt nun steiler bergan, über glattes Schichtengestein schießt das Wasser herab. Da und dort liegen scharfkantige Gesteinstrüm-

Die engste Stelle im Sorbmegorsa-Canyon

mer auf den Platten. Aber erst, als unweit von uns einige Steine aus großer Höhe herunterfallen und beim Aufschlagen mit lautem Krachen zerplatzen, wird uns der Ernst der Lage bewußt, und wir treten schleunigst den Rückzug an.
Weniger dramatisch, dafür um so schweißtreibender, ist der Aufstieg zur Monte-Carlo-Mine. Durch den Birkenhangwald, in dessen Unterholz die schönsten Rotkappen leuchten, führt ein ordentlicher Steig in regelmäßigem Zick-Zack steil nach oben. Nur, weil wir einmal das Zack übersehen, tappen wir auf verzweigten Schafspfaden eine Weile durchs Unterholz, erreichen schließlich nach einer dreiviertel Stunde den Grubeneingang.

Monte-Carlo-Mine: Grubeneingang

Das Warnschild "Farlige Gruveopninger" soll uns sicher von ausgedehnten Expeditionen ins unterirdische Kupfererzreich abhalten. Aber bereits nach wenigen Schritten, die trüben Finger unserer Taschenlampen leuchten vorsichtig die Höhlendecke ab, stehe ich bis zum Knöchel im Wasser – ein "Höhlensee" in der gesamten Breite des Schachtes bremst abrupt unseren Forscherdrang.
Aber vor der Grube liegen bequeme, flache Steinplatten und der Blick weit übers Tal und hinab in tiefe bizarre Schluchten ist auch ein Lohn für den Aufstieg. Insgesamt betrachtet bietet der Picknickplatz im Kåfjorddal wohl eines der umfangreichsten Aktivitätsangebote in ganz Norwegen.

Von BIRTAVARRE bis OLDERDALEN sind es genau 19 km. Wer dort mit der Fähre von TROMSØ herkommt, hat eine Menge verpaßt, finden Sie nicht auch?
Nochmals rücken uns die Lyngenalpen näher und näher, bis auf

etwas 6 km. Es gibt eine einzige Stelle, an der Sie den Blick auf die Gletscher der Lyngenalpen nach Westen zur Zeit der Mitternachtssonne genießen können – sie heißt SPÅKENES.
19 km nördlich OLDERDALEN verlassen wir am Ortsende von DJUPVIK die »E 6«, die die Spåkeneshalbinsel abschneidet. Hier gibt es keine ausgesprochenen Picknickplätze, sondern nur zwei Ausbuchtungen neben der selten befahrenen Straße, die erste nach 2500 m, die zweite nach 4100 m – und nach 5000 m sind Sie wieder auf der »E 6«.
Nun versperrt die Insel Uløy den Blick zu den Lyngenalpen, wenig später knickt die »E 6« ohnehin nach Osten ab.
Die Inseln im Norden werden von der »866« versorgt, direkt hinter ihrer Abzweigung liegt linkerhand ein Picknickplatz mit Informationstafel über diesen Abstecher.
Wir erklimmen einen Gebirgsrücken, der Sattel in 227 m Höhe besitzt einen Picknickplatz mit Samenverkaufsständen, Telefon, Informationstafel, Toiletten und einem Felsklotz, auf dem ein Wasserhahn steht. Dann geht es mit 9 % Gefälle hinab zum Reisafjord.
In STORSLETT überqueren wir den Reisaelva, dahinter führt die »865« ins Reisadal, eines der schönsten Täler Norwegens. Der südliche Teil des Tales, in das der Fluß tief eingeschnitten ist, bietet eine Fülle von Schluchten mit hohen Steilwänden, riesigen Klüften und gewaltigen Wasserfällen. Wegen der stark wechselnden Gesteinsarten ist das Gebiet auch botanisch höchst abwechslungsreich. Leider ist die Anfahrt bis SARAELV (eine Strecke 50 km) ziemlich weit, dafür kann man sich in der Hauptsaison von BILTO aus per Boot auf dem Reisaelva zum Reisa Nationalpark fahren lassen und dort herrliche Wanderungen unternehmen.
Nun schneidet die »E 6« wieder ein Halbinselchen ab, dessen Nordrand frei zur Mitternachtssonne zeigt. Deshalb biegen wir 6,5 km nach der Reisaelva-Brücke, am Ende des Halbinselchens, nach links (Wegweiser: STORSVIK).
Nach 9,8 km wartet rechts der Straße ein flaches Wiesengelände hinter dem offenen Meer, hier kann man schön stehen und hat einen freien Blick zur Mitternachtsonne; dies gilt auch für die nächsten 500 m. Dann kommen ein Steinbruch und die paar Häuser von STEINSVIK und dahinter, bei »km 11,9«, ein richtiger, breiter Sandbadestrand mit Toiletten, Tisch und Bänken.
200 m nach der Abzweigung nach STORSVIK liegt rechts der »E 6« ein schöner Picknickplatz, abseits der Straße. Nochmals 400 m weiter hat man die »E 6« neu trassiert und eine Felsenschlucht für sie gebrochen. Die alte »E 6«, die außen herum an der Küste entlangführt, blieb erhalten und bietet sich nun als

ruhiger Übernachtungsplatz an.
Die meisten Urlauber suchen sich ein Strandplätzchen, um die Mitternachtssonne zu genießen, Kenner schwören jedoch auf eine Warte in luftiger Höhe, nehmen dafür manchen schweißtreibenden Aufstieg in Kauf. Die »E 6« hat uns diese Mühe abgenommen, steigt sie doch vom Reisafjord 402 m hoch aufs Kvænangsfjellet, von wo aus freie Sicht nach Norden herrscht. Weit oberhalb der Baumgrenze liegt neben der »E 6« das Restaurant "Gildetun", von dessen Parkplatz aus sie besagtes Mitternachtssonnenpicknick genießen können.
Wir passieren die Stelle am frühen Vormittag und erwarten eigentlich keine Naturwunder – da sehen wir eine Geist! Direkt neben der Straße weidet eine kleine Rentierherde, angeführt von einem schneeweißen Tier, sogar das Geweih schimmert silbern. Nicht das Brummen unseres Diesels stört die Tiere; aber als ich mich gebückt mit gezückter Kamera anschleiche, legen sie den ersten Gang ein und scheinen über Moos und Flechten hinwegzuschweben.
Steil führt die »E 6« hinab zum Kvænangenfjord, schneidet bei SÖRSTRAUMEN seinen innersten Zipfel ab. Noch bevor die Betonbrücke die Engstelle überquert, liegt links der Straße ein weit entfernter Picknickplatz (Tisch-Baum-Wegweiser beachten), wo man ungestört vom Straßenlärm ruhig übernachten kann.
Oder möchten Sie lieber ein Bad nehmen?
Der Ort BADDEREN im Badderfjord hätte den passenden Badde-(pardon: Bade-) Strand. Wir legen eine Gedenkminute für unseren Freund Gerd ein, der hier unter Zeugen bei 11,5° C (Wassertemperatur!) ein Eismeerbad nahm.
Wir bevorzugen Eis im Longdrink oder bei einer Gletscherwanderung; noch bequemer wäre es, wenn man bei einem Longdrink den Gletscher in aller Ruhe vom WOMO-Fenster aus begucken könnte!?
Wird Ihnen alles geboten – Sie müssen uns nur 25 km weiter nördlich, kurz hinter ALTEIDET, nach links zum Jøkelfjordbreen folgen.
Bei »km 8,1«, kurz vor Erreichen des Jøkelfjords, schwenken wir rechts nach SALTNES und haben ihn sofort im Blickfeld, den blau schimmernden Gletscherhang. Noch 1600 m können wir ihm näher rollen, dann endet das Sträßchen an einer Wendeschleife. Nebenan bringen wir das WOMO in Position – alles waagerecht, Heckfenster nach Nordosten Richtung Gletscher. Hier essen, trinken, übernachten und frühstücken wir mit Blick auf den Gletscher!
Gleich "nebenan" haben wir einen weniger aufregenden Übernachtungsplatz im ruhigen Bognelvdal anzubieten – er liegt

jedoch in einer anderen "Welt", in der Finnmark.
Nach 4 km überschreitet die »E 6« die Grenze zur nördlichsten Fylke Norwegens und nochmals 4 km später biegen wir in BOGNELV rechts ins Bognelvdal.
Nach 4600 m kommt man unmittelbar vor einer Holzbrücke zu einem birkenumringten Grasplätzchen, wo man ohne aufregenden Gletscherblick in ländlicher Umgebung seine Ruhe hat.

Am Ufer des idyllischen Langfjords

Nun ziehen wir am Südufer des schmalen, langgestreckten Langfjords entlang, eine weiße Kirche am gegenüberliegenden Ufer spiegelt sich im Wasser. Am Ende des Fjords scheint das Festland zu enden, ringsum ist nur Wasser zu sehen. Im letzten Moment schwenkt die »E 6« im spitzen Winkel nach Süden ab; auf der Landspitze bieten Samen in vielen Buden Souvenirs an. Vor den ersten Verkaufsständen kann man links zur Landspitze abschwenken. Von einem weiten Wiesenplateau, weit ab der Straße, hat man einen schönen Blick und steht ruhig.
Wir halten nun auf ALTA zu, bekannt geworden durch den Streit um den Bau eines riesigen Staudammes. Vergessen wir nicht: Norwegen braucht weder Kernkraftwerke mit ihrem strahlenden Rückstand noch rußende, CO_2-emittierende Kohlekraftwerke für die Stromerzeugung, aber auch die Nutzung der Wasserkraft schafft Umweltprobleme – und sei es "nur" durch die Überflutung weiter Rentierweideflächen.
Vor 6000 Jahren kannte man in ALTA diese Probleme nicht, obwohl während der Eiszeit Elektroöfchen sicher gut angekommen wären. Biegt man 700 m nach dem Ortschild von ALTA links, so erreicht man das moderne ALTA-Museum (offen 8 - 23 Uhr). Ihm angeschlossen (und im Eintrittsgeld inbegriffen) sind die Felsritzungen, die mit ihren 3000 Figuren und Symbolen den

wohl umfassendsten Überblick über das Leben unserer Vorfahren geben. Ansprechend angelegte Wanderpfade ziehen sich über 5 km durch die Felszeichnungsfelder; es werden auch Führungen in deutscher Sprache angeboten.

Im Kåfjorddal, Sie erinnern sich, hatten wir einen herrlichen, einen atemberaubenden Canyon erwandert – Sorbmegorsa. Was jedoch der Altaelva im Laufe der Jahrmillionen angestellt hat, übertrifft alle anderen Canyons Nordeuropas: Den Sautso-Canyon des Altaelva müssen Sie gesehen haben (und so ganz nebenbei haben wir einige Leckereien im Märchenwald zu bieten)!

500 m vor dem Ortskern von ALTA biegen wir rechts in die »93« Richtung KAUTOKEINO. Die breite, moderne Fahrbahn hat eine Vorgängerin, die "alte" »93«. Nach 7,8 km biegen wir nach links in diese alte Straße ein (Wegweiser: GARGIA Fjellstue). Breit und komfortabel ist zunächst auch diese alte Straße im Tal des Altaelva. Trotz der schnellen Fahrt fallen uns rechts und links unzählige Pilze auf, die bis auf die Fahrbahn zu wachsen scheinen. Merken Sie sich bitte die Abzweigung nach links in einen Waldweg (nach 12,8 km seit der »93«, 400 m nach zwei einsamen Häusern, das rechte rot, das linke gelb und noch vor einem großen, auffälligen Schotterhang rechts der Straße) – sie führt in unseren Märchenwald!

Jetzt steigt die Straße an, erreicht nach weiteren 2 1/2 km die Siedlung GARGIA; das letzte Gebäude rechts ist die GARGIA-Fjellstue, ein Restaurant mit Herberge.

Nun wird die Fahrbahn schotterig, steil, Waschbrettrillen erschüttern das ganze Fahrzeug. Stampfend und schüttelnd lassen wir die letzten Bäume hinter uns, erreichen das kahle Fjell. Sofort bieten sich ebene Stellplätze an, wir rollen jedoch noch 1000 m weiter, wo links des Fahrweges flacher, gewachsener Fels als Wanderparkplatz dient; Wegweiser und Farbmarkierungen deuten nach links in einen Jeepweg: Zum Sautso-Canyon sind es 7 km, hin und zurück eine 4-Std.-Wanderung.

Es ist unsere erste Wanderung im Fjell, man kann es nicht beschreiben, man muß das Fjell erleben: eintönig und doch großartig, langweilig und doch atemberaubend in seiner Leere und Unendlichkeit.

Aber die Landschaft ist ja gar nicht leer: Mal gluckert ein Bächlein quer über unseren Weg, dann liegt in einer Senke still ein See, Wollgrasfelder zeigen ein Sumpfgebiet an, eine Birkengruppe duckt sich hinter einem Hügel. Darauf steht eine Statue, eine zweite stellt sich dazu, dann ziehen beide weiter, ruhig äsend kreuzt eine Rentierherde unseren Weg. Wir stehen reglos, sie beachten uns nicht, wir haben den Wind von vorn.

Aber schon mein Griff nach dem Fotoapparat reicht aus, und die Tiere setzen sich mit ihrem unnachahmlich eleganten Trab in Bewegung.
Nach 50 min. überqueren wir einen ersten Fluß; versäumen Sie keineswegs, einen 50-m-Abstecher nach links zu machen, denn dort stürzt er jäh in einen Talkessel hinab:

Der Wanderweg führt geradeaus weiter, ein zweiter Fluß wird überquert, dann ein dritter. Erst hinter ihm schwenkt der Pfad nach links ab, folgt dem Lauf des Wassers in Richtung Canyon. Nach genau 2 Stunden wandern, schauen und fotografieren stehen wir an einer Tisch-Bank-Kombination, die mit Maschen-

Blick in den Sautso-Canyon

draht umgeben ist (wahrscheinlich würden sonst die Rentiere daran Platz nehmen).

Jetzt muß man noch 5 min. einen steilen Steig zwischen Birken hinabstapfen. Dann steht man an einer Holzbrüstung – und die braucht man auch! Schwindlig kann es einem werden beim Blick 300 m hinab auf den Grund des gewaltigen Sautso-Canyons. Steil, ganz steil geht's hinab, und doch muß man fürs schönste Fotomotiv weit nach vorn klettern.

Die Rentiere haben sich mit uns verabredet: Einzelne Tiere, kleine Gruppen und ganze Herden weiden in der Nähe des Weges, äugen lässig zu uns herüber. Voll der Eindrücke, die

Wanderung zum Sauto-Canyon: Fjellparkplatz

zum Teil für uns völlig neu waren, kehren wir zum WOMO zurück – der Märchenwald wartet auf uns!
Nach genau 8 km sind wir wieder zurück im Tal des Altaelva und biegen nach der Schotterwand rechts in den Waldweg. Durch Pfützen, Schlaglöcher und über Bodenwellen führt er uns nach 700 m zu zwei herrlichen Waldwiesen oberhalb des Flusses (das letzte Steilstück hinab zu einem Bootsschuppen können wir nicht empfehlen). Jetzt schwärmen wir aus mit Schüsseln

und Töpfen: Die einen plündern die endlosen Heidelbeerwiesen, die anderen kommen beladen mit Rotkappen, Birken- und Butterpilzen zurück, sogar einige Steinpilze sind dabei. Schnell steht unser Entschluß fest, hier bleiben wir!

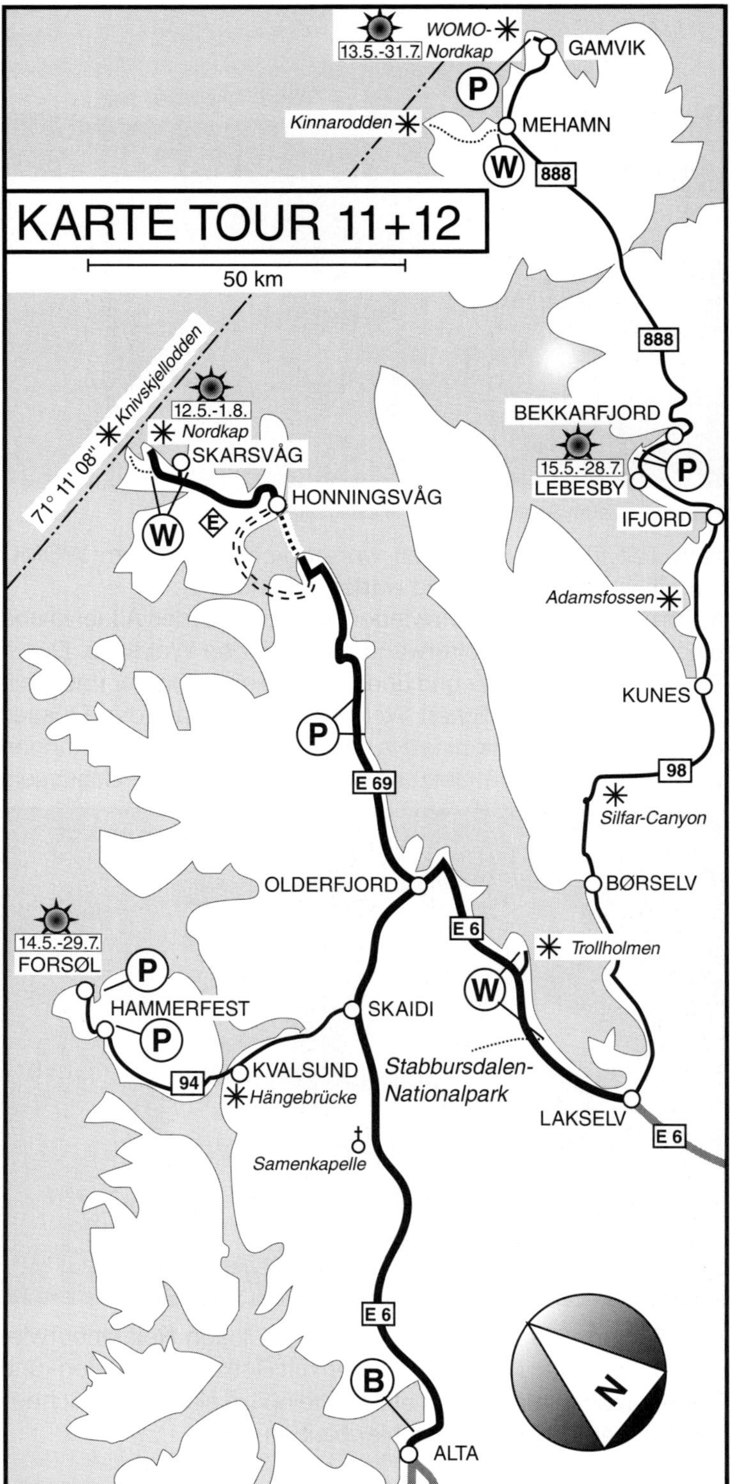
KARTE TOUR 11+12
50 km
13.5.-31.7.
WOMO-
Nordkap
GAMVIK
Kinnarodden
MEHAMN
888
71° 11' 08" Knivskjellodden
12.5.-1.8.
Nordkap
SKARSVÅG
HONNINGSVÅG
E
BEKKARFJORD
15.5.-28.7.
LEBESBY
IFJORD
Adamsfossen
KUNES
E 69
98
Silfar-Canyon
OLDERFJORD
BØRSELV
E 6
Trollholmen
14.5.-29.7.
FORSØL
HAMMERFEST
SKAIDI
KVALSUND
94
Hängebrücke
Stabbursdalen-
Nationalpark
LAKSELV
Samenkapelle
ALTA
N

TOUR 11 (460 km / 3-4 Tage)

Alta – Skaidi – Hammerfest – Forsøl – Olderfjord – Honningsvåg – Nordkap – Knivskjellodden

Jetzt hatte ich endlich begriffen, warum Waltraud alle leeren Marmeladen-, Gurken- und Würstchengläser sorgfältig abgespült und aufgehoben hatte: Die schönsten der Steinpilze und Rotkappen wanderten nicht in die Pfanne, sondern wurden geputzt, zerkleinert, halb gar gekocht, in die Gläschen gefüllt und dann im Dampftopf eingeweckt. Erst als diese Arbeit getan war, bekam ich das Signal: Jetzt kann's weitergehen!

Ein zweites Mal rollen wir nach ALTA hinein, frisches Brot ist schnell gekauft, aber auch unsere Wasservorräte sind verduscht. Folglich biegen wir an der großen Kreuzung im Zentrum vor der ESSO-Tankstelle links und fahren am Meer rechts, immer am Ufer entlang, bis wir den kleinen Bootshafen erreicht haben. Dort ringeln sich lange Wasserschläuche um die Wasserhähne – bequemer geht's nicht.

Die »E 6« verläßt ALTA nach Nordosten, dabei erweist sich, daß der Ort wesentlich ausgedehnter ist, als wir zunächst annahmen. 1, 2, 3 der norwegentypischen Kreisverkehre passieren wir, bis die Bebauung zunächst aufhört, um in Flughafennähe nochmals dichter zu werden.

1000 m nach der Abzweigung zum Flughafen überspannt eine Hängebrücke die Mündung des Altaelva in den Fjord, und 3700 m nach der Brücke biegen wir nach links (Wegweiser: LATHARI/Schwimmersymbol).

Nach 1200 m erreichen wir einen Badeplatz, wie man ihn sich angenehmer nicht vorstellen kann: Die "LATHARI-Friluftsområde" glänzt außer mit den üblichen Einrichtungen, wie Toiletten und Picknicktischen mit einem Volleyballfeld und einem umfangreichen Kinderspielplatz. Das Ganze liegt in malerischer Kiefern-/Birkenwaldumrahmung; das Pilzangebot ist märchenhaft. Der Eilige rollt an der LATHARI-Abzweigung vorbei und findet 2600 m darauf direkt links der Straße einen schön angelegten Picknickplatz im Wald und 2000 m später, wiederum links der Straße, einen ebenfalls sehr angenehmen Picknickplatz direkt am Wasser.

Lassen Sie ruhig den Blick eine Weile über die Meereswellen gleiten, denn auf den nächsten 100 km können wir Ihnen höchstens ein paar Seen bieten. Die »E 6« zieht ins Landesinnere, wird uns in über 400 m Höhe führen, sicher weit oberhalb der Baumgrenze: Norwegische Tundra – wir kommen!

Nach 6 km, in 250 m Höhe, liegt links der Straße nochmals ein großer Picknickplatz, umgeben von schütterem Birkenwald.

Ein letztes Mal rollen wir neben einem Flüßchen bergab, bis es am Leirbotnvatn mit der »883« nach links zum Meer abschwenkt.
Neben dem See holt die Straße ein zweites Mal Anlauf, und diesmal schafft sie es: Die letzten Birken bleiben in einem Flußtal zurück, wir erreichen die baumlose wellige Hochebene. Grandios ist diese Landschaft, unserem Auge so fremd, als wären wir auf einem anderen Planeten gelandet. Auch der Straßenverlauf hat sich den riesigen Dimensionen angepaßt; sie zieht endlos geradeaus, macht nur, wenn unbedingt nötig, einen Knick, um ihre Richtung zu korrigieren.
Häuser sieht man kaum, eher ein verlassenes Auto am Straßenrand; sein Besitzer stapft, einem äsenden Rentier nicht unähnlich, mit gesenktem Kopf durch die sumpfige Einöde – ein Moltebeersucher. Da und dort ein Schild, man verkauft Moltebeeren und "Tørr Kjøtt", getrocknetes Rentierfleisch.
Endlos ziehen sich Sperrzäune beidseits der Straße dahin, in der Ferne weiden große Rentierherden. Nur einmal sichten wir das typische, stabile Holzgatter mit dem engen Gang, in dem im Herbst die Rentiere markiert oder zum Schlachten aussortiert werden (Rentierscheidung).
Nach 32 km (!) ein erster, offizieller Picknickplatz bei der Lappensiedlung AISAROAIVI, natürlich mit Verkaufsständen für samische Souvenirs. Etwas abseits der Straße liegt die 1962 eingeweihte Samenkapelle.
Wenig später haben wir den höchsten Punkt der kahlen Hochebene erreicht, unmerklich senkt sich die Straße, ein Fluß taucht aus dem Nichts auf, in seinem Gefolge ein Birkenwald, der uns nun, die Hänge hinaufziehend, begleitet.
7,5 km nach dem ersten nochmals ein besonders erwähnenswerter Picknickplatz oberhalb des Flusses, wo er sich zwischen Felsen Bahn bricht, mit Toilette und Grillstelle und natürlich Tisch und Bank.
Der Fluß wird immer breiter und wilder. Wie überquert man einen solchen Wasserlauf? 1300 m nach einer Steilwand mit Steinschlagfangnetzen rechts der Straße bekommen wir diese Frage besonders anschaulich beantwortet. Hier liegt oberhalb der steilen Flußschlucht ein weiterer Picknickplatz links der Straße und unten sieht man, wie ein graziles Spielzeughängebrückchen, gerade wohl ausreichend für eine Person mit schwerem Gepäck, sich von Ufer zu Ufer spannt. Vielleicht ist es auch ein Angler, der seinen reichen Fang nach Hause schleppt, denn der Repparfjordelva ist als gutes Lachsrevier bekannt; die Petrijünger stehen, Gummihosen bis zu den Ohren, erwartungsvoll mitten in der Strömung.
In SKAIDI machen wir nach links einen der wichtigsten Abste-

cher von der »E 6«: Die »94« wird uns nach HAMMERFEST, der nördlichsten Stadt nicht nur Europas, sondern der ganzen Welt, führen (irgend ein Kaff in Alaska macht ihr unbegreiflicherweise diese Recht streitig).
Bereits 1789 bekam Hammerfest das Stadtrecht und Sie werden jetzt sicher denken: Was werden die so hoch im Norden, sozusagen "hinter dem Mond", schon zu bieten haben?
Wenig Licht im Winter, denn vom 21.11. bis zum 23.1. geht die Sonne hier überhaupt nicht auf! Deshalb hörte man mit Begeisterung von einem gewissen Herrn Thomas Alva Edison, kaufte ihm einen seiner ersten "elektrischen Apparate" ab (heute

Die Kvalsundbru führt hinüber zur Hammerfest-Insel Kvaløy

würde man Generator sagen) – und 1891 hatte HAMMERFEST als erste Stadt Europas elektrisches Licht!
Unsere »94« folgt zunächst dem Repparfjordelva an seinen Bestimmungsort, den Repparfjord, zieht dann an seinem Südufer entlang bis KVALSUND.
Hier, in KVALSUND, soll's "Helleristninger" geben! Hinter der Brücke über den Kvalsundelva biegen wir links zur Kirche, das einzige Gebäude, das unversehrt den zweiten Weltkrieg überdauerte, davor liegt links ein großer Parkplatz mit Toiletten, Informationstafel und einem Felsklotz, der sorgsam von einem Kettengeviert umgeben ist. Wir nehmen auf dem Bänkle Platz und studieren die weiß nachgezogenen Zeichnungen auf dem Felsklotz: Einiges könnte man ja noch in die Bronzezeit einordnen, aber die Abbildung eines Weißweinglases kann doch wohl nur der Wunschtraum eines "modernen Norwegers" gewesen sein – ein Gag des Touristenbüros?
Hinter KVALSUND verzweigt sich der Repparfjord, rechts greift der Sammelsundet, links der Kvalsundet um einen unförmigen Klumpen herum – die Insel Kvaløy mit unserem Ziel HAMMERFEST.
Umgibt man einen Superlativ mit weiteren, so wird er noch interessanter. HAMMERFEST kann für sich in Anspruch nehmen, nur über die nördlichste Hängebrücke der Welt (und mit 575 m Spannweite auch noch eine der längsten) erreicht werden zu können. Mit laufender Videokamera rollen wir über das elegante Brückenbauwerk und werden am Ende gestoppt: Nein, der Brückenzoll ist bereits wieder abgeschafft worden und Waltraud läßt auch ganz begeistert die Videokamera weiterlaufen, denn vor uns, mitten auf der Fahrbahn, stehen vier Rentie-

re. Nun könnte es sein, daß bei Ihrem Eintreffen das Empfangskomitee anderweilig verpflichtet ist. Sie müssen sich dann mit dem Parkplatz hinter der Brücke trösten, der ein guter Ausgangspunkt für Ihr Brückenfoto ist.
Kvaløy ist ödes Land, nur die Rentiere können ihm etwas abgewinnen. Die Menschen, die hier wohnen, finden ihre Arbeit in erster Linie auf dem Meer. RYPEFJORD, sozusagen der Fischfängervorort von HAMMERFEST mit seinen vielen Fischkuttern im Hafen, ist der Beweis dafür.
Nun liegt nur noch ein Bergrücken zwischen uns und der "Eisbärstadt". Auf diesem Hügel, rechts der Straße, liegt der kleine Jansvannet; hinter ihm kann man nach rechts von der Straße abzweigen und zu einem Parkplatz hinaufbrummen. Es geht das Gerücht, das sich das Wasser dieses kleinen Sees bei schöner Wetterlage bis auf 20 °C aufwärmen soll, bei unserem Besuch zeigte das Badethermometer 10,5° C. Aber schlendern Sie ruhig auf dem gepflegten Spazierweg an seinem Ufer entlang, ist doch das kleine Wäldchen, das ihn im Osten umringt, das nördlichste der Welt.
HAMMERFEST begrüßt uns mit einer SHELL-Tankstelle mit Toilettenentsorgung und einem riesigen Eisbären. Bei seinen Tatzen liegt ein guter Platz, um sich einen ersten Überblick über das Städtchen zu verschaffen, das in zwei Hälften nördlich und südlich der großen Hafenbucht liegt.
Wir rollen nun hinab, passieren die moderne evangelische Kirche; Kirchenschiff und Glockenturm sind einem Zelt nachempfunden.
Schwieriger ist es schon, 600 m später rechts die kleine katholische Kirche zu erspähen, hinter ihr geht's rechts hinauf zum Aussichtsberg Salen. Der weitere Weg führt am rechten Ufer des Storvannet entlang, biegt vor dem Stadion rechts, dann steil empor – und schon stehen wir neben der "Fjellstue", einem ansprechenden Restaurant in hellem Holz mit grünem Grasdach.
Von hier aus hat man den schönsten Blick auf HAMMERFEST. Wer es am WOMO-Fenster nicht aushält, kann sogar noch auf einen kleinen Steinturm steigen. Direkt zu unsere Füßen liegt der "Touristenhafen", wo auch die Boote der Hurtigrute und die Kreuzfahrtschiffe anlegen. Im Hafengelände gibt es alles zu kaufen, was das Touristenherz begehrt. Im Nordteil des Hafenbeckens ist die Fischereiflotte zu Hause. Können Sie dahinter die runde Eisbärenhalle mit dem Dampftopfdeckeldach erkennen? Und links davon das kleine Streichholz mit dem runden Kopf? Das ist die berühmte Meridiansäule, errichtet zur Erinnerung an die erste genaue Vermessung des Erdballs durch den Astronomen W. Struve. Von der Donau über Finnland und

Der Hafen von Hammerfest mit Meridiansäule

Norwegen bis zum Endpunkt HAMMERFEST vermaß er von 1844 - 1852 genau 2000 km unseres Globus, eine wichtige Grundlage zur genauen Berechnung des Erdumfangs.
Eigentlich ist dieses Monument die einzige Sehenswürdigkeit von HAMMERFEST, sieht man einmal vom Eisbärenklub ab, dessen Mitgliedschaft wir als reinen Touristennepp verstehen, aber das ist Ansichtssache.
Wir rollen hinab vom Salen, wo man sicher auch ruhig die Nacht verbringen könnte, bummeln eine Weile die Strandgata entlang und durch den Touristenhafen, machen dann das obligatorische Foto von der Meridiansäule auf der anderen Hafenseite (Wegweiser: Meridianstøtten).

Hier kann man Mitglied im Eisbärenklub werden!

Von dort aus ist es nicht weit zu einem ruhigen und gleichzeitig aussichtsreichen Mitternachtssonnen-Übernachtungsplätzchen in der Nähe von HAMMERFEST!
Zurück von der Meridiansäule biegen wir auf der Hauptstraße links, rollen am Flughafen vorbei und folgen dann dem Wegweiser "FORSØL", durchqueren den nördlichsten Teil der Insel Kvaløy nach Nordosten.
Noch vor dem ersten Haus von FORSØL zweigen wir nach rechts in einen Schotterweg ab, der am Südrand des Hafens weiter nach Osten führt. Nach 900 m haben wir unseren Mitternachtssonnen-Übernachtungsplatz erreicht. Noch schöner steht man 400 m weiter; dort ist außer einem Picknickplatz auch noch eine Sitzgelegenheit geboten, für den Mitternachtssonnenblick muß man allerdings ein paar Schritte den Hügel hinauf steigen.
Wir haben nun die nördlichste Stadt Europas gesehen, auf zum nördlichsten Punkt Europas!
Ein zweites Mal rollen wir auf der »94« entlang, machen einen weiten Bogen um eine Rentiermutter, die mitten auf der Straße ihr Junges säugt. In SKAIDI münden wir wieder in die »E 6« ein, finden gleich hinter der Einmündung links einen Picknickplatz mit Toilette und Informationstafel, noch 126 km sind es bis zum Nordkap!
Die »E 6« steigt an, erreicht mit 240 m einen baumlosen Höhepunkt, dann senkt sie sich wieder, macht eine Schleife zwischen zwei Seen, die bereits wieder von Birkenwald umgeben sind. Bei »km 14,7« seit SKAIDI linkerhand ein Picknickplatz im Birkenwald, von der Straße schön blickgeschützt.
In OLDERFJORD, gerademal 23,5 km waren wir auf der »E 6«, schwenken wir nach links in die »E 69« ab. Sie wird uns, am Ostrand der unwirtlichen Porsangerhalbinsel entlang, über die Fährstationen KÅFJORD und HONNINGSVÅG zum Nordkap führen – noch 101 km....
Nach 4 km zweigt die »889« nach HAVØYSUND ab, die am Westufer der Halbinsel ihren Weg sucht, das Landesinnere wird von keiner einzigen Straße durchquert.
Wie verängstigt klebt die Straße an der Steilküste, rechts geht der Blick weit über den riesigen Porsangen, schon eher ein Meer als ein Fjord, links begleitet uns meist freigesprengte Steilwand. Weicht das Küstengebirge etwas zurück, so reichen doch bizarr aus dem Fels geschnittene, horizontal blätterig geschichtete und oft beängstigend ausgewaschene Felstürme bis zum Straßenrand.
Dann war auch kein Platz mehr, um einen Absatz in den Felsen zu sprengen, und die Tunnelbohrer mußten ans Werk gehen – 3 km dröhnen wir durch den schmalen Skarvbergtunnel, ein-

spurig nur, mit Ausweichstellen im Berg.
Die Picknickplätze waren bisher lediglich kümmerliche Ausbuchtungen am Straßenrand, um so mehr sind wir angetan von dem herrlichen Picknickplatz in der ersten Bucht nach dem Tunnelende. Er liegt rechts unterhalb der Straße, direkt am Wasser, eine Kinderrutsche krönt das Freizeitangebot – es sei denn, Sie möchten sich endlich die Füße vertreten. Dann dürfen wir Ihnen einen 15-min.-Spaziergang zu dem herrlich weiß herabstürzenden Wasserfall am Ende der Bucht empfehlen.
Vier km freie Fahrt, dann tauchen wir hinein in den nächsten Tunnel, nur 496 m lang, dafür jedoch zweispurig. Und das schöne Spiel beginnt von neuem: Wiederum in der ersten Bucht nach dem Tunnelende ein schöner Picknickplatz, diesmal links der Straße.
Wir passieren die Abzweigung nach REPVÅG; jetzt öffnet sich der Fjord, und über kleine Inseln hinweg geht der Blick weit hinaus bis ins offene Meer. Flacher und flacher werden die Hügel, dahinter erhebt sich am Horizont ein massiver Gebirgsstock – die Nordkapinsel Magerøy.
Nur noch bis zum 1.6.1998 wird man in KÅFJORD auf die Fähre warten müssen, dann ist der 6,8 km lange Unterwassertunnel zur Nordkapinsel fertiggestellt (der längste und nördlichste Straßentunnel der Welt unter dem Meeresboden); der Preis für seine Benutzung wird allerdings genauso hoch sein wie die Fährgebühr (eine Strecke ca. 50 DM).
Wir fiebern dem Fährhafen HONNINGSVÅG entgegen, noch 33 km sind es bis zum Ziel aller Nordlandfahrer. Kurve über Kurve turnen wir die felsige Insel hinauf – ob wir wohl noch vor Sonnenuntergang das berühmte Nordkap-Plateau in 71°10'21" n. Br. erreichen werden?
Wir passieren die Abzweigung nach GJESVÆR, turnen ins Tal. Orangerot leuchtet der Himmel im Nordwesten, Herzklopfen!
Fast achtlos registrieren wir bei »km 15,0« den schönen Picknickplatz links der Straße mit freiem Blick auf die untergehende Sonne. Bei »km 20« führt die letzte Abzweigung nach rechts zum nördlichsten Fischerdorf der Welt, nach SKARSVÅG.
Weiter, weiter! Ein Blick auf die Uhr: Das schaffen wir noch!
Wieder dröhnen wir steil den Hang hinauf, bei »km 26,3« liegt links der Straße der Wanderparkplatz zum Knivskjellodden – und dann kommt eine grauweiße Wand!
Wir können's nicht fassen! Ich trete auf die Bremse, bleibe mitten auf der Straße stehen. Ohne Vorwarnung sind wir umhüllt von dichtestem Nebel. Schließlich tuckern wir vorsichtig weiter, es können ja nur noch wenige Kilometer sein.
Im Zahlhäuschen vor dem Nordkap-Plateau sitzt ein freundlicher junger Mann, fast verzweifelt hebt er die Schultern: „Die-

sen Nebel haben wir seit Tagen".
Widerwillig zahlen wir über 30 DM pro Person Eintritt (und können jetzt alles kostenlos genießen, solange wir wollen), tasten uns so lange über das ebene Plateau, bis vor uns die Schatten einiger anderer WOMOs auftauchen – Leidensgenossen.

Nebel am Nordkap

Es wird eine ruhige Nacht auf dem teuersten Parkplatz Norwegens und kein Lichtschimmer durch die Rolläden stört unseren Schlaf. Auch am nächsten Morgen das gleiche Bild: Nebel, sowenig weit das Auge reicht.
Mißmutig stapfen wir vor bis zur steilen Kante, versuchen

vergeblich 300 m in die Tiefe zu blicken, wo angeblich das Eismeer schwappt.
Da bleibt nur der Weg in die Nordkap-Halle: Drei Stockwerke tief ist sie in den Fels hineingegraben, und unter den vielen Angeboten hat uns der Super-Video-Film am besten gefallen: Im Super-Breitformat, von fünf Kameras auf fünf Leinwände projiziert, sehen wir die schönsten Aufnahmen von Magerøy. Wir erleben die Insel in allen Jahreszeiten, vom Auto, vom Schiff, vom Hundeschlitten, sogar von Flugzeug aus – jedoch immer bei schönstem Wetter. Trotzig genießen wir das 15-minütige Farbspektakel dreimal hintereinander, ohne daß sich draußen das Wetter ändert.
Manchmal bringt ein unbedachtes Wort die Lösung: „Überall ist schönstes Wetter....,“ meint überrascht ein Neuankömmling – und geradezu befreit hopsen wir ins WOMO, drehen den Zündschlüssel 'rum – und fahren ins schöne Wetter.

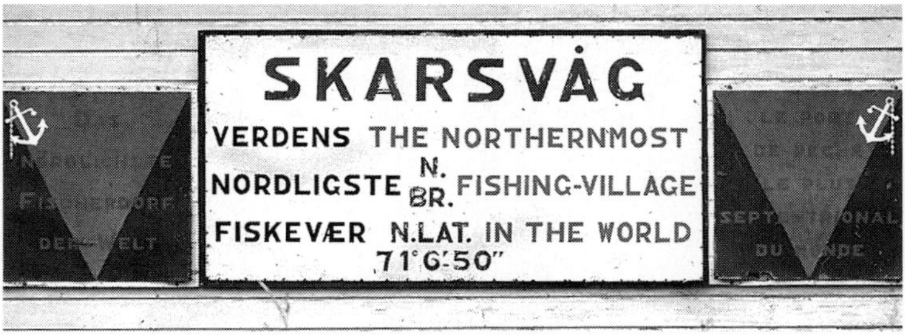

Als erstes besuchen wir SKARSVÅG, "Vardens nordligste Fiskevær". Bereits auf der Stichstraße zu dem kleinen Fischerdörfchen haben wir den herrlichsten Blick zum Nordkap-Felsen, überall scheint die Sonne, nur über dem Kap hängt eine Nebelwolke wie eine Tarnkappe.
Gleich am Ortsbeginn, noch vor der Kirche, wird nach links die größte Sehenswürdigkeit des Ortes angezeigt: "Kirkeporten". Wir parken links vor einem Hotel und stapfen den steilen Hang hinauf.
Wer wie ich und Hans guck' in die Luft nie nach dem nächsten schaut, der spaziert vielleicht auch auf dem Grat des Hügelrückens nach rechts bis zum Ende der Halbinsel, wo er außer einer riesigen Steinsäule zwar die schönste Aussicht aufs Nordkap und das Nordmeer vorfindet, aber keine "Kirkeporten". Zu ihr führt der breit ausgetrampelte Weg auf der anderen Seite des Hügels wieder hinab zum Meer (15 min. Wanderzeit).
Dort allerdings sind wir überrascht, welches architektonische Meisterwerk (romanischer Stil) die Kräfte der Natur geschaffen haben: Über 6 m hoch und an der Basis genauso breit ist das Felsentor, von Wind und Wetter aus einer Gesteinswand herausgefressen. Das fotografische i-Tüpfelchen setzt man je-

Skarsvåg: Kirkeporten mit Nordkap

doch, indem man am gegenüberliegenden Hang einige Meter emporkraxelt: Nun kann man durch das geöffnete Kirchentor hindurch – und von ihm meisterhaft eingerahmt – den Nordkap-Felsen fotografieren.

„Nach dem Kirchgang kommt das Sonntagsessen", sagen wir uns und marschieren geradewegs in den Hafen von SKARSVÅG. Ich frage den Erstbesten, der dort herumsteht, ob man hier Fische kaufen kann. „Nei", meint der, „die mußt Du Dir selber fangen" – und drückt mir eine leere Bierdose in die Hand. "Mack Arctic Øl" lese ich und starre verblüfft auf den herumgewickelten Perlonfaden mit einem blinkenden Metallfisch am

Ende. Lachend nimmt er mir die Dose wieder aus der Hand und schleudert das Fischchen, die Schnur abrollend, ins Hafenbekken. Ich will gerade anfangen, in mich hineinzulachen, da bekomme ich die Dose wieder in die Hand gedrückt – und schon ruckt sie in meinen Händen. Ich bin so überrascht, daß ich vor Erstaunen fast vornüber ins Hafenbecken gekippt wäre.
Die Situation entwickelt sich zur Groteske: Waltraud muß die Dose sichern, ringsum halten sich "erfahrene Angler" vor Lachen die Bäuche und ich zerre an der Schnur, als hätte sich ein Wal nach SKARSVÅG verirrt. Immerhin ziehe ich einen "Sei", einen Seelachs von fast 2 kg Gewicht an Land – so einen großen Fisch hatte ich noch nie lebendig in der Hand!
Und dann geht es Schlag auf Schlag: Im Nu haben wir Fische für drei Mahlzeiten an Land gezogen, werden zu SKARSVÅGER Ehrenfischern ernannt und bekommen zum Abschied auch noch die Bierdose samt Zubehör geschenkt.
Mann, war das ein Festessen auf dem Wanderparkplatz Knivskjellodden, auf halbem Wege Richtung Nordkap (und so ganz nebenbei lernte ich, wie mühsam es ist, Fischfilet herzustellen). Sagt Ihnen eigentlich Knivskjellodden etwas?
Übersetzt heißt das etwa "Kniescheibenspitze" und diese liegt bei 71°11'08" **nord**westlich vom Nordkap. Richtig: **NORD**westlich vom Nordkap.
Bei der Vermessung Europas war den Geographen eben ein kleiner Fehler unterlaufen, und seitdem protzt das Nordkap mit seinem ultimativen Namen – und verdient ihn gar nicht!
Folglich stehen wir am nächsten Morgen, ausgerüstet für eine Tagestour in Gummistiefeln und dickem Anorak vor dem WOMO und suchen nach dem Wanderweg.
Inzwischen ist auch hier Nebel aufgezogen. Wir sichten das erste Steinmännchen, auch noch eine Stange, und dann irren wir wie blinde Hühner im Kreis herum, finden kaum zum WOMO zurück.
Der zweite Start ist professioneller: Jeder hat einen Kompaß in der Hand, und die Straßenkarte ist zur Sicherheit auch dabei. In Richtung West-Nord-West (WNW) liegen die großen Steinmänner hintereinander, manchmal sind allerdings auch nur rote "T" auf Steinplatten gepinselt, die wir im Nebel natürlich erst sehen, wenn wir direkt davor stehen. So bleibt immer einer von uns am Steinmann stehen, der zweite marschiert voraus und wird in Richtung WNW dirigiert, bis er den nächsten Steinmann sieht. Nach 30 min. laufen wir am linken Ufer eines Bächleins bergab, an seiner Mündung in einen See überqueren wir es und stapfen am rechten Seeufer weiter. Dann folgen wir dem Auslauf des Sees rechterhand, er verläßt uns jedoch, weil der Pfad stur die WNW-Richtung beibehält.

Weißglänzende Marmorfelsen äffen uns, denn wir halten sie zunächst für Schneefelder. Auf einem flachen Höhenrücken, wir sind nun eine knappe Stunde gewandert, stehen zwei Riesensteinmänner im Format von Regenwassertonnen mit Wegweisern, die nach rechts deuten. Wir peilen über die ersten zwei Steinmänner hinweg: NNO heißt die neue Marschrichtung! Der Wind bläst uns jetzt so kalt ins Gesicht, als käme er vom Nordpol. Wir klettern hinab in eine sumpfige Senke, dann geht's wieder hinauf. Rentiere tauchen wie Schemen aus dem Nebel auf, betrachten mehr erstaunt als verängstigt die Zweibeiner, verschwinden wieder wie Nebelgeister.

Wanderung zum Knivskjellodden, Steinmann mit "Wegweisernase"

Manche der Steinmänner haben eine Nase wie ein norwegischer Troll. Dies ist kein Scherz der Steinmännchenbauer; der herausragende Stein deutet immer in Marschrichtung.
Nun geht es hinauf und hinab, mal über Geröll, mal über Torfpolster, dann saftig platschend durch Bäche und über Moorwiesen. Insgesamt ist jedoch unser Wanderweg stetig abgesunken, und mit abnehmender Höhe verbessert sich auch die Sicht.
Plötzlich haben wir das Meer vor uns, können sogar, bei klarster Sicht, den Nordkap-Felsen im Osten sehen – mit geradezu obligatorischer Nebelkappe. Dann schiebt sich ein Hügel-

Einsamer Leuchtturm am Knivskjellodden, dem nördlichsten Punkt Europas

rücken dazwischen, an der Ostflanke des Knivskjellodden marschieren wir vor bis zu einer flachen Bucht (Knivskjellvika).
Wir durchqueren die Bucht, durch die ein Bächlein zum Ufer mäandert, aber immer weiter führt der Weg nach Norden, nun auf schrägen, rötlichen Granitplatten, die zum Meer hin abfallen. Weiter und immer weiter bleibt der Nordkap-Felsen hinter uns im Südosten zurück.
Nach gut 3 Stunden haben wir unterhalb eines kleinen, rostigen Leuchtturms den absolut nördlichsten Punkt Europas erreicht, sind die einzigen Menschen auf dieser windigen Klippe, die genau 1450,6 m nördlicher liegt als das "Nordkap".
Zufrieden muffeln wir unser Vesper und lassen immer wieder unseren Blick schweifen von SSW bis ONO – nur Wasser. Und geradewegs vor uns, nur noch etwa 2100 km entfernt, liegt der Nordpol. Ganz rechts im Südosten, klar zu erkennen, liegt das Nordkap mit seiner Nebelhaube – so weit im Süden und noch nicht einmal ein paar Meter Sicht, die Besucher da oben sind zu bedauern!
Auf dem Rückweg wiederholt sich das gleiche Spiel in umgekehrter Reihenfolge: Erst hüpfen wir fröhlich bei klarem Himmel und bester Sicht über gluckernde Bäche, am Schluß peilen wir wieder sorgsam über die Steinmänner hinweg – und landen doch gute 200 m neben unserem WOMO auf der Fahrstraße.
Für die gesamte Wanderung samt Fotografier- und Vesperpausen sollte man je nach Wetterlage 6 - 7 Stunden veranschlagen. Wasserdichtes, festes Schuhwerk, Regenkleidung sowie Kompaß und Karte sind unverzichtbar, denn das Wetter kann in dieser Region schnell umschlagen.
Am nächsten Morgen kehren wir, beladen mit vielen neuen Eindrücken und Erlebnissen, der Insel Magerøy den Rücken, Fähre und »E 69« bringen uns schnell zurück zur »E 6« bei OLDERFJORD.

TOUR 12 (325 km / 2-4 Tage)

Olderfjord – Trollholmen – Lakselv – Børselv – Kunes – Adamsfossen – Mehamn – Gamvik – WOMO-Nordkap – Kinnarodden (Karte s. Tour 11)

Die »E 6« setzt nun ihren Weg am Westufer des Porsangen fort, an dessen Südspitze LAKSELV liegt. Einige Halbinselchen ragen in den Riesenfjord hinein, werden von der nach Süden strebenden »E 6« abgeschnitten.

Auf dem ersten Halbinselchen liegt VEINES, 100 m nach dieser Abzweigung finden wir rechterhand einen schönen Picknickplatz mit Toilette und Informationstafel; der Platz ist durch Büsche und Bäume von der Straße abgeschirmt.

Wesentlich interessanter ist jedoch die nächste, größere Halbinsel, 15 km weiter im Süden, konnte doch auf ihr wenigstens indirekt erstmals die Existenz Norwegischer Trolle nachgewiesen werden. Von den meisten Skeptikern ins Reich der Fabel verwiesen, sind doch Trolle für die norwegische Kinderwelt so wichtig wie für die deutschen Kinder Zwerge und Riesen.

Aber norwegische Trolle haben es viel schwerer! Nicht nur, daß sie von einer geradezu unglaublichen Dummheit geplagt sind; wie der Teufel das Weihwasser müssen sie auch noch jeden Sonnenstrahl fürchten, denn durch ihn werden sie unweigerlich in Stein verwandelt wie weiland Lots Weib in Salz.

Drei Straßen führen auf die Halbinsel der Trolle. Die erste Abzweigung heißt SOUVDI, die zweite SANDVIK, und in die dritte Richtung KOLVIK biegen wir schließlich ein.

Nach 1800 m passieren wir die zerstreut liegenden Häuschen von KOLVIK in einer kleinen Bucht, die von auffällig weißen Felsen umrahmt wird. Dann ziehen wir zu einem Felsrücken hinauf, haben den offenen Fjord vor uns; auch hier fallen uns kleine, weiße, sehr malerische Inselchen auf.

Bei »km 5,4 « prasseln wir links der Straße auf einen geschotterten Parkplatz mit Informationstafel und Wanderkarte. Diesen Parkplatz können wir Ihnen durchaus auch zum Übernachten empfehlen (wir haben es ausprobiert!).

Am nächsten Morgen gehen wir noch 250 m weiter die Fahrstraße entlang, die bei einem großen Bauerngehöft endet. Kurz vorher führen uns durchnumerierte Pfosten mit roten Kappen rechts in einen Wanderpfad, der nach 15 min. am Meer endet. Hier stehen sie, die Traumgestalten der norwegischen Kinderzimmer: 4, 5, 6, 8 Trolle, so, wie sie von den Sonnenstrahlen erwischt wurden, verwandelt in bröseliges Dolomitgestein, verwittert von Wind, Wasser und Frost.

Wissenschaftler, die jede Gefühlsregung ignorieren, werden

Die Trolle von Trollholmen

hochnäsig ihre Lesebrille anheben und argumentieren: „Eindeutig Dolomitgestein, vor 700 Millionen Jahren primär von Kalkalgen abgelagert, später durch Einwanderung von Mg^{++}-Ionen zu Magnesiumcarbonat transformiert, nach der Eiszeit aus dem Meer gehoben und mechanisch zu allerdings sehr absonderlichen Formen abgetragen."

Wir bedauern diese Ignoranten um ihre Gefühlsarmut und kehren zufrieden zum WOMO zurück mit der festen Überzeugung, echten Trollen begegnet zu sein.

Auch unser weiterer Weg auf der »E 6« wird linkerhand begleitet von weißem Dolomit, von der Insel Reinøy gar, die grauweiß aus der Mitte des Porsangen zu uns herüberleuchtet, behauptet der norwegische Prospekt, sie berge die größten Dolomitvorkommen Europas. Was werden die Südtiroler mit ihren Dolomiten wohl dazu sagen?

Aber hier in der Finnmark hat man sich eben daran gewöhnt, in Superlativen zu denken. "Super" ist auch der Stabbursdal-Nationalpark – nicht nur, weil er den nördlichsten Kiefernwald der Welt beheimatet, in ihm finden auch viele Waldvogelarten ihre nördlichste Heimat.

Der Wanderer, der in dem weglosen Gebiet auf Karte und Kompaß angewiesen ist, findet Seen, den Wasserfall Njakkafoss und den gewaltigen Canyon des Stabburselva.

Besondere Aufmerksamkeit verdienen natürlich die Kiefern, an ihrer nördlichsten Vegetationsgrenze wachsen sie nur 3 cm pro Jahr, die ältesten von ihnen, deren Stämme zwei Menschen gerade umfassen können, schätzt man deshalb auf 500 Jahre.

In STABBURSNES überqueren wir den Stabburselva und biegen 200 m später nach links zum Stabbursnes-Nationalparksenter. In diesem Informationszentrum mit Museum erfährt man alles über Natur und Kultur der Finnmark und erhält natürlich die nötigen Informationen über den Nationalpark und das links der Straße liegende Vogelschutzgebiet. Direkt vom Parkplatz aus führt ein markierter Wanderweg in die artenreiche Moor- und Sumpflandschaft (ziehen Sie Jacke mit Kapuze an, es ist windig dort).

Der südlichste Teil des Porsangen verliert völlig seinen Fjordcharakter. Halbinseln, Inseln, Inselchen und Schärenklippen unterteilen ihn in seenartige Abschnitte, man fühlt sich wie in Finnland. Eine schöne Aussicht auf diese "Seenlandschaft" hat man von dem großen Picknickplatz aus, der gut 9 km südlich der Stabburselvabrücke direkt am Wasser liegt.

LAKSELV ist das Zentrum der Gemeinde Porsanger, in der auf einer Fläche von 4900 qkm 4500 Einwohner leben, 2500 davon "drängen" sich in LAKSELV. Der Rest hätte folglich, gleichmäßig verteilt, jeweils eine Grundstücksgröße von 2.450.000 qm zur Verfügung. Ich traue mich nicht, dafür einen Grundstückspreis nach deutschen Maßstäben auszurechnen.

LAKSELV gibt sich großstädtisch: 3 Tankstellen und ein mächtiges "Varesenter", in dem man auch Geld umtauschen kann, eine Telefonzelle davor, mehr hat die Stadt dem eiligen Touristen jedoch nicht zu bieten.

Am Ortsende, beim großen Kreisverkehr, sagen wir "unserer" »E 6« für über 200 km ade und biegen nach links auf die »98« Richtung IFJORD. Erst nach 211 km trifft sie in TANA BRU wieder auf die Europastraße, die inzwischen über KARASJOK einen Ausflug in den Süden gemacht hat und deshalb 255 km unterwegs war.

44 km Abkürzung – da steckt doch beim Schulz etwas dahinter!? Sie haben Recht, aber dazu später.

Die »98« führt nun am Ostufer des Porsangen wieder nach Norden. Hohe Berge ragen vor uns auf, aber sie sind nicht spitz und scharfgratig, wie die "jungen" Alpen, sondern dick und rundkloßig, wie ins Gigantische aufgeblasene Schärenbuckel. Genau wie diese kleinen Erhebungen links im Fjord sind auch diese Giganten von der Last des wandernden Eises rund geschliffen.

Nach 11,5 km auf der »98« kann man links auf eine große, schotterige, mit Gras durchsetzte Fläche fahren. Hier steht man schön am Wasser, auch wenn die Sitzbank nur eine angeschwemmte Bahnschwelle auf zwei Steinbrocken ist.

Der Komforttourist wartet noch bis »km 16,9« und findet dort rechts der Straße einen eingerichteten Picknickplatz auf einem Wiesenfleckchen.

Vor etwa 10.000 Jahren lag diese Stelle noch weit unter der

Meeresoberfläche, in Jahrtausenden von der Last des Eises ins Erdmagma hinabgedrückt. Das Eis schmolz weg, die Erde erhob sich wie ein müder Wanderer, der sein schweres Gepäck abgestreift hat. Nach und nach erschienen immer neue Felsabschnitte über der Wasseroberfläche und konnten schließlich nicht mehr von der Brandung abgetragen werden. So entstand eine stufige Küstenlandschaft, nicht unähnlich einem Amphitheater, die an manchen Stellen noch gut erhalten ist. Oft ist das primäre Bild jedoch durch abgerutschte Schutt- und Geröllmassen verdeckt, unsere Straße durchquert gerade solch ein riesiges Geröllfeld.
Bei »km 21,5« halten wir links auf dem schmalen Standstreifen oberhalb des "Roddines Naturreservates", ein schotteriger Fußweg führt in 15 min. hinab zur Küstenlinie, wo man die nacheiszeitlichen Geländehebungen anhand der Stufenlandschaft studieren kann. Die auffälligste Stufe (Tapec-Level) entstand vor 6.500 Jahren und liegt nun 41,5 m über dem Wasser. Folglich stieg das Land seit Ende der Eiszeit Jahr für Jahr rund 6 mm an. Dieser Anstieg setzt sich auch jetzt noch, allerdings in geringerem Maße, fort.
1600 m nach unserer Exkursion können wir links zwischen Birken in einen Schotterweg einmünden und bis vor ans Wasser fahren. Dort steht man völlig ruhig und sehr aussichtsreich.
Mit einem eindrucksvollen Schäreninselpanorama verabschiedet der Porsangen die »98«, nachdem sie in BØRSELV die Mündung des Silfarelva überquert hat.
Zunächst setzt die Straße ihren Weg nach Nordosten fort, rechts neben ihr fließt breit und behäbig der Silfarelva. Dahinter erhebt sich ein kahler, runder, grauweißer Gebirgsrücken, uralt. Dann geht es steil bergauf, die Straße macht eine Rechtskurve, schwenkt nach Südosten, der Gebirgsstock hockt nun direkt vor uns; wo ist nur der Fluß geblieben?
Wir halten am ersten Picknickplatz (10,8 km seit BØRSELV) und klettern rechts den Hang hinab. Dort unten hört man's rauschen und brausen, aber bereits nach wenigen Schritten ist die Expedition zu Ende, es sei denn, Sie wollen sich abseilen, denn nun führen absolut senkrechte Wände bis hinab in den zweitgrößten Canyon Nordnorwegens. Etwas aussichtsreicher ist der Blick, wenn man 300 m die Straße zurück marschiert, und sich bis zur Hangkante des Silfar-Canyons vorwagt.
Ein zweiter Picknickplatz, 500 m später, bietet ebenfalls einen schönen Blick in den Beginn des Canyons, wo die Wassermassen sich hinabschäumend im Schluchtgrund zusammendrängen.
Die »98« steigt im Børselvfjellet nur bis 177 m über NN an, zieht zunächst durch dichten Birkenwald (4000 m nach dem Canyon

nochmals ein Picknickplatz rechts zwischen den Bäumen).
Kahle Höhen blicken auf uns herab, senden leblose Schotterhalden aus, die schließlich bis zu unserer Fahrbahn heranreichen. Nach und nach wandelt sich der Gesamteindruck in eine menschenfeindliche Mondoberfläche. Erst als der Storelva mit uns gemeinsam zur Küste hinabzieht, wird die Landschaft wieder freundlicher, belebter, bewaldeter.
Gemütlich liegt KUNES an hintersten Ende des Storfjords, der auch noch fast von der Insel Brattholmen verstopft wird, wie eine Flasche von einem Korken.
Hinter KUNES steigt die Straße wieder an, kaum, daß sie Meeresniveau erreicht hatte. Mindestens 37 m müssen wir aufsteigen, denn aus dieser Höhe stürzt der touristenfreudliche Adamsfoss ins Meer. Was aber kann touristenfreundlicher sein, als ein Schauspiel, das man direkt vom WOMO-Fenster aus begucken kann. Um jedoch keinen Verkehrsstau hervorzurufen, biegen wir 8,3 km hinter KUNES, direkt hinter der Brücke über den Wasserfall, nach rechts in einen idyllischen Picknickplatz im Birkenwald und laufen die paar Schritte zurück zur Brücke.
Nun können wir in aller Ruhe hinab auf das tosende Naß blicken, das von senkrecht stehenden Felsplatten aufgehalten, umgelenkt und zur Bildung von Strudeln gezwungen wird; Jettegryter zeigen den Erfolg der endlosen Strudelarbeit ab.
Versäumen Sie auch nicht, einen Blick auf die grünen Wiesen zu werfen, die wie angelegte Terrassen unten neben dem Wasserfall liegen. Sie sind ein besonders schönes Beispiel für die Geländehebungen nach dem Ende der Eiszeit.
Im kleinen Fjord unterhalb des Wasserfalls rasten regelmäßig Zugvögel, so der Sandregenpfeifer und die Eiderente, deshalb hat man dieses Areal unter Naturschutz gestellt.
Der Adamsfjord ist ein Seitenarm des Storfjords, dieser ein Anhängsel des Ifjords, der schließlich zum Laksefjord hinausführt, der mit dem Porsangen zusammen in die Barentsee mündet – Sie sehen, der Küstenverlauf wird nicht gerade eintönig. Auch unsere Straße bekommt das zu spüren, sie müht sich Kurve auf Kurve um Felsen herum, obwohl ihr die Straßenbauer schon die unangenehmsten Hindernisse weggesprengt haben.
Hatten Sie gesehen, daß der Adamselva unter der Brücke vor dem Wasserfall angestaut war? Mit diesem einfachen Trick leitet man den größten Teil seiner Fluten um und läßt sie im Kraftwerk Adamselv Strom erzeugen. 500 m hinter seinen Hochspannungsleitungen sichten wir rechts an der Steilwand den wohl eigentümlichsten Wasserfall Norwegens: Im oberen Drittel tritt er aus dem Felsen aus, stürzt den Hang hinab und

verschwindet im unteren Drittel auf Nimmerwiedersehen in einer Höhle.
In IFJORD, 34 km seit KUNES, müssen wir Ihnen den Grund für unsere »98«-"Abkürzung" gestehen: Wir möchten Sie nämlich zu einem 130-km-Abstecher verführen, der Ihnen ein Erlebnis bieten soll, vergleichbar nur dem am Nordkap!
Bekanntlich liegt ja das Nordkap auf einer Insel, kann eigentlich nicht als nördlichster Punkt der europäischen Festlandes gezählt werden. Dieser ist mit 71°8'00" Kinnarodden, der nördlichste Punkt der Nordkinnhalbinsel. Östlich von ihm, beim Leuchtturm "Slettnes fyr", liegt das Felsenkap Varnesodden, mit 71°5'47", der absolut nördlichste Punkt, den ein Wohnmobil auf dem europäischen Festland erreichen kann – und gleichzeitig der schönste Mitternachtssonnenplatz, den wir kennen!
Hiermit ernennen wir Varnesodden zum alternativen "WOMO-Nordkap", hier muß man gewesen sein!
Die »888«, in die wir bei IFJORD Richtung MEHAMN nach links abbiegen, ist der berühmt-berüchtigte "Nordkinnveien", der Star in den winterlichen Verkehrsnachrichten. Die Landschaft macht uns von Anfang an klar, daß sie sich der Erschließung durch eine Straße mit aller Gewalt widersetzt hat: Die schmale Bahn windet und quält sich mal durch die Täler und Schluchten des Landesinneren, mal an den Buchten und Halbinseln der Küste entlang.
Eine Atempause legt sie in LEBESBY ein, im Tal des Storelva. Neben der neuen schwarzen Kirche mit dem schwarzen Schieferdach steht der Minnestein für den Lebesby-Mann: Der Fischer und Wahrsager Anton Johansen wurde über die norwegischen Grenzen hinweg bekannt für seine prophetischen Voraussagungen über den I. Weltkrieg.
Genau 2600 m nördlich der Kirche von LEBESBY liegt links der Straße ein unscheinbarer Picknickplatz mit einer schlechten Zufahrt, die aber noch ein kleines Stück an der Küste weiterzieht. Die Bedeutung dieses Platzes liegt in der freien Sicht durch den Laksefjord nach Norden – ein Mitternachtssonnenplätzchen!
Kurz darauf schlängelt sich die Straße durch ein wildes, bizarres Felsengewirr, das letztmals einen fotogenen Vordergrund für Ihr Mitternachtssonnenfoto böte. Dann schneidet die Straße ein Halbinselchen ab; hier liegt geschützt die Fährstation KALAK, die nur winters in Betrieb ist, falls der Nordkinnveien unpassierbar wird. Für den Sommertouristen ist dort ein ruhiger, ebener Übernachtungsplatz.
Jetzt knickt die Straße nach Südosten ab, führt am Südrand des Bekkarfjords bis zu seinem Ende. Hier saß eines Abends der Chef der Straßenbauer, wütend wegen des langsamen Voran-

kommens in seinem Bauwagen und machte einen Punkt! Nein, einen Strich machte er, und zwar von BEKKARFJORD nach MEHAMN und befahl seinen Arbeitern, nur wegen hoher Bergen oder breiter Seen von dieser Route abzuweichen. Schauen Sie auf die Karte, und Sie werden sehen, daß jedes meiner Worte wahr ist. Gleichzeitig fing man an, eisern mit dem Teervorrat zu sparen. Nur noch einspurig mit M(øte)-Stellen zieht die Straße übers öde Land. Öde heißt aber nicht einsam, denn allein auf dem Ifjordfjellet weiden im Sommer 9000 Rentiere.

Wir passieren den großen Reinoksvatten, dahinter wird die Landschaft völlig leblos, Steine, Steine, nichts als Steine; eine Welt, der dritte Tag der Schöpfung ist hier noch nicht zu Ende. Passend zur Umgebung hört auch der Teerbelag auf.

Zwei tiefe Fjordfinger, der Hopsfjord von Osten und der Eidsfjord von Westen, greifen nun tief ins Land, schnüren fast den nördlichen Teil ab, nur eine winzige, flache Landbrücke führt hinüber zur Nordkinn-Halbinsel.

Die »888« windet sich zu dieser Engstelle hinunter, begleitet von einem Flüßchen, aber was für einem: Eigentlich sind es stufig angelegte Seen, die, durch purzelnde Kaskaden und brausende Wasserfälle verbunden, schließendlich in einer besonders bizarren Schlucht zum Eidsfjord hinabstürzen.

Ein paar einsame Bauernhöfe bewirtschaften das Hopseidet-Tal zwischen den beiden Fjorden; an der Engstelle liegt rechts der Straße ein Picknickplatz mit Informationstafel. Dann zieht die »888« wieder steil die Hangflanke hinauf, ist wieder geteert und breit, hat fast Bundesstraßenformat.

Das Fjell auf der Nordkinn-Halbinsel wirkt wesentlich freundlicher, dicht bedeckt von flacher Vegetation bietet es Sommernahrung für 4000 Rentiere. Einsam auf weiter Flur eine letzte Straßengabelung; links geht es nach KJØLLEFJORD, wir bleiben geradeaus, lassen uns von einem Flüßchen zur Nordküste bei MEHAMN hinabbegleiten.

Gar nicht so klein ist dieses Dörfchen, besitzt gar einen Flughafen. Wir gönnen ihm zunächst nur eine flüchtigen Blick, rollen dann nach rechts weiter Richtung GAMVIK. Zwei kleine Fjorde berühren uns auf den letzten 20 km; am zweiten, dem Steinvåg-Sandfjord wartet rechts der Straße ein großer Schotterplatz und links, am Wasser, kann man ebenfalls bequem stehen und direkt nach Norden aufs offene Meer schauen.

Dann heißt uns GAMVIK "Velkommen": Kleine, bunte Häuschen an der einzigen Straße, rechts ein Bootshafen, dann ein zweiter, auf den Hügeln Stockfischgestelle und ganz oben die große Kirche – das ist der nördlichste Ort auf dem europäischen Festland. Am zweiten Hafenbecken biegen wir links nach

SLETTNES, die Schotterstraße führt durch felsiges Gelände, Reste von Bunkern erinnern auch hier oben, am äußersten Norden, an den II. Weltkrieg.
Und dann sehen wir ihn schon, den rotbraunen Gesellen mit den zwei weißen Bauchbinden, "Verdens nordligste Fastlandsfyr", gelegen auf dem gleichen Breitengrad wie die Nordspitze Alaskas.
Wir passieren einen Picknickplatz neben einer Funkpeilanlage der Flugsicherung, die Abzweigung zum Leuchtturm und 1300 m später, beim Kap Varnesodden, endet der Fahrweg, wir haben unser Ziel erreicht!

Alternatives WOMO-Nordkap bei Sletnes-Fyr

Hier kann man fein parken und hat eine herrliche Meersicht, die sich zu einem unglaublichen Panorama erweitert, wenn man die paar Schritte zu einem kleinen Steinmann aus flachen Steinplatten hinaufsteigt. Von Südwest über Nord nach Südost reicht der Blick frei über die Barentsee, deutlich kann man die Krümmung der Horizontlinie und damit die Kugelform der Erde erkennen. Wir suchen uns eine flache Schiefertafel (die Umgebung ist voll von ihnen), verewigen uns darauf und erhöhen den Steinmann um eine weitere Platte. Jetzt können wir uns sicher sein, daß wir einst hierher zurückkehren werden!
Hinab zum Meer, wo zwischen felsigen Klippen schwarzweiß gesprenkelte Sandstrände eingelagert sind, geht es über Torfwiesen, dort könnten Sie neben weidenden Rentieren bei immerhin 10,5° C Wassertemperatur ein Eismeerbad nehmen.
Diesen garantiert nördlichsten Festlandspunkt Europas, den man mit einem Fahrzeug erreichen kann, wo Ihnen niemand Eintritt abverlangt und Sie weder eine Urkunde noch eine Mitgliedschaft verliehen bekommen, haben wir zum alternati-

ven WOMO-Nordkap ernannt.
Und Ihnen, die Sie die Mühen auf sich genommen haben, bis hierher vorzudringen, verleihen wir den Titel: "Alternativer WOMO-Nordkap-Fahrer"!
Aber Sie können auf der Nordkinn-Halbinsel viel mehr tun, als sich auf Ihren Lorbeeren auszuruhen:
Zunächst empfehlen wir eine kleine Wanderung nach Westen (beginnend in Verlängerung des Fahrweges). Schon nach wenigen hundert Metern werden Sie erstaunt sein über einen Bergrücken an der Horizontlinie vor Ihnen – täuschend ähnlich bildet er das Profil des Polarforschers Roald Amundsen mit der markanten Hakennase nach. Setzen Sie Ihren Weg nach Westen fort, so kommen Sie entlang der Klippenküste, nunmehr über Stock und Stein, nach einem knappen Stündchen in die nächste, größere Bucht, die einst der Ortschaft STEINVÅG Schutz bot. Nur drei Hütten überdauerten die Zeiten, weitere Mauerreste lassen jedoch noch erkennen, daß der Ort einige Bedeutung im Pomorenhandel hatte. Nimmt man den direkten Weg zurück nach Osten, erreicht man, an zwei Seen vorbei, nach einer weiteren halben Stunde wieder das Wohnmobil.

Alternatives WOMO-Nordkap: Mitternachtssonne

Dann wenden wir unser Interesse dem Fischerdörfchen GAMVIK zu, ehemals der wichtigste Ort der Halbinsel.
Vieles zur Geschichte der Gegend erfahren wir im GAMVIK-Museum, das nur noch kurze Zeit provisorisch im Keller der Schule untergebracht ist. Täglich von 12-17 Uhr werden dort die Besucher von Frau Bente Rønquist Nilsen durch die Ausstellungen geführt und bekommen alles in gutem Deutsch erläutert. Besonders gut haben uns neben der zoologischen Abteilung zwei komplett eingerichtete Räume gefallen: Der erste ist eine

typische Küche mit Originalgegenständen aus dem Jahre 1930; alles steht an seinem Platz, als sei es noch in Benutzung.
Der zweite ist eigentlich eine komplette Fischerhütte, eine Rorbu, wo im Erdgeschoß Gerätschaften gelagert und die "Lines" vorbereitet wurden, Angelschnüre mit jeweils über 200 Haken für den Dorschfang; geschlafen wurde aus Platzmangel im "Obergeschoß".
Unsere nette Museumsführerin organisiert für uns (und natürlich auch für Sie) eine Besichtigung der modernen Fischfabrik am zweiten Hafenbecken. Hygienisch verpackt in weiße Mäntel und Mützen mit Haarnetzen verfolgen wir, wie der fangfrische Fisch geköpft, filetiert, geschnitten und schockgefrostet wird – alles in einem pefekt gesteuerten Arbeitsgang.
Beim Verlassen GAMVIKs sehen wir im ersten Hafenbecken, daß die Renovierungsarbeiten an dem großen dreistöckigen Gebäude, das wie alle anderen fast vollständig auf Holzpfählen im Hafenbecken steht, schon weit fortgeschritten sind – bald kann dort das Museum einziehen.
Mit "Takk for besøket" verabschiedet sich GAMVIK von uns. In MEHAM biegen wir rechts, folgen dem "i"-Wegweiser, der uns zur Galleri Nordkyn am Hafen führt. Hier bekommt man alle Informationen, die man braucht, wenn man die große Wanderung zum Kinnarodden machen möchte, Europas nördlichstem Festlandspunkt, einer wilden, einsamen Klippe. Man hat uns versprochen, stets eine Fotokopie der Wanderkarte mit eingezeichnetem Wanderweg für Sie vorrätig zu halten. Wer den 8-Stunden-Marsch, der unter anderem an einer im II. Weltkrieg notgelandeten JU 88 vorbeiführt, nur in einer Richtung zurücklegen möchte, bekommt vom Informationsamt eine Bootsfahrt zum Kinnarodden vermittelt.
Wir haben auch eine Person gefunden, die den Wanderweg persönlich kennt und die gut Deutsch spricht: Es ist Herr Vidar Karlstad; man trifft ihn normalerweise im Tower des kleinen Flughafens von MEHAM (Tel. privat 78497510, Tel. dienstlich 78497184).

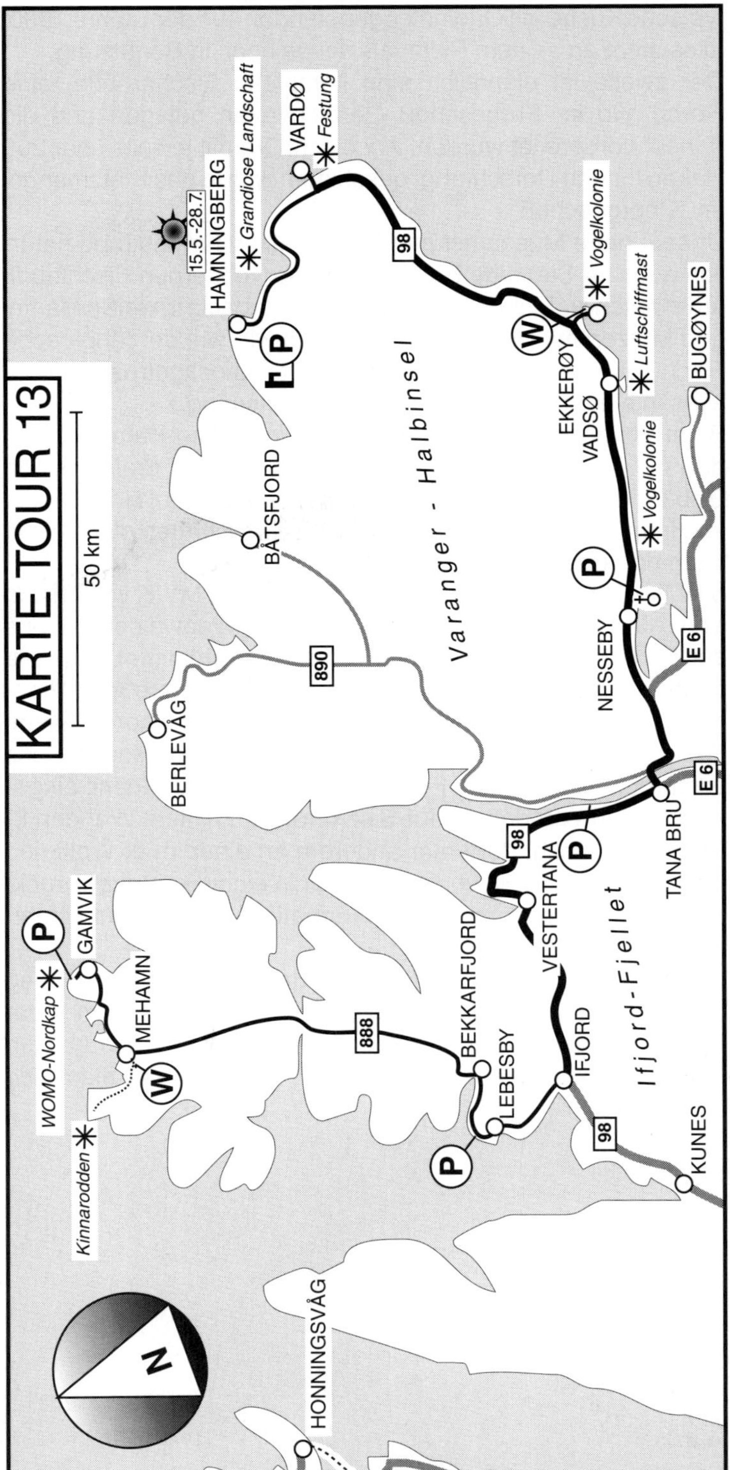
KARTE TOUR 13
50 km
N
HONNINGSVÅG
Kinnarodden
WOMO-Nordkap
GAMVIK
MEHAMN
888
BEKKARFJORD
LEBESBY
IFJORD
98
KUNES
Ifjord-Fjellet
VESTERTANA
98
TANA BRU
E 6
BERLEVÅG
890
BÅTSFJORD
Varanger - Halbinsel
NESSEBY
E 6
Vogelkolonie
VADSØ
EKKERØY
Luftschiffmast
BUGØYNES
Vogelkolonie
98
HAMNINGBERG
Grandiose Landschaft
15.5.-28.7.
VARDØ
Festung

TOUR 13 (400 km / 3 Tage)

Mehamn – Ifjord – Tana Bru – Nesseby – Vadsø – Ekkerøy – Vardø – Hamningberg

Ein zweites Mal sind wir beeindruckt von der Urnatur der Landschaft, durch die uns die »888«, der "Nordkinnveien" zurück nach IFJORD trägt. Dann machen wir uns nach links daran, die "Nordkinnblume samt Stiel" vom Festland abzuschneiden.

370 m muß die Straße Richtung TANA BRU emporklettern, um das Ifjordfjellet zu erreichen. Diesmal geht es kurz und zackig, nur 5 km zwischen Birken, auch ein paar Vogelbeerbüsche und Weiden sind dazwischen, dann ist nur das kahle Fjellweideland um uns herum.

Kahl heißt aber nicht eintönig: Die Grüntöne der Moose, Flechten und Zwergbüsche, sommers Nahrungsgrundlage für etwa 6000 Rentiere, werden immer wieder unterbrochen von dunkelblau schimmernden Seen, während der kahle Felsgrund dazwischen grau herausschimmert.

6,5 km nach IFJORD werden Sie links oberhalb der Straße vermutlich ein verwaistes Rentiergatter entdecken. Wir kommen gerade zurecht, um beim aufregenden Geschehen der herbstlichen Rentiermarkierung Zuschauer zu sein. Die ausgewählten Tiere sind bereits in eine runde Arena getrieben worden, wo sie ängstlich im Kreis herumhetzen. In der Mitte stehen die Fänger, nordamerikanischen Cowboys nicht unähnlich. Nach und nach greifen sie sich ein Jungtier nach dem anderen, zwingen es am Hals zu Boden, ziehen den scharfen Finnen-

Rentierscheidung auf dem Ifjordfjellet

dolch und schlitzen ihm mit flinken Bewegungen die Markierungen des Besitzers in die Ohren. Außer einem dumpfen Blöken, aus dem mehr Angst als Schmerz spricht, hört man nur die kurzen Zurufe der Fänger. Trotzdem ist mir das Geschehen zu blutig; ich finde, eine Plastikmarke im Ohr, wie bei unseren bayerischen Weidekühen, tät's auch.
Nach 13 km rechts der Straße der erste Picknickplatz, ein ähnlicher bei »km 19,8«. Ein weiterer folgt bei »km 24,3« links der Straße am Ende eines Sees, dann beginnt die Straße schon wieder mit dem Abstieg in den Tanafjord, dessen Südteil mehrere Zipfel hat, die auf der Karte wie die Parkplätze von Ozeanriesen aussehen.
Sofort erobern wieder Birken das Land, vereinzelt zuerst, aber schnell vereinigen sie sich zu bewaldeten Flächen. Folglich liegt der nächste Picknickplatz (»km 28,4«, Tisch-Baum-Symbol) bereits wesentlich idyllischer am Rande eines Birkenwaldes, von seiner geteerten Fläche aus führen Wege zu einsameren Bereichen im Wald und am Seeufer.
Bei SUORSJOKHA (SJURSJOKK) erreichen wir den ersten Fjordzipfel, den Westertana. Ein Schottersträßchen führt auf die paar Häuser des Ortes zu. Unterwegs, direkt am Strand, kann man auf Wiesenflächen einparken und den Blick hinaus in den Fjord genießen. Wuchtige Tafelberge versperren allerdings den Blick hinaus ins offene Meer.
Die »98« umrundet nun den ersten Fjordzipfel, steigt auf, sinkt zum nächsten Fjordzipfel hinab, schneidet wieder eine Halbinsel ab, hält darauf hin nach Süden auf einen Fjord zu, der zwar immer schmaler und schmaler wird, aber gar nicht enden will: Es ist die fjordartig verbreiterte Mündung des großen Tana-Flusses, die den Straßenbauern ein unüberbrückbares Hindernis bietet. Von der Tanakirke, bei der wir auf den Fluß treffen, lassen sie uns noch 24 km nach Süden fahren, bis sie bei TANA BRU einen passenden Übergang gefunden haben.
Die Tanakirche mit dem unheimlich spitzen Pyramidencampanile bietet dem WOMO-Touristen einen großen Kiesplatz, an den sich Rasenflächen mit Birken anschließen zum Rasten und Spielen.
Sie wollen aber sicher den Tanafluß begucken! Sein weites Tal ist landwirtschaftlich intensiv genutzt, links der Straße liegen Wiesen und Felder, Baumstreifen versperren uns die Sicht. Eingerichtete Picknickplätze finden Sie 3,5 km nach der Tanakirche (direkt an der Straße oberhalb des Flusses) und bei »km 10,4« (Tisch-Baum-Symbol 1 km vorher angekündigt).
Dieser Platz, abseits der Straße und eingehüllt von einem Birkenwald, ist eher zu empfehlen. Nur wenige Schritte, und wir stehen staunend am Flußufer. So, als käme er direkt aus der

Sahara, hat der Tana beide Seiten seines Bettes und weite Schwemmlandinseln aus leuchtend gelbem Sand aufgeschüttet.

Rechts und links wachsen sogar Dünen im Birkenwald empor, aber bevor die ersten Kamele auftauchen, erblicken wir das Ortschild von TANA BRU. Hier vereinigt sich unsere »98« für eine Weile mit der »E 6«, nach links überqueren wir den Tanafluß Richtung KIRKENES/VADSØ. Vor und hinter der Brücke rechts sind Picknickplätze angelegt. Besser anfahrbar ist der zweitere, der von einer Riesenangel überragt wird. Nein, dies ist kein Zeichen für die Größe der Tana-Lachse, sondern eine Erinnerung an die alte Tanabrücke, die im II. Weltkrieg beim Rückzug der Deutschen zerstört wurde.

Noch 4 km begleitet die »E 6« die andere Seite des Tanaflusses, dann knickt sie nach Osten ab. 6,6 km nach diesem Knick liegt links der Straße ein nicht gekennzeichneter Picknickplatz. Der Schotterweg führt links der Straße weiter bis zu einem idyllischen Platz an einem See.

Noch nicht einmal 18 km hat die »98« mit der »E 6« gemeinsame Sache gemacht, da verläßt sie sie schon wieder. In VARANGERBOTN folgen wir ihr nach links (Wegweiser: VADSØ). Natürlich werden wir an diese Stelle zurückkehren, denn nach 180 km, in HAMNINGBERG, endet für die »98«-Fahrer die Welt in der Arktis.

Bereits nach 800 m, dort, wo Sie links der Straße eine Parkspur vor einem grau verwitterten Zäunchen und einen Torbogen aus zwei Walkiefern sehen, sollte Sie einen kurzen Stop einlegen. Vorbei an grasgedeckten Hütten führt ein Pfad zur Amtmannsgamme, einem sehr bescheidenen, jedoch wegen seiner Exklusivität unbedingt sehenswerten Torfhaus. Dieses ehemalige Heim eines höheren staatlichen Beamten sollten Sie ablichten und immer dann hervorzaubern, wenn einer Ihrer verbeamteten Bekannten zu jammern beginnt.

Der nächste Stop führt auf ein Halbinselchen mit der weißen Kirche von NESSEBY. Direkt vor dem alten Friedhof, der sie umgibt, finden wir einen ruhigen, ja friedvollen Kies- und Wiesenplatz neben einem flachen Sandstrandbogen. Ein Naturreservat schließt sich an, das dem Schutz der Vogelwelt dient. Es ist ein schönes und geruhsames Plätzchen für die Nacht oder für ein Picknick mit Vogelbeobachtungen vom WOMO-Fenster aus.

Wer den Vögeln beim Brutgeschäft zuschauen möchte, fährt weiter bis zur Kulturminneområde MORTENSNES. Das sehr weitläufige Freilichtmuseum wird bereits 3 km vorher angekündigt. Wendet man sich vom Parkplatz aus links, so führt ein geschotterter Weg und ganz am Schluß ein kettengesicherter

Felsensteig hinab zum Fuße der Steilküste. Dort, am "Fugleberget", kann man während der Brutzeit den Vögeln direkt ins Nest schauen. Der eigentlichen Bestimmung der Anlage, uns einen Eindruck von den historischen Siedlungen der Gegend zu vermitteln, konnten wir keine Freude abgewinnen. Fast eine Stunde tappten wir durch ödes Gelände und sahen – nichts! Vielleicht fehlte uns nur die kundige Hand eines Guide, der an den durchnumerierten Plätzen des ehemaligen Siedlungsgeländes erklärt, was man sehen würde, wenn man etwas sehen könnte (Führungen 10, 13, 16 Uhr).
Weiter geht es auf VADSØ zu, immer weiter öffnet sich der Varangerfjord in die Barentsee. An der Südmündung des Fjords liegt die Grenze nach Rußland, das ehemals finnische Karelien. Viele Dörfer am Varangerfjord wurden von ausgewanderten Finnen gegründet, man erkennt sie an einem etwas anderen, verspielteren Baustil und der geringeren Entfernung der Häuser zueinander, als es bei norwegischen Ortschaften üblich ist. VESTRE JAKOBSELV ist ein gutes Beispiel dafür.
Schnell hätte man das Kleinstädtchen VADSØ durchquert und ebenso schnell wieder vergessen, gäbe es hier nicht einen Masten zu besichtigen, der ohne seine historische Bedeutung wenig auffälliger wäre als ein alter Hochspannungsmast ohne Drähte.
Am Ende des Ortes, am Kreisverkehr vor einer STATOIL-Tankstelle biegen wir rechts (Wegweiser: Luftskipsmasta). Wir parken hinter der Brücke zum Inselchen Vadsøy links mit schönem Blick über das Kleinstädtchen, dessen Holzhäuser fast alle in verschiedenen Farben angestrichen sind. Dann marschieren wir auf den einsamen Metallgittermasten am Ostrand der Insel zu, vorbei an den Resten eines Pomorenfriedhofes.
Ein alter Film fällt mir ein: Fahnen flattern, eine Kapelle schmettert die schmissige italienische Nationalhymne und General Umberto Nobile grüßt militärisch, während sich das Luftschiff "Italia" vom Haltmasten zur großen Arktisexpedition erhebt, eine riesige Menschenmenge winkt ihm begeistert nach.
Bereits vor zwei Jahren hatte Nobile zusammen mit Roald Amundsen im Luftschiff "Norge" erstmals den Nordpol überflogen, jetzt sollten die Forschungen fortgesetzt werden ....
Wenig später: Ein heulender Schneesturm, peitschende Fetzen des notgelandeten Luftschiffes, vermummte Gestalten, die Verletzte tragen....
Glück im Unglück hatten die Männer von Nobiles gescheiterter Expedition, wurden sie doch in einer aufregenden, ja tragischen Rettungsaktion unter Leitung von Roald Amundsen vor dem sicheren Tod in der Arktis bewahrt (Roald Amundsen kehrte von

Vadsø: Luftschiffmast

einem der Rettungsflüge nicht zurück!).

Ganz gut erhalten ist der Mast aus dem Jahre 1926 noch, und wer sich traut, kann auf seiner Spitze auf das nächste Luftschiff warten....

14 km östlich VADSØ, die Straße durchquerte eine immer kargere, zum Teil völlig vegetationslose Steinplattenwüste, liegt die Halbinsel Store Ekkerøy. Ein flacher Sandstrandbogen führt zu ihr hinüber, dann steigt die Landschaft langsam in schrägen Terrassen an, um an der Südostküste steil zum Meer hin abzubrechen. Am Ende des Sandstrandbogens legen wir eine Pause ein und überlegen uns, was wir jetzt täten, wenn

Ekkerøy-Naturreservat: Vogelfelsen

diese Küste südlich von Athen läge. Dann rollen wir weiter bis zu den ersten Lagergebäuden am Hafen von EKKERØY und lassen uns von einem Wegweiser mit zwei Vögeln nach links bis zu einem kleinen Wiesenparkplatz mit Informationstafel am Fuße der steilen Felsen führen.
Nach wenigen Schritten beginnt das EKKERØY-Naturreservat und ein Wanderweg, der zur Kante der Steilküste hinaufführt. Statt von fröhlich kreischenden Vogelstimmen werden wir zunächst von den stummen Zeugen deutscher Vergangenheit begrüßt: Das Inselplateau ist vollgepflastert mit alten Geschützstellungen.

Wir marschieren immer an der Hangkante entlang; die Küste wird steiler und steiler, schließlich können wir – vorsichtig, mit langem Hals – von oben in die Nester blicken, die auf winzigen Vorsprüngen an der senkrechten Wand kleben. Was muß hier während der Brutzeit dem Hobbyornithologen das Herz höher schlagen. Aber auch in die Ferne schweift der Blick, in die eisige Weite der Barentsee. Bei schönem Wetter und Windstille ist der Spaziergang hier oben ein Genuß.

Noch 60 km sind es nach VARDØ, der östlichsten Stadt Norwegens und der einzigen in der arktischen Klimazone. Während wir Arktis automatisch gleichsetzen mit Kälte und gewaltigen Schneebergen, überrascht uns die Landschaft mit weiten Sandbuchten, hinter denen sich ausgedehnte Sanddünen erheben. Bei SKALLELV und KOMAGVÆR ist diese beeindruckende Landschaft Naturschutzgebiet. Dort, wo die Straße den geschützten Bereich durchquert, sind Parkplätze mit erklärenden Hinweistafeln eingerichtet.

Einen letzten Bergsporn schneidet die Straße ab, das Fischerdorf KIBERG liegt an seinem Südrand, dann zieht sie hinauf zum Domen, dem Teufelsberg. Allein zwischen 1621 und 1692 wurden in VARDØ achtzig Hexen verbrannt, die sich auf dem Domengipfel oder in einer Höhle des Berges mit dem Teufel eingelassen haben sollten.

Wir schwenken nach rechts in eine Schotterpiste, die erst auf den letzten Metern (wir haben genug Schwung) steil zum Plateau des Domen hinaufführt. Heute erscheint hier der Teufel nicht mehr persönlich, er hat seine Verführungskünste Spezialisten übertragen: Ein Wald von Fernsehantennen ist auf die 3200 Einwohner von VARDØ gerichtet. Wer sich die Mühe macht, die Schotterpiste zu bezwingen, wird mit einer grandio-

sen Rundumsicht in stürmischer Höhe belohnt: Zu unseren Füßen die drei Inseln Reinøy, Hornøy und Vardøy und dann – nichts als Wasser in einem Winkel von einem Dreiviertelkreis. Die Horizontlinie ist gebogen wie ein umgekehrter flacher Teller.
Hinter dem Domen sinkt die Straße wieder ab, und von einem Picknickplatz aus hat man einen informativen Blick hinüber zur Insel Vardøy, zu der weder eine Brücke noch eine Fähre führt. Wieder mußte die Unterwelt zu Hilfe genommen werden: Der 2900 m lange Ishavstunnel führt bis zu 88 m unter dem Meeresspiegel hindurch geradewegs ins Zentrum von VARDØ.
Vor dem Rathaus biegen wir links und rollen direkt auf den Eingang der Festung Vardøhus zu. Der flache sternförmige Bau mit den acht Spitzen, von denen uns uralte Kanonen androhen, ist viel zu alt, um militärisch zu wirken. Eher hat man das Gefühl, vor einer Spielzeugfestung zu stehen. Fein kann man auf den Mauern der Bastion das Gelände umrunden und von einem Türmchen aus den "Angriff" auf imaginäre Feinde leiten.
Fährt man an der Festung vorbei, so erreicht man nach 500 m des Vardøhusmuseum. Außer natur- und kulturgeschichtlichen Ausstellungen hat man sich besonders auf die Ergebnisse der Polarforscher Fridtjoff Nansen und Willem Barents (>Barents-See) spezialisiert.
Nun wird die Straße gen Norden schlechter, die Gegend jedoch menschenleer. Nach 2 km kann man rechts abbiegen und auf der anderen Seite der Nordspitze wieder nach VARDØ zurückkehren. Unterwegs gibt es genügend Parkgelegenheiten....
Wir landen im Hafen mit der Brodtkorbsjåene, alten Hafengebäuden aus dem 19. Jahrhundert (hier brüten die Möwen sogar

Vardø: Brodtkorbsjåene

in den Fensterhöhlen). Gegenüber sieht man eine kleine ESSO-Tankstelle für Fischkutter und Wohnmobile mit einem Wasserschlauch enormen Ausmaßes.
Durch Neptuns Unterwelt kehren wir zum Festland zurück – der Höhepunkt unseres Arktisabstechers steht uns bevor.
Wir biegen rechts Richtung HAMNINGBERG, werden zunächst begleitet von grünen Hügeln. Dort, wo die Pflanzendecke abgerutscht ist, tritt der pure Sandkern zutage. Aber dann wandelt sich die Landschaft schlagartig: Schroffe Felsen, spitz wie Scherenschnitte, flankieren die Straße. Schnell erkennen wir, warum kein Erosionsprozeß den Felsspitzen ihre Schärfe und Kantigkeit nehmen kann: Unter Druck und Hitze wurden ehemals horizontal gelagerte Schichten um 90 Grad gedreht, und ragen nun wie Haifischzähne steil in die Höhe. Zwischen ihnen wirken die kleinen Ferienhäuschen wie die Wohnungen von Hexen, die um sich herum alles Lebendige zu Stein verwandelt haben.
Immer phantastischer wird die Szenerie, da bricht sie übergangslos ab. Wie in einer Theatervorstellung bekommen wir als zweiten Akt eine riesige halbkreisförmige Sandbucht geboten, in die mit monotonem Rhythmus der Wind die Brecher hineintreibt, weiter über den Sand fegt und ihn zentimeterhoch auf der Straße ablagert. Am Ende des Sandstrandbogens mischen sich beide Naturphänomene zu einer unglaublichen Synthese aus Sandmeer und daraus herausragenden Saurierfelsenzacken.
Aber das ist nur der Vorgeschmack! Immer höher und höher werden die Felsenklippen, türmen sich zu Bergen, durch die sich unser Sträßchen wie ein schmales Würmchen windet.
Ein Farbenwechsel tritt ein. Glänzten die ersten Felszacken

Felsenchaos an der Straße nach Hamningberg

noch in rostrotem Porphyr, gehen sie jetzt über grau in mattes schwarz über.
Nochmals umfährt das Sträßchen weit durchs Hinterland einen herrlichen Sandstrandbogen, hinter dem die Dünenberge vom hineinstürmenden Wind aufgerissen werden: Erst wäscht er flache Mulden aus, dann ist das Profil halbkreisförmig, schließlich hat er einen parabolischen Graben in den Sandberg hineingeblasen.
Als Abschiedsvorstellung läßt sich die Natur etwas ganz Neues einfallen: Durch Geröllschichten, die in Terrassen angeordnet zur Küste absinken, rollen wir auf das letzte Örtchen der Straße zu, das Fischerdorf HAMNINGBERG. Nach vergeblichem Streit um die Erweiterung des Hafens verließen die letzten Fischer vor Jahren ihre Heimat, zogen nach VARDØ um. Inzwischen belebt sich das Dörfchen wieder, viele Häuser sind restauriert, frisch gestrichen, gerade wird die alte Schule neu verkleidet.
Am Ortsbeginn verzweigt sich der Weg. Hier können Sie an einem kleinen Picknickplatz mit Toilette über Aufstieg und Niedergang HAMNINGBERGs nachlesen. Biegt man rechts, so findet man nach 100 m am rechten Wegrand eine Holzsäule mit einem recht eigentümlichen Wasserhahn, ein ähnliches Exemplar nach weiteren 300 m links. Nach insgesamt 700 m haben Sie ganz HAMNINGBERG gesehen, und der Weg endet blind an der Mole.
Geradeaus führt vom Picknickplatz vor dem Ort ein "Tursti" nach Hardbakken (Harbaken), dem felsigen Nordende der Halbinsel.
Biegt man links, so kommt man, am alten Friedhof vorbei, nach

Hamningberg: Picknickplatz Skjåvika

600 m zum absoluten Höhepunkt unseres Arktisabstechers: Dort, am Ende der Schotterstraße, breitet sich vor uns Skjåvika aus, eine herrliche Meeresbucht, die umgeben ist von lieblichem Wiesengelände. Neben der Schotterstraße ist ein Picknickplatz eingerichtet; man kann allerdings auch zum linken Teil der Bucht fahren und hat dort schönsten Mitternachtssonnenblick. Wir finden: Skjåvika ist neben Varnesodden das schönste Plätzchen in der Finnmark.

Hamningberg: Felsküste bei Harbaken

Auch Aktivitäten sind angezeigt: Nach Westen führt ein "Tursti" zum verlassenen Fischerdorf SYLTEVIK und in Verlängerung des Schotterweges kommt man ins Felsenchaos von Harbaken. Falls Sie hier siedeln möchten, dürfte das angespülte Treibholz für ein bescheidenes Blockhaus sowie als Feuerholz für den ersten Winter ausreichen, dann kommt sicher Nachschub. Weniger Verwendung hätten wir für die große Anzahl riesiger, verrosteter "Kanonenkugeln" die wie verstreute Riesenperlen am Strand herumliegen. Überall an den norwegischen Küsten haben wir diese verlorengegangenen Schwimmkörper für Fischernetze gesehen.

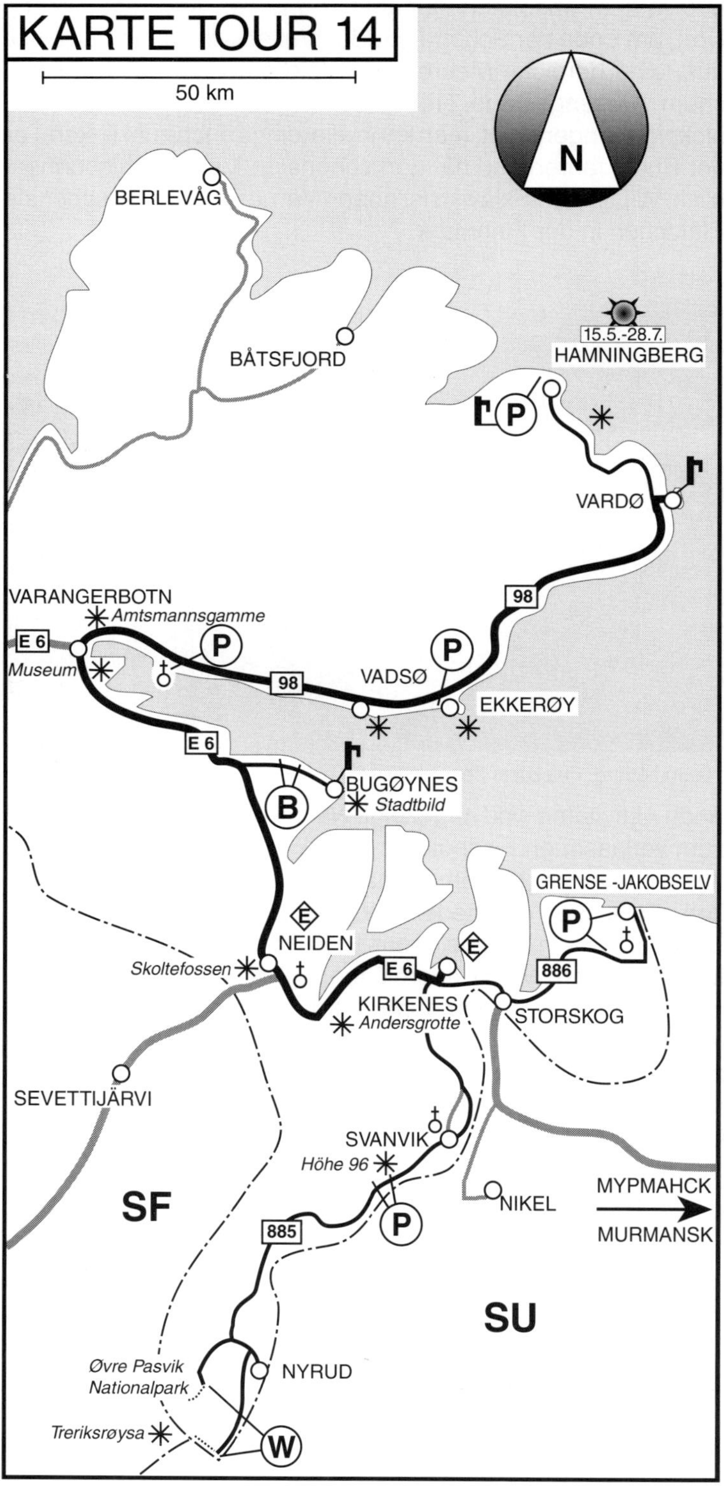

KARTE TOUR 14
50 km
N
BERLEVÅG
BÅTSFJORD
15.5.-28.7.
HAMNINGBERG
P
VARDØ
98
VARANGERBOTN
Amtsmannsgamme
E 6
Museum
P
98
P
VADSØ
EKKERØY
E 6
BUGØYNES
B
Stadtbild
GRENSE -JAKOBSELV
P
E
E
NEIDEN
Skoltefossen
E 6
886
KIRKENES
STORSKOG
Andersgrotte
SEVETTIJÄRVI
SVANVIK
Höhe 96
SF
NIKEL
МУРМАНСК
MURMANSK
P
885
SU
Øvre Pasvik
Nationalpark
NYRUD
Treriksrøysa
W

TOUR 14 (610 km / 3-5 Tage)

Hamningberg – Varangerbotn – Bugøynes – Neiden – Skoltefossen – Kirkenes – Grense-Jakobselv – Øvre Pasvik NP – Treriksrøysa

Ein zweites Mal umfängt uns der Zauber der Märchenstraße HAMNINGBERG – VARDØ, sie verabschiedet sich mit einem furiosen, roten Porphyrzauber, der uns wie im Traum die restliche Strecke über VADSØ bis zur »E 6« bei VARANGERBOTN gefangen hält.

Bereits 100 m nach dem Kreisverkehr liegt links das Varanger Samiske Museum; auf dem weiträumigen Gelände kann man fein parken. Die Ausstellungen informieren in erster Linie über die küstensamische Besiedlung der Gegend, organisieren aber auch z. B. Führungen in der Amtmannsgamme.

Wir ziehen weiter nach Südosten, auf die russische Grenze zu. Die Südküste des Varangerfjords hat offensichtlich während der Eiszeit eine völlig andere Entwicklung genommen als das Nordufer. Während dort flache Küste und Sanddünen vorherrschen, sieht man hier dem harten Fels bis hinaus zu den letzten Schärenklippen im Fjordwasser die glättende Wucht des Eises an.

Nach 11,2 km können Sie rechts der Straße auf einem schön eingerichteten Picknickplatz mit Kinderwippe ihren Anhang zurücklassen und auf den umliegenden Schärenkuppen herumklettern. Wie poliert sind an manchen Stellen die Felsen, kein Krümchen Erde kann sich darauf halten, keine höhere Pflanze, lediglich bunte Flechtenmuster haben sich als erste Besiedlungspioniere in den Granit geätzt.

Zu einer Hefekloßorgie steigert sich diese Strandatmosphäre bei GRASBAKKEN. Kurz hinter dem Ort, bei »km 21,4 «,liegt links der Straße, bei einer schönen Sandbucht, ein Picknickplatz.

Auch GANDVIK schätzt die Sicherheit einer tiefen Bucht, die »E 6« führt unmittelbar hinter ihrem Kiesstrand entlang – und im Scheitelpunkt der Bucht wartet links der Straße, direkt über dem Kiesstrand, umringt von Birken, ein Picknickplatz.

4 km später, wir haben inzwischen die Bucht wieder verlassen, finden Sie links der Straße einen komfortabler eingerichteten Picknickplatz mit Toilette. Er schaut, hoch über der Küstenlinie, weit hinaus ins offene Meer.

Genau 1000 m später machen wir nach links einen Abstecher nach Klein-Finnland. BUGØYNES steht auf dem Wegweiser, die Stichstraße führt weiter am Varangerfjord entlang, während die »E 6« nach Süden abweicht.

Auf zwei Picknickplätze entlang der 19 km langen Straße sei hingewiesen: Nach 5,5 km kommt man zu einer kleinen, malerischen Rasenbucht, wo sich bereits einige norwegische Wohnwagenfamilien niedergelassen haben. Noch besser hat uns 2100 m später die kleine Bucht mit dem silbergrauen Sandstrand gefallen, hinter dem man sich auf die Wiese stellen kann. Auch hier ist die Landschaft eiszeitgeprägt. Auffallend sind Tausende von Findlingen, die wie Warzen die runden Bergkuppen bedecken. Dort liegen Sie wahrscheinlich seit 10.000 Jahren, als sie vom schmelzenden Eis sanft abgesetzt wurden. Nach genau 19 km erreichen wir das Ortsschild von BUGØYNES. Als Karelien an Rußland fiel, siedelten sich hier ausgewanderte Finnen an, bewahrten ihren Baustil, ihre Sprache und ihre Kultur bis heute. Hinter dem Ortsschild kann man rechts auf dem Picknickplatz parken und auf das farbenprächtige Örtchen hinter einem geschützten Sandstrand hinabblicken.

Bugøynes – Klein-Finnland

300 m später gabelt sich die Straße. Fährt man rechts, so kommt man zum rechten Rand des Hafens mit dem Krabbenaquarium, wo man von einem Holzsteg in betonierte Wannen hineinblickt, in denen Flundern und Krabben ein Dämmerdasein fristen.
Hält man sich an der Gabelung links, so kommt man an der Kirche vorbei zur Ortsmitte. Wendet man sich dort rechts, so landet man ebenfalls am großen Hafenbecken mit einer Touristeninformation, die ihren Kunden auch dann noch etwas bietet, wenn sie geschlossen hat: Direkt nebenan tropft ein großer Wasserhahn.
Hier, am Holzsteg der kleinen Fischfabrik, endet meine Angelleidenschaft so abrupt, wie sie begonnen hat. Zwar streiten sich

gleich mehrere Schollen um die Appetithappen am Angelhaken, aber nachdem sie mehrere Male äußerst raffiniert den Köder abgefressen haben, verhakt sich nach einem Fehlwurf der Angelhaken am Holzsteg und beim Versuch, ihn loszureißen, landet meine Mack-Arctic-Øl-Dose samt Zubehör im Wasser und treibt lautlos davon.....
Weiter geht es auf der »E 6« Richtung KIRKENES. Sie zieht nach Süden, verläßt also die zerklüftete und tief eingeschnittene Küste so weit, daß sie genau an den Südzipfeln der Fjorde vorbeiführt.
Nach 5,2 km und 11,0 km liegen rechts der Straße zwei

Neiden: Stabkirche

Picknickplätze. Besonders witzig sind beim zweiten die präzise ausgerichteten Holzpalisaden, die man als Windschutz neben jeder Sitzbank aufgepflanzt hat.
Seit dem 14. Jahrhundert machte man erste Versuche, die heidnischen Samen der Finnmark zum Christentum zu bekehren; bald kamen sich dabei russisch-orthodoxe und evangelisch-lutherische Missionare in die Quere. Im Örtchen NEIDEN bekommen wir zu diesem Thema ein interessantes "Kirchenpaar" geboten.
100 m vor dem Ortsschild registrieren wir noch einen schönen Picknickplatz (mit Toilette). Seitlich führen Pfade zu den Picknickplätzen, von denen aus man einen fachmännischen Blick auf den Lachsfluß Neidenelva werfen kann. Kurz darauf, wir haben einen Campingplatz mit einer Wohnmobilentsorgung passiert, biegen wir bei einer STATOIL-Tankstelle zur Kirche von NEIDEN. 1902 wurde sie im östlichsten Zipfel der Finnmark als auffallend "norwegische" Stabkirche errichtet, um die (evangelische) norwegische Präsenz zu demonstrieren (15 Schritte links vom Eingang zum Kirchhof kann man sich den Wasserschlauch durch den weißen Holzzaun reichen lassen).
250 m nach der Abzweigung zur Kirche sollten Sie unbedingt den Parkplatz rechts der Straße anfahren (Parkplatz Skoltefossen). Läuft man rechts der Straße auf einem Fußweg weiter, so steht man nach weiteren 150 m **auf** einem Wasserfall: Direkt oberhalb und unter der Brücke schießt und sprudelt das Wasser des Neidenelva, lockt jährlich hunderte von Besuchern an, wenn es nach der Sommersonnenwende mit dem traditionellen Käpeläfisket, einer speziellen Netzfischerei, den Neidenlachsen an den Kragen geht. Aber auch ohne Fischer ist der

Neiden: St.-Georgs-Kapelle

Skoltefoss ein atemberaubender Anblick. Wenn man gar durch das Gitter der Brücke nach unten schaut, werden die Schritte immer länger und schneller.
Unmittelbar hinter der Brücke über den Neidenelva zweigt nach rechts die »893« Richtung IVALO ab. Diese Stelle müssen Sie sich merken für Ihre Heimreise durch Finnland und Schweden.
400 m hinter der Brücke geht's zur "Kirchenkonkurrenz"!
Man parkt links auf einem großen Schotterplatz, ein schmaler Fußweg führt zu der Kapelle am Neidenfluß. Es ist nur ein kleines Hüttchen aus dunkelbraunen Blockbohlen, gekrönt mit dem St. Georgskreuz, aber das einzige russisch-orthodoxe Gotteshaus der Finnmark.
Die »E 6« überquert nun eine Hügelrücken, zielt genau auf die Südspitze des Munkfjords, den sie dann an seinem Ostufer begleitet. Wenn Sie am gegenüberliegenden Ufer die Insel Skogerøy erblicken, sollten Sie den letzten Picknickplatz beachten, denn auf den nächsten 6 km ist (aus militärischen Gründen) Fotografieren, Anhalten oder gar Campieren verboten.
2,9 km nachdem wir den Langfjord überquert haben, passieren wir die Abzweigung der »885«, die uns später zum Øvre Pasvik Nationalpark und zum Dreiländereck Norwegen/Finnland/Rußland führen wird. Bereits 600 m später knickt die »E 6« nach links Richtung KIRKENES ab, geradeaus führt die »886« nach GRENSE-JAKOBSELV und – wirklich und wahrhaftig – nach MURMANSK.
Wir beenden zunächst unsere lange Reise auf der »E 6«, rollen hinab zu der Stadt, die am meisten von den norwegischen Städten unter dem II. Weltkrieg zu leiden hatte: Über 300 Luftangriffe flog die sowjetische Luftwaffe, um den deutschen Aufmarsch gegen MURMANSK zu stören, die Stadt wurde dabei total zerstört.
Heute ist KIRKENES eine moderne Kleinstadt, die erfolgreich versucht, sich vom alles beherrschenden Einfluß ihres Hauptarbeitgebers, der Syd Varanger Eisenerzgrube zu lösen. Man setzt auf die neue Zeit, auf die Möglichkeit, eine Brücke zum Osten schlagen zu können.
Wir passieren, immer Richtung Sentrum, eine STATOIL- und eine SHELL-Tankstelle mit Wohnmobilentsorgung und stehen unvermittelt vor einem Hafenbecken, in dem ein russischer Fischtrawler nur noch von seinem Rost zusammengehalten wird. Rechts der Straße finden Sie die Sovjetreiser AS, das Reisebüro, das Reisen per Bus, Katamaran oder mit Ihrem eigenen Wohnmobil nach Rußland organisiert.
(Adresse: Sovjetreiser AS, Postboks 271, N-9901 KIRKENES, Tel.: 78991981, Fax: 78991142).

Wie wär's mit einer Stipvisite nach MURMANSK, fragen wir uns und stehen kurz darauf vor einer jungen, freundlichen Russin im Reisebüro: „Kein Problem!" sagt sie lächelnd und rechnet uns mit flinken Fingern vor:

Normalvisum (1 Woche Wartezeit) ...... 35,-- DM
(Expreßvisum .... 170,-- DM)
Touristenzuschlag .... 10,-- DM
Zuschlag für Deutsche .... 65,-- DM
Übernachtung im Zweibettzimmer .... 75,-- DM
Parkplatzwache .... 5,-- DM

Ein Kurzbesuch mit nur einer Übernachtung käme folglich auf 190,-- DM (325,-- DM) pro Person.

„Parkplatzwache?" frage ich erstaunt. Sie lächelt wieder, diesmal etwas verlegen, zeigt auf unser Wohnmobil und dann auf ihren alten, verrosteten Lada. Ich verstehe und frage nicht weiter.

Kurz zusammengefaßt gilt auch weiterhin für alle Reisenden nach Rußland: Wer keine Einladung von Privatpersonen vorweisen kann, muß für jeden Tag seines Aufenthalts ein Hotelzimmer buchen und darf sich nur in der Region aufhalten, die er als Zielgebiet angegeben hat. Die Straße von KIRKENES nach MURMANSK bezeichnete "unsere Russin" als schlecht, die von MURMANSK zurück nach Finnland (IVALO) als sehr schlecht – wir beschließen, auf bessere Zeiten zu warten.

Ihnen empfehlen wir, wenn überhaupt, eine Tagesreise nach MURMANSK mit dem Schiff (Katamaran) für 270 DM pro Person, bei der kein Visum benötigt wird. Diese Reisen werden aber nur von Ende Juni bis Ende August angeboten.

Biegt man am Hafenbecken rechts, so entdeckt man nach wenigen Metern rechts der Straße die Kirche mit großem Parkplatz. Hier sollten Sie Ihr WOMO abstellen und die hundert Schritte links an der Kirche vorbei zum Denkmal für die Rote Armee laufen. Im Herbst 1944 befreite sie die Finnmark von den Deutschen Besatzern. Geht man am Denkmal vorbei und hält sich dann rechts, so findet man den Eingang zur Andersgrotta. Dies ist einer der Bergwerksstollen, die direkt unter dem Stadtzentrum liegen und der Bevölkerung während der Fliegerangriffe Schutz boten. Eine Filmvorführung in der Andersgrotta läßt die Geschehnisse in KIRKENES während des II. Weltkrieges wieder lebendig werden (Mo - Fr 10, 13, 19.30 Uhr, Sa/So 10 und 15 Uhr).

Eigentlich ist die »886« die Fortsetzung der »E 6«. Bereits nach 9,6 km stößt sie jedoch auf die russische Grenze – und dort war bis vor wenigen Jahren die (westliche) Welt zu Ende.

Inzwischen ist am Grenzübergang STORSKOG wieder ein recht beachtlicher Verkehr erwacht. Fast 2000 Fahrzeuge rol-

len jährlich zwischen Norwegen und Rußland hin und her, die Zahl der Reisenden stieg auf über 6000.
Aber es genügt nicht, seinen bundesdeutschen Paß zum Fenster hinauszustrecken, nur mit Visum ist die Einreise möglich. Allerdings wird es dem zahlenden Touristen leicht gemacht, denn in KIRKENES ist ein Russisches Konsulat, das Visa ausstellt bzw. das Reisebüro Sovjetreiser AS, das alles für Sie erledigt.
Wir rollen am Grenzübergang vorbei, die »886« führt bis zum allerletzten norwegischen Landzipfel an der Mündung des Jakobselva. Dort ließ König Oscar II. im Jahre 1869 eine Kapelle am Felshang errichten, um die Souveränität Norwegens zu markieren.
Die gute Straße trägt uns immer weiter nach Osten. Am Beginn des Store Kobbholmvatn passieren wir einen schönen Picknickplatz am See.
In BJØRNSTAD haben wir den Jakobselva erreicht und die Teerstraße endet. 800 m später führt die Straße direkt am Grenzflüßchen entlang, am gegenüberliegenden Ufer steht der rot-grün gestreifte, russische Grenzpfahl Nr. 386 mit dem silbernen Adler.

Nun begleitet das Schottersträßchen den Grenzfluß bis zu seiner Mündung, auf der russischen Seite sieht man Wachtürme und Zäune, aber keine Menschenseele. Vorbei an der verschlossenen Kirche Oskar II. erreichen wir das offene Meer, dort endet die Straße bei einem Picknickplatz mit Tisch, Bank und Toilette, hier (Grense-Jakobselv) ist die Welt zu Ende.
Norwegen hat noch einen weiteren, wesentlich schöneren "östlichsten" Zipfel – den Øvre Pasvik Nasjonalpark. Wir fahren auf der »886« zurück bis zur »E 6«, rollen genau 700 m auf ihr

Richtung NARVIK und biegen dann zwischen einer STATOIL- und einer ESSO-Tankstelle links auf die »885« (Wegweiser: Pasvikdalen).
Fast 100 km führt diese Straße am Grenzfluß Pasvikelva zu Rußland entlang, man bezeichnete sie deshalb auch als "Iron-Courtain-Road". Zunächst bekommen wir jedoch keine Russen zu sehen, sondern berghohe Abraumhalden. Hier hat die Firma "Sydvaranger Jerngruver", der KIRKENES ihre Entstehung verdankt, die Abfälle ihres gigantischen Eisenerztagebaus angehäuft.
Der liebevoll angelegte Picknickplatz, den Sie nach genau 10 km auf der »885« finden, blickt netterweise in die entgegengesetzte Richtung, hinab in den Langfjord.
Die Natur zieht alle Register ihres Könnens, um uns die Fahrt zu verschönen. Nach und nach mischen sich zwischen die weißen Stämme des Birkenwaldes wieder die rostroten der Kiefern, ihre dunkelgrünen Nadeln bilden bereits einen auffälligen Kontrast zu den sich über leuchtendes Gelb nach Orange verfärbenden Blättern. Die Büsche und Polsterpflanzen zu ihren Füßen übertreffen sie noch in ihrem Farbenspiel, dessen Palette bis zum tiefen Weinrot reicht.
Nach 25,5 km, in RØDSAND, verlassen wir die »885« nach links Richtung FURUMO/BJØRGLUNDGÅRD. 6500 m später halten wir links auf dem kleinen Parkplatz vor dem Bjørglund-Hof, einer der ersten Ansiedlungen im Pasvikdal. Jetzt ist er ein Teil des Sørvarangermuseums, erhalten sind sämtliche Gebäude mit der kompletten Einrichtung. Ein kurzer Spazierweg führt zu dem herrlich gelegenen Anwesen.
Wenige 100 m später haben wir SVANVIK erreicht, und wir legen rechts der Straße einen Stop ein, um die Kirche zu bewundern, deren massive Bohlenwände den Eindruck erwekken, als sei sie für die Ewigkeit gebaut.
Wir stoßen nun wieder auf die »885«, biegen links Richtung NYRUD und sichten die letzte Tankstelle des Tales. Die nächste kommt erst nach 96 km, lesen wir verblüfft und müssen über den Witz des Tankwarts schmunzeln – es ist seine eigene, die man nach der Rückkehr vom Talende wieder erreicht.
Bald sehen wir ihn vor uns, den berühmten Wachturm auf der "Höhe 96", von dem aus man einen weitreichenden Blick über die Grenze hinweg bis zur russischen Bergbaustadt NIKEL hat. Der Wegweiser "96 høyden" zeigt nach links in einen Schotterweg, der zwischen Kiefern steil hinaufführt. Nach 400 m stehen wir auf einem Plateau neben dem (verschlossenen) militärischen Wachturm, der offensichtlich nicht mehr benutzt wird. Hier oben hat man nicht nur einen tollen Blick in die Runde, der natürlich auch NIKEL mit seinen Plattenbauhochhäusern à la

Berlin-Marzahn und schlimm qualmende Schlote einschließt. Auch als Picknick- oder ruhiger Übernachtungsplatz wäre die "Höhe 96" geeignet (der Name bedeutet nicht, daß noch 95 weitere folgen, sondern er gibt seine tatsächliche Höhe an). Falls Sie statt einer russischen Industriestadt lieber einen norwegischen See betrachten möchten, finden Sie 800 m nach der Abzweigung zur "Höhe 96" rechts der Straße ein Picknickplatzidyll mit Toilette, Tischen und Bänken direkt am See.

7,4 km nach der "Höhe 96" kann man der russischen Grenze besonders nahe kommen. Folgt man nach links dem Wegweiser MELKEFOSS, so steht man nach genau 1100 m auf einem Parkplatz oberhalb des Grenzflusses. Gegenüber ist Mischwald, der auch nicht anders aussieht als der norwegische, ein hoher Wachturm, der ziemlich verlassen aussieht und ein grünroter Grenzpfosten mit der Nummer 131.

Nun verlassen wir eine Weile den seenartig verbreiterten Grenzfluß, ziehen durch den bunten Mischwald; dann begleitet er uns wieder als weites, sumpfartig verbreitetes Seengebiet.

Der Weiler VAGGATEM besitzt ein Café, ein Postamt und, 1800 m später, die beste Zufahrt zum Øvre Pasvik Nasjonalpark.

9 km haben wir Zeit, uns zu überlegen, was wir machen würden, wenn uns ein Braunbär gegenüber stehen würde. Die gute Forststraße führt durch ein Naturidyll aus kleinen Seen, Moorflächen – und immer dichter werdendem Kiefernwald! Der Nationalpark ist sozusagen der westlichste Ausläufer der Russischen Taiga und passender Lebensraum für Vielfraß, Luchs, Wolf und Bär. 10 bis 20 dieser so tapsig wirkenden Petze streifen durch den Nationalpark, man sollte sich auf eine Begegnung einstellen. Nach knapp 9 km endet der Weg an einem weitläufigen Parkplatzareal mit Toilette und umfangreicher Informationstafel, bei der auch deutschsprachiges Material über die Bären im Pasvik ausliegt.

Wir suchen uns den schönsten Platz direkt am Ufer des Sortbrysttjern aus, dort, wo Vorgänger schon einen prächtigen Steinring fürs abendliche Lagerfeuer angelegt haben. Dann folgen wir dem "Kultursti", der 3,5 km am linken Seeufer entlang führt und an dessen Ende man auf die Grenze des Nationalparkes stößt (nach einer weiteren Viertelstunde endet der Pfad im Nationalpark am Ellenvatn bei der offenen Wandererhütte Ellenvannskoja; sonstige Wanderwege gibt es im Nationalpark nicht; siehe Titelfoto).

Rechnen Sie bitte für die einfache Strecke ein bequemes Stündchen, denn unterwegs weisen Informationstafeln auf die bescheidenen Reste derer hin, die früher hier lebten: Jäger, Rentierhirten und Fischer nutzten die Natur, ohne sie zu beein-

*** Picknickplatz am Rande des Øvre Pasvik Nationalparks

trächtigen, die Spuren ihrer Anwesenheit zerfallen wieder ohne Rückstände.

Der schmale Pfad ist mit roten und blauen Farbklecksen markiert, bei feuchter Witterung sind Gummistiefel unbedingt angeraten. Falls Sie sich unterwegs ärgern, daß sie für das reiche Heidelbeer- und Preiselbeerangebot keine Behälter dabei haben, können wir Sie trösten: Rings um den Parkplatz, speziell aber auf dem Halbinselchen hinter seinem rechten Ende, können Sie zentnerweise Beeren sammeln.

Wir beenden diesen herrlichen Tag in der "Russischen Taiga" mit einem Lagerfeuer am stillen See und sind uns einig: Dies ist einer der schönsten Plätze unserer Norwegenreise.

Ein letzter Höhepunkt unserer langen Nordlandreise steht uns noch bevor – und der will erwandert sein!
9 km kehren wir durch die wie Flammen lodernde Farbenpracht des beginnenden norwegischen Herbstes zur »885« zurück, noch knapp 9 km sind es bis zum Endpunkt der Teerstraße bei NYRUD. Dies ist kein Ort, sondern eine Polizeistation, allerdings hat man bei ihrem Anblick den Eindruck, das Gelände eines Freilichtmuseums zu betreten, so alt und gediegen sind die schwarzen Holzbohlengebäude.
Unser Wanderziel heißt "Treriksrøysa" und markiert das Dreiländereck Norwegen/Finnland/Rußland. Zum Ausgangspunkt der Wanderung führt eine Schotterstraße, die 7,1 km nach der Abzweigung zum Nationalpark nach rechts von der »885« abzweigt. Die Abzweigung ist nicht markiert, sie kommt 1800 m nach dem Weiler NOATUN; man sieht bereits die Gebäude der Grenzwachtstation, die am Beginn dieser Schotterstraße liegt (eine zweite Zufahrt beginnt 1700 m später, 800 m vor dem Ende der Teerstraße bei NYRUD, sie ist jedoch in einem schlechteren Zustand).
Vor wenigen Jahren durften nur die Fahrzeuge der Grenzwache über den rustikalen Schotterweg holpern, der uns nun zur südöstlichsten Spitze Norwegens führt. Nach 19,7 km endet der Weg, wie es sich in Norwegen gehört, an einem Wanderparkplatz mit Toilette, Tisch und Bank und Informationstafel. Wir folgen dem Wegweiser "Treriksrøysa 5 km" und kehren bereits nach 3 min. wieder um, denn schon am Beginn des Wanderweges sind knöcheltiefe Moorpfützen zu durchwaten.
Bald haben wir noch mehr Freude an unseren hohen Gummistiefeln. Zwar sind die "schlimmsten" Passagen mit Laufplanken überbrückt, aber zwischendurch stapfen wir immer wieder durch schmatzende, triefende Sumpfbereiche. Der "Weg" ist auffallend häufig markiert, alle paar Meter sind blaue Kleckse an die Bäume gepinselt. Bald entdecken wir, daß man für die Touristen einen neuen Weg angelegt hat, der 50 bis 100 m Abstand von der Grenzschneise hält, er ist bereits ziemlich ausgetrampelt.
Der Grenzerweg ist mit gelben Holztäfelchen gekennzeichnet, die an die Bäume genagelt sind, streckenweise führt er unmittelbar am Rande des Grenzstreifens entlang.
5 km bedeutet in Norwegen 1 1/2 Stunden zu Fuß, und auch wir stellen auf dieser schwierigen Wanderstrecke keinen Rekord auf. Nach gut 1 1/2 Stunden stehen wir neben der mannshohen Säule aus Felsblöcken, gekrönt von einer weißen, dreiseitigen Pyramide: NORGE, SUOMI und CCCP lesen wir auf ihren drei

Flächen und in drei Richtungen führt jeweils eine breite baumlose Schneise bis zum Horizont. Keine Menschenseele ist außer uns zu erblicken, kein Grenzzaun, keine Wache, und doch müssen wir an den Grenzstreifen zur DDR denken ....
Wir vespern, suchen uns zum Nachtisch abwechselnd norwegische, finnische und russische Heidelbeeren auf dem Grenzstreifen und treten den Rückmarsch auf dem gelb markierten Pfad der norwegischen Grenzwache an. Dieser ist wesentlich trockener als der Touristenweg, wir bemühen uns aber, wegen ein paar Heidelbeeren oder einer besonders sumpfigen Stelle nicht aus Versehen in Rußland zu landen.
Der genaue Grenzverlauf wird von Holzpfosten markiert, je-

weils wie ein Pärchen stehen sich ein gelber mit schwarzem Kopf und dem norwegischen Löwen und ein rot-grün gestreifter mit dem russischen Adler gegenüber.
Der Pfad führt direkt zu einem braunen, norwegischen Wachturm, dem ein grüner, russischer gegenübersteht. Von hier aus leitet uns ein Jeepweg nach links zurück zum Parkplatz.
Nun müssen wir uns noch den Grensefoss anschauen, zu dem eine Abzweigung 900 m vor dem Wanderparkplatz führt. Nach 500 m durchquert man die Reste des norwegischen Grenzzaunes und landet an großen Parkplätzen, direkt am Fluß. Einen "Foss", also einen Wasserfall, konnten wir nicht entdecken. So suchen wir uns das schönste Plätzchen zum Parken und trinken einen Norwegen-Abschieds-Kaffee.
„Wie bitte?“ fragt Waltraud entsetzt. „Hier willst Du mit dem Buch aufhören? Sollen unsere Leser vielleicht in der Taiga überwintern?“
Nein, das kann ich Ihnen nicht zumuten! Folglich kommt jetzt noch ein Kapitel für eine bequeme und schnelle Heimreise.

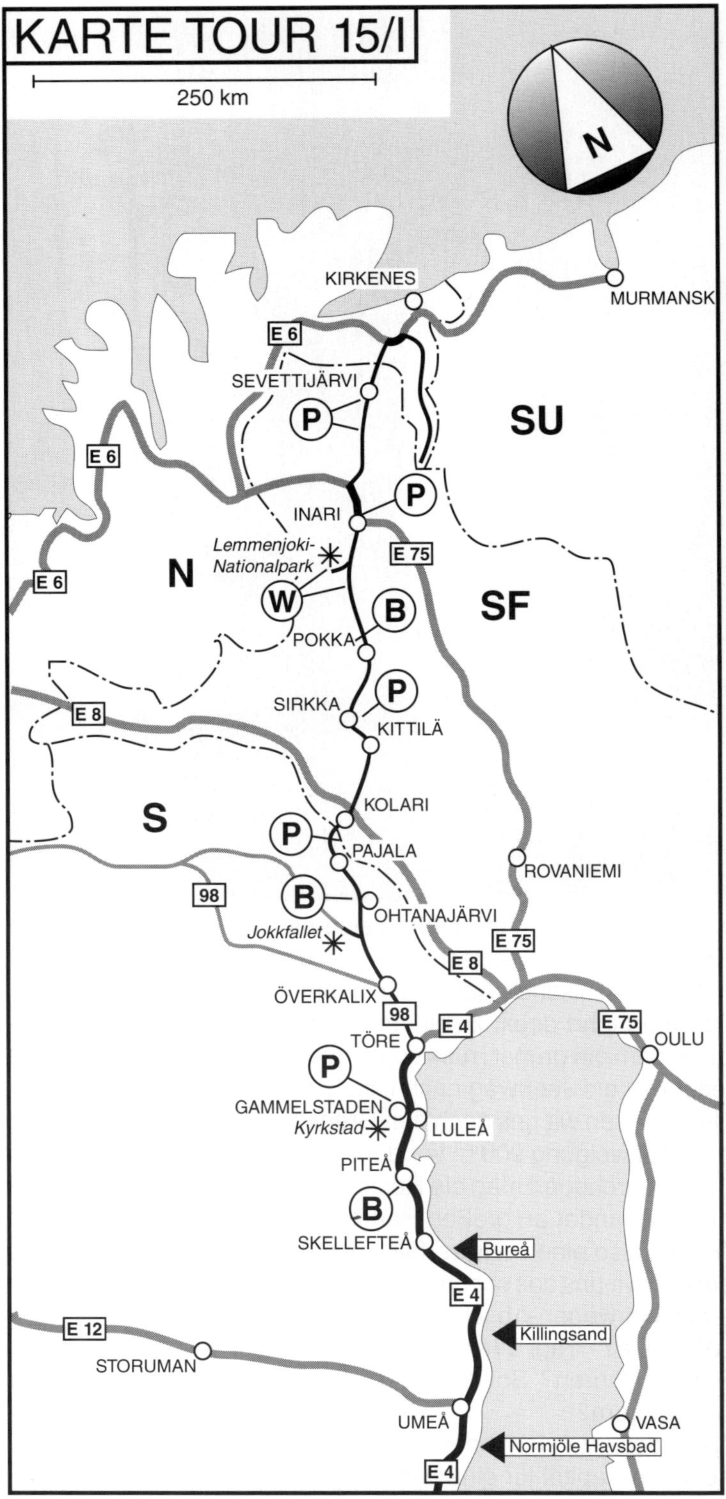
KARTE TOUR 15/I
250 km
N
KIRKENES
MURMANSK
E 6
SEVETTIJÄRVI
P
SU
E 6
P
INARI
Lemmenjoki-
Nationalpark
E 75
E 6
N
W
B
SF
POKKA
P
SIRKKA
E 8
KITTILÄ
S
KOLARI
P
PAJALA
ROVANIEMI
98
B
OHTANAJÄRVI
Jokkfallet
E 75
E 8
ÖVERKALIX
98
E 4
E 75
TÖRE
OULU
P
GAMMELSTADEN
Kyrkstad
LULEÅ
PITEÅ
B
SKELLEFTEÅ
Bureå
E 4
E 12
Killingsand
STORUMAN
UMEÅ
VASA
Normjöle Havsbad
E 4

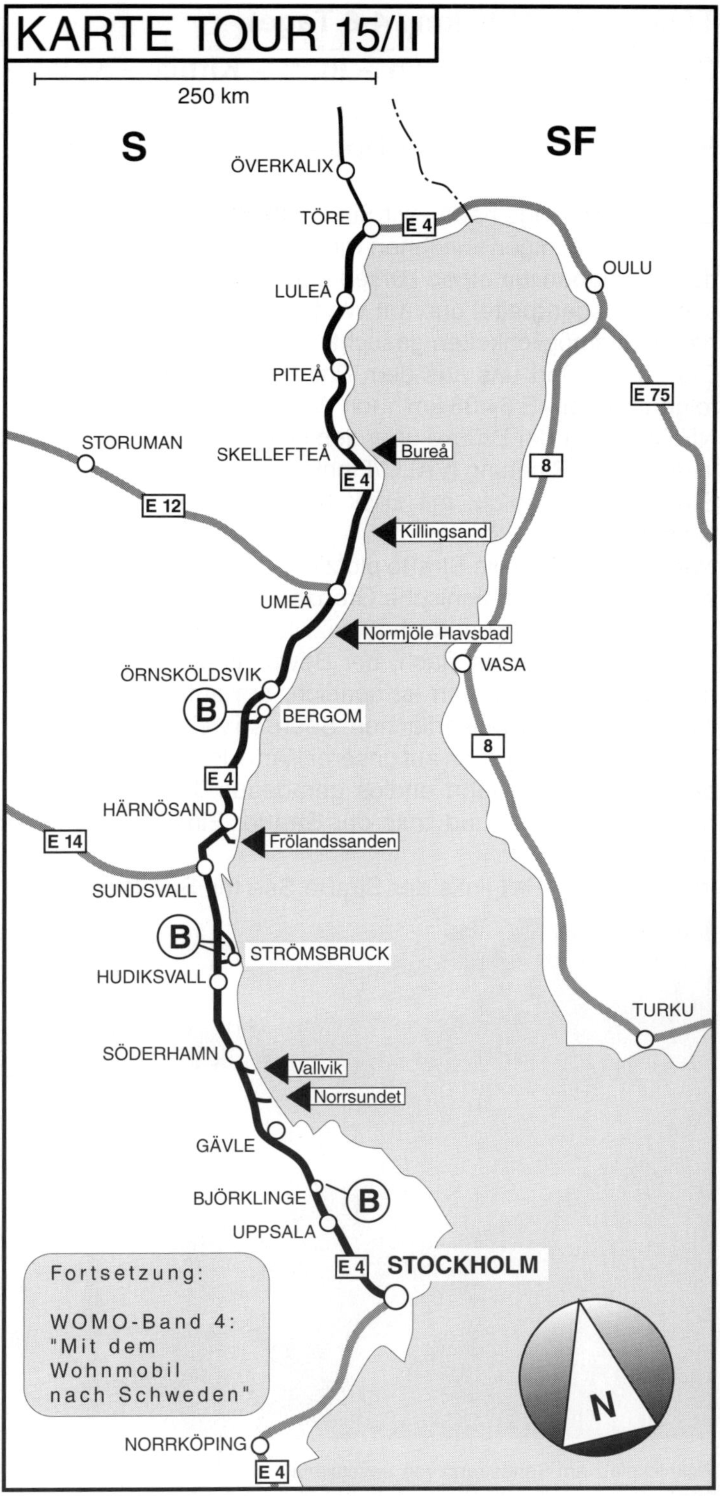
KARTE TOUR 15/II
250 km
S
SF
ÖVERKALIX
TÖRE
E 4
OULU
LULEÅ
PITEÅ
E 75
STORUMAN
SKELLEFTEÅ
Bureå
8
E 12
Killingsand
UMEÅ
Normjöle Havsbad
VASA
ÖRNSKÖLDSVIK
B
BERGOM
8
HÄRNÖSAND
E 14
Frölandssanden
SUNDSVALL
STRÖMSBRUCK
HUDIKSVALL
TURKU
SÖDERHAMN
Vallvik
Norrsundet
GÄVLE
BJÖRKLINGE
UPPSALA
STOCKHOLM
Fortsetzung:
WOMO-Band 4:
"Mit dem
Wohnmobil
nach Schweden"
N
NORRKÖPING

TOUR 15 (2100 km / 4-8 Tage)

Øvre Pasvik – Neiden – Inari – Kittilä – Kolari – Pajala – Överkalix – Luleå – Umeå – Sundsvall – Söderhamn – Gävle – Uppsala – Stockholm

Ganz schön lange haben wir Sie durch Norwegen geschleppt, nicht wahr? Einigen von Ihnen wird nun die Zeit knapp werden; deshalb haben wir einen kurzen und schnellen Rückreisevorschlag ausgearbeitet und am Wege praktisch gelegene Übernachtungsmöglichkeiten gesucht:
Die »885« führt uns aus dem Pasviktal wieder hinaus, dann folgen wir der »E 6« 38 km nach Westen bis zum Skoltefoss in NEIDEN. Vor der Brücke über den Neidenfluß biegen wir links in die »893« Richtung IVALO/Finnland (nach 3,4 km rechts der Straße Picknickplatz mit Blick hinab auf den lachsreichen Neidenfluß).
Nach 10 km heißt die Straße plötzlich »971«, ohne Stop haben wir die norwegisch-finnische Grenze überfahren.
Unvermittelt ist die Landschaft so, wie wir uns Finnland vorgestellt haben: Alles ist flach, der Bewuchs auf den moorigen, nährstoffarmen Flächen ist spärlich, am auffälligsten jedoch sind die riesigen Wasserflächen: Seen, so weit das Auge reicht. Die Straße, winzig dünn auf unserer Karte, ist in einem blendenden Zustand und führt endlos geradeaus. Parkplätze liegen regelmäßig rechts und links der Straße. Einige Plätze seien hervorgehoben:
In SEVETTIJÄRVI links der Straße See mit Sandstrand unter

Picknickplatz am Sandstrand von Sevettijärvi

Kiefern, rechts Campingplatz mit Sauna. 200 m nach dem Campingplatz rechts großer Parkplatz im hohen Kiefernwald, von hier aus führt ein Fußweg zur benachbarten griechisch-orthodoxen Kirche der Skoltlappen, die aus dem ehemals finnischen PETSAMO westlich MURMANSK hierher auswanderten.
15 km nach SEVETTIJÄRVI 300 m rechts der Straße, hinter einem See, herrlich ruhiger Picknickplatz zwischen Dünen.
Westlich des Inarisees treffen wir auf die »E 75«, nach links sind es 24 km bis INARI. Am Ortsbeginn biegen wir links auf den großen Parkplatz, an seinem Beginn liegt der Eingang zum sehenswerten Freilichtmuseum der Samen. An seinem Ende können Sie in einem Souvenirshop für knapp 20 DM eine zweistündige Kreuzfahrt auf dem Inarisee buchen, dieser "Heilige See der Samen" ist 1386 qkm groß, also dreimal so groß wie der Bodensee und hat etwa 3000 Inseln und Schären.
Fährt man links am Samenmuseum vorbei, so findet man zwei Übernachtungsmöglichkeiten: Die erste liegt bereits nach 100 m links der Straße unter hohen Kiefern, zur zweiten rauscht man noch 1600 m auf der Teerstraße weiter, biegt dann nach links in eine Schotterweg und landet nach 600 m auf einem ruhigen Wanderparkplatz. Von hier aus führt ein gekennzeichneter Pfad zur 4,5 km entfernten Wildniskirche Pielpajärvi (1760).
200 m nach dem Museums-Parkplatz verlassen wir die »E 75« nach rechts in die »955« Richtung KITTILÄ. Gleich nach der Abzweigung links eine NESTE-Tankstelle, wo man als Tourist billiges, steuerfreies Heizöl (Polttoöljy) tanken kann (natürlich

Wanderparkplatz von Sallivaara

nur, wenn man einen Diesel fährt).
Nach 36 km machen wir nach rechts einen Abstecher Richtung LEMMENJOKI, der Pforte zum Lemmenjoki-Nationalpark. Dort findet man ein ausgezeichnet ausgestattetes Informationszentrum mit Diashow und einer umfangreichen Ausstellung. 200 m später kommt man zu zwei Cafés, die Bootstouren auf dem Lemmenjokifluß zum Naturschutzgebiet anbieten. Biegt man hier links, so kommt man nach 1500 m zum großen, ruhigen Wanderparkplatz im Wald. An der Informationstafel können Sie sich ganz nach Bedarf einen kurzen oder langen Spazier- oder Wanderweg aussuchen.
Weiter auf der »955« kommt der nächste, interessante Stop nach 37 km. Dort liegt rechts der Straße der Wanderparkplatz "Sallivaara", von ihm aus führt ein 6 km langer, markierter Wanderweg zu diesem historischen Rentierscheidungsplatz.
Nach weiteren 35 km, in POKKA, führt eine Schotterstraße nach rechts Richtung KAALIMAA (weitere, kleinere Schilder: TAATSINSEITA/TAATSIJÄRVI), nach 700 m liegt links der Straße ein idyllischer Badeplatz mit Toilette und Umkleidekabine am winzigen See mit Sandstrand.
1200 m nach POKKA wird aus der Teerstraße eine breite, gut zu befahrende Naturstraße und 5 1/2 km später gabelt sich die Straße. Wir nehmen die rechte Variante, die über SIRKKA nach KITTILÄ führt.
Nach 22,5 km seit der Gabelung liegt unmittelbar hinter einer Brücke rechts der Straße ein schöner Picknickplatz. Bei KÖNGÄS münden wir nach links in die »956«, die wieder geteert ist. Bereits nach 8 km ist auch dieses Sträßchen zu Ende und wir biegen nach links in die »79« Richtung KITTILÄ. Nach 1200 m bereits kann man links (Wegweiser: Levikeskus) zu den riesigen Parkplätzen eines Skigebietes fahren und dort (sommers) einsam übernachten. Will man höher hinaus, biegt man 2100 m später links zum Berggasthof Tuikku auf dem Berg Levi. Dort hat man in 531 m Höhe eine herrliche Sicht über (fast) ganz Finnland und noch weiter oben bei Antennenmasten einen luftigen, ebenen Parkplatz.
Nach 16 km erreichen wir KITTILÄ, verlassen bereits am Ortsbeginn die »79« nach rechts Richtung KOLARI.
Die neu angelegte Trasse der »939« führt uns flott bis zur »E 8«, wo drei verschiedene Tankstellen billiges Heizöl anbieten.
1400 m geht's auf der »E 8« nach Süden, dann rechts nach KOLARI und 1500 m südlich des Ortes wieder rechts zum Muonio-Fluß (Wegweiser: RUOTSI). Verblüfft starren wir auf eine neue Brücke (unsere Karte ließ uns eine Fähre erwarten), und ohne einen Grenzer zu sichten, rollen wir auf schwedischer Seite weiter nach PAJALA auf der »403« (nach 10,0 km kann

man links zum Fluß abbiegen und findet dort ein beschauliches Übernachtungsplätzchen).

Vor PAJALA über queren wir den Torneälv, folgen dem Wegweiser ÖVERKALIX, der uns auf einer Umgehungsstraße um PAJALA herum und dann links in die »392« führt.

Die Straße ist Spitzenklasse, die Parkplätze sind spärlich. Als Ausgleich finden wir nach 37,5 km, links geht es nach OHTANAJÄRVI/AAPUA, nach rechts einen schmalen Teerweg zu einem tollen Badeplatz am See mit kompletter Ausstattung; für die Grillstelle lagert das Feuerholz in einer Hütte.

9 km später passieren wir KORPILOMBOLO (Wasserhahn an der Friedhofsmauer), wiederum 8,2 km später, am Flüßchen Finijoki, liegt rechterhand ein Badeplatz, gegenüber ein Picknickplatz.

33 km später stoßen wir auf die »397«, in die wir nach links einmünden müßten. Wir gönnen uns einen Abstecher nach rechts zum Jokkfallet, einem gewaltigen Katarakt des Kalixälv. Zum Übernachten findet man hier einen Campingplatz.

Nun düsen wir nach Süden, überschreiten völlig unspektakulär den Polarkreis und treffen 25 km später auf die breite »E 10«, die uns nach weiteren 50 km im Nu an die Ostsee getragen hat. Hier, bei TÖRE, stoßen wir auf die »E 4«, die Ostseerennstrekke, auf der wir auf schnellstem Wege nach Süden eilen wollen (Wegweiser: SUNDSVALL) .

Hinweis: Beidseits der »E 4« liegen in regelmäßigen Abständen große, perfekt ausgestattete Picknickplätze. Jedoch nur wer total lärmunempfindlich ist, kann sich dort zur Ruhe betten. Stets findet man Wasch- und Toilettenräume, hinter der Aufschrift "Latrin" verbirgt sich eine Entsorgungsmöglichkeit für tragbare Campingtoiletten.

Luleå: Kirchendorf von Gammelstad

Nach 43,5 km auf der »E 4« verlassen wir sie in RUTVIK nach rechts Richtung GAMMELSTAD, wo Schwedens größtes Kirchendorf mit über 400 Kirchhütten besichtigt werden muß.
Zunächst aber machen wir nach 2900 m rechts der Straße einen Stop: Bereits Carl von Linné besichtigte 1732 die Helsokälla, wo wir einen gesunden Schluck mit dem Eimer aus dem tiefen Brunnen schöpfen. Sie werden vielleicht eher die Ruhe des Waldparkplatzes schätzen.
Kurz darauf stoßen wir in der Kyrkstad von Gammelstad auf die Kirche, biegen zweimal links und rollen zwischen den kleinen Kirchenhütten durch die Gamla Hamengatan bis zum großen Parkplatz vor dem Freilichtmuseum. Weitere ruhige Parkplätze entdecken wir vor und hinter dem Friedhof bei der Rückfahrt zur »E 4« Richtung PITEÅ.
Flott trägt uns die »E 4« weiter nach Süden, in PITEÅ überqueren wir den Piteälv, direkt hinter der Brücke zweigt die »373« Richtung ARVIDSJAUR ab. Bereits nach 500 m auf der »373« biegen wir nochmals rechts nach HEMLUNDA, passieren die Zufahrt zu einem Campingplatz und landen nach 2700 m bei zwei großen Parkplätzen im Wald hinter herrlichen Sandbadestränden mit allen Einrichtungen.

Piteå: Badeplatz von Hemlunda

Weiter führt uns die »E 4« Richtung SUNDSVALL. Knapp 90 km weiter im Süden liegt SKELLEFTEÅ mit vielen Ampeln und Tankstellen.
16 km südlich SKELLEFTEÅ schwenken wir links nach ÖRVIKEN ab, das Sträßchen führt nach 2 1/2 km über einen Damm, davor rechts und dahinter links liegen kleine, blickgeschützte Parkplätze.
2800 m weiter auf der »E 4« geht es nach links Richtung

Badeplatz von Bureå

BUREÅ; man fährt im Ort rechts an der Backsteinkirche vorbei, folgt immer dem Schwimmersymbol und landet nach 5000 m an einer grandiosen Badeplatzanlage mit allem Komfort hinter einem herrlichen Sandstrand – und wichtig für den WOMO-Touristen: Ganz abgelegen!
Wieder »E 4«, breit, bequem, aber langweilig. Fast übersehen wir 12 km südlich ANÄSET und unmittelbar vor dem Ortschild von GRANBERGET den kleinen Wegweiser nach links: KILLINGSAND – es wäre schade gewesen!
Nach 700 m biegt man links und landet nach 2200 m an einem Freizeitgebiet in einem riesigen Sandstrandrund, wo für die Wohnmobile eine Parkbucht nach der anderen eingerichtet ist, noch nicht einmal eine Toilettenentsorgung fehlt. Wer will, kann ganz links am Naturistenstrand alle Hüllen fallen lassen.
Nur für Geologen interessant ist 25 km weiter im Süden die Abzweigung nach RATAN. Dort findet man im Hafen links einen achteckigen Holzpavillon. Darin schlummern die verrostenden Überreste einer Apparatur, mit der die genaue Höhe des Wasserstandes gemessen werden kann. Die ersten Messungen reichen zurück ins Jahr 1749 (am rechten Hafenrand ist ein Wasserhahn).
Mitten in der Großstadt UMEÅ überqueren wir den Umeälv und 22 km südlich davon, beim Ort SÖRMJÖLE, biegen wir links nach NORMJÖLE. Hier haben wir drei Parkplätze für Sie entdeckt. Nach 4200 m können Sie links zu den monumentalen Grabhügeln von Rösen abzweigen, ein sehr schmaler Waldweg führt nach 800 m zu einem einsamen Waldparkplatz, von dort aus führen kurze Pfade zu den gewaltigen Begräbnishügeln und in reiche Heidelbeerfelder.

Die Teerstraße führt nach weiteren 2000 m in die Ortsmitte von NORMJÖLE, hier geht's rechts 1800 m zum "Kasernenhofbadeparkplatz" von BETTNÄSSAND. Das schönste Plätzchen finden Sie, wenn Sie noch 400 m weiter bis zum Ortsende von NORMJÖLE fahren und dort nach rechts dem Wegweiser "Normjöle Havsbad" folgen. Am Golfplatz vorbei kommen Sie zu großen Parkplätzen neben dem Tennisplatz, unmittelbar hinter dem herrlich angelegten Badestrand in einem riesigen Dünengelände.
Dauernd sollen wir in der kalten Ostsee baden, dabei sind die schwedischen Seen doch viel wärmer!
Lange haben wir nach einem schönen Süßwasserbadeplätzchen für Sie gesucht. Erst südlich von ÖRNSKÖLDSVIK, 110 km südlich von UMEÅ, wurden wir fündig. 16 km südlich ÖRNSKÖLDSVIK, wo mitten im Ort die Skischanze direkt auf die »E 4« zu zielen scheint, verlassen wir die Europastraße nach links Richtung BJÄSTA.

Badeplatz am See von Bergom

Nach 1500 m, noch vor der Kirche, halten wir uns links Richtung DOMSJÖ/BERGOM. Nach 4 km liegt links der erste See, der Näsjön, dann folgt rechts der zweite. Zu ihm biegen wir nach 6 km, 100 m hinter dem Ortsschild von BERGOM nach rechts (noch vor der Marzipanfabrik) und entdecken einen wirklich süßen Badeplatz, der außer der schwedischen Komplettausstattung sogar noch eine große Holzkiste bietet, wo Sandspielsachen und Bälle parat liegen. Keine Frage, daß für das Wohnmobil schöne Parkplätze vorhanden sind.
Die »E 4« überquert bei KRAMFORS den breiten Ångermanelv, 40 km später passieren wir HERNÖSAND, 1 km nach dem Ort verlassen wir die »E 4« nach links (Wegweiser: SVARTVIK/

YTTERFÄLLE). An der Abzweigung YTTERFÄLLE vorbei erreichen wir nach 3 km das Meer (Parkgelegenheit links), aber erst bei »km 4,9« sind wir zufrieden: Großer Waldparkplatz, 120 Schritte zur weißsandigen Badebucht Frölandssanden, markierte Wanderwege.

Die »E 4« durchquert die Großsstadt SUNDSVALL, nun ist "STOCKHOLM" unser Wegweiser. 57 km südlich SUNDSVALL biegen wir in HARMÅNGER links Richtung STRÖMSBRUK, überqueren nach 3 km die Bahnlinie, nach 6,9 km zweigt eine Seitenstraße nach STOCKA ab und 300 m später liegt rechts der Badeplatz am Sörsjön. Der Badesteg ist schon etwas betagt, Sie werden allerdings die Ruhe schätzen.

Über STRÖMSBRUK wollen wir zur »E 4« zurückkehren (Wegweiser: HUNDIKSVALL). Biegt man nach 7,7 km jedoch rechts Richtung BRYTTE, so entdeckt man nach 950 m links der Straße einen idyllischen und ruhigen Badeplatz am Långsjön; das WOMO parkt unmittelbar daneben unter Birken. 4500 m

Badeplatz am Långsjön bei Brytte

später münden wir in die »E 4« ein, man könnte also auch von hier aus (zweite Zufahrt nach STÖMSBRUK) zum Långsjön fahren.

Die »E 4« führt an SÖDERHAMN vorbei, etwa 10 km südlich verlassen wir sie Richtung VALLVIK.

Unmittelbar nachdem wir die Bahn überquert haben, biegen wir links nach VALLVIK, dort biegt man rechts (Wegweiser: Kyrka), rollt vorsichtig über 5 Geschwindigkeitsbremsen und findet nach 1300 m einen ruhigen Waldparkplatz neben Sandbadestrand und Liegewiese.

Diesmal bleiben wir nur 30 km auf der »E 4«, verlassen sie dann Richtung NORSUNDET. 6 km immer diesem Wegweiser fol-

gend überqueren wir zweimal die Bahnlinie, zweigen dann nach rechts Richtung "Badplats/Totrabadet", ein drittes Mal überqueren wir ein Industriegleis; unmittelbar dahinter liegt rechts ein Badeplatz mit schönem Sandstrand, links des Fahrweges Wasserhahn, gut anfahrbar (Gebühr: 4 DM/Tag).
Rollt man auf der Teerstraße weiter nach NORRSUNDET und biegt bei der OK-Tankstelle nach rechts, so führen einen die Badplats-Wegweiser durch den Wald zu einem weiteren Badeplatz. Hier muß man mit einem hölzernen Badesteg vorlieb nehmen, dafür kostet's nichts.
Die »E 4« führt um die Großsstadt GÄVLE herum, ohne daß wir ein Haus zu sehen bekommen. 50 km südlich GÄVLE biegen wir in GRYTJOM rechts Richtung SKOGBO/ULLFORS, bereits nach 1200 m zweigt man links ab und findet knappen Parkraum vor und hinter einer Brücke über das gestaute Flüßchen mit Badeplatz.
Das gleiche Flüßchen hat noch einen zweiten, bescheidenen Badeplatz: Nach weiteren 7 km auf der »E 4«, am Ortsende von MÅNKARBO biegen wir rechts nach ÖSTERVÅLA, nach 2000 m liegt der Badeplatz rechts hinter der Brücke über das Flüßchen.
Mit Riesenschritten nähern wir uns nun UPPSALA und STOCKHOLM, und wir dürfen uns von Ihnen verabschieden. Direkt in UPPSALA, bei den berühmten Königshügeln, münden Sie in die Tour 12 unseres Schwedenbuches ein.
Halt, einen ruhigen Abschiedsplatz haben wir noch für Sie!
20 km vor UPPSALA, in BJÖRKLINGE, biegen wir 500 m nach der STATOIL-Tankstelle links Richtung VATTHOLMA/Badeplatz. Nach 1200 m stehen wir auf dem großen Parkplatz der "Sandvikens-Friluftsområde". Hier ist viel Parkraum und nach 200 Schritten finden Sie Sandstrand, Liegewiesen, Kinderspielplatz, Duschen und Wasserhahn.

War es nicht toll, was wir alles gemeinsam erlebt haben? Könnte man nicht gleich wieder von vorne anfangen!?

Tips und Tricks - alphabetisch geordnet

Abwassertank
Adressen
Ärztliche Hilfe
Auto siehe Fahrzeug
Autofahrer siehe Einreise
Autohilfsdienste
Autopapiere siehe Einreise
Autowerkstätten siehe Autohilfsdienste

Baby
Babykost siehe Baby
Benzin siehe Treibstoff
Bergwandern/Wildniswandern

Campingplätze siehe Freies Camping
Campingtoilette siehe Toilette

Devisen
Diesel siehe Treibstoffe

Einreise/Ausreise
Entsorgung siehe Toilette

Fähren
Fahrzeug
Filmen/Fotografieren
Flora/Fauna
Freies Camping

Gas
Gaststätten siehe Lebensmittel
Geld siehe Devisen
Geschwindigkeitsbegrenzung s. Verkehr
Getränke
Gewicht siehe Fahrzeug

Haustiere

Insektenplage

Jedermannsrecht siehe Freies Camping

Kartenmaterial
Klima/Kleidung
Konserven siehe Lebensmittel
Krankheit siehe ärztliche Hilfe
Kühlschrank

Lebensmittel
Literatur

Medikamente
Mitternachtssonne

Nachrichten siehe Rundfunk

Öffnungszeiten
Oktanzahl siehe Treibstoff

Packliste
Pflanzen siehe Flora/Fauna
Preise siehe Lebensmittel

Redewendungen/Verständigung
Rundfunk

Speisen siehe Lebensmittel
Sprache siehe Redewendungen
Straßenverhältnisse siehe Verkehr

Telefon
Temperaturen siehe Klima
Tierwelt siehe Flora/Fauna
Toilette
Treibstoffe
Trink-, Wasch-, Spülwasser

Urlaubszeit siehe Klima

Verkehr
Verständigung siehe Redewendungen

Wandern siehe Bergwandern
Wassertemperaturen siehe Klima
Wasserversorgung siehe Trinkwasser
Wechselstuben siehe Devisen
Wetter siehe Rundfunk, Klima
Wohnmobil siehe Fahrzeug

Zeitungen
Zelt
Zweitbatterie
Zoll siehe Einreise

ABWASSERTANK

Nicht jedermann betrachtet WOMOs mit wohlwollendem Auge! Mit Sicherheit beschwört man jedoch Ärger herauf und versaut den Ruf der ganzen Sippe, wenn man sein Abwasser seelenruhig unter dem Fahrzeug heraustrielen läßt!

Tips:

>> Bedenken Sie bei der Dimensionierung, falls ein Abwassertank nachträglich eingebaut werden muß: Größe mindestens 10 Liter x Personenzahl.

>> Für eine bequeme Entleerung sollte man Auslauföffnung oder Abwasserschlauch so anbringen, daß man mühelos über oder neben einen Gully fahren kann.

>> Steht man längere Zeit an einem Platz, so muß man zwischendurch entweder eine Tankstelle aufsuchen (die haben immer groß dimensionierte Abwassergullys) oder im Notfall einen Straßengraben.

>> Besitzer zu klein dimensionierter Abwassertanks sollten einen Faltkanister als Abwasserlunge umfunktionieren. Den kann man geschickt in die allgegenwärtigen Toiletten entleeren.

>> Abwassertanks erhält man in allen Größen und Formen im Campingfachhandel.

>> Messen Sie vor dem Kauf genau die freien Flächen an der Wagenunterseite aus, überprüfen Sie die Zulauf- und Ablaufführungen.

>> Tabu sind Bereiche genau zwischen den Achsen und am Wagenheck. Hier braucht das Fahrzeug eine große Bodenfreiheit für Fahrten über Bodenwellen, Wurzeln und herausragende Steine.

ADRESSEN

Kurz vor der Grenze holen wir Pässe und Grüne Karte aus dem Geheimfach. Was tun, wenn der Paß beim Geldholen auf der Bank liegenblieb? Was tun, wenn die Polizei bei einem Verkehrsunfall den Paß einzieht und man sich ungerecht behandelt fühlt? Was tun, wenn das ganze Geld oder sogar das Auto geklaut wurde? Was tun, wenn man einfach nicht mehr weiter weiß?

Tips:

>> Jeder größere Ort hat seinen Verkehrsverein ("Reiselivslag" oder "Reiselivsforeningen"). Dort erhält man nicht nur Prospektmaterial und Stadtpläne, sondern von den stets fremdsprachenkundigen (meist englisch, manchmal deutsch) Angestellten auch Rat und Hilfe.

>> Die Konsulate tun in solchen Fällen wirklich alles, manchmal sogar mehr und vor allen Dingen erfolgreicheres, als man sich vorstellen kann:

Deutsche Botschaft:	*N-0285 OSLO 2, Oscars gate 45 Tel. 0047 - (0)2 - 55 20 10*
Österreichische Botschaft:	*N-0244 OSLO 2, Sophus Lies gt. 2, Tel. 0047 - (0)2 - 55 23 48*
Schweizer Botschaft:	*N-0268 OSLO 2, Bygdøy Allé 78 Tel. 0047 - (0)2 - 43 05 90*
Königlich Norwegische Botschaft:	*53175 Bonn, Mittelstraße 43, Tel. 0228/81 99 70*

>> Außerdem gibt es in weiteren Städten deutsche Konsulate:
N-6025 Ålesund, Tollbugate 6
N-5004 Bergen-Nordnes, C. Sundsgt. 60
N-8000 Bodø, Sjøgaten 19
N-3000 Drammen, Tollbugate 105
N-5500 Haugesund, Strandgate 71
N-9901 Kirkenes, Dr. Wesselsgate 8

N-6508 Kristiansund, Strandgatan 78
N-9001 Tromsø, Stakkevollveien 67
N-7002 Trondheim, Leksvikgaten 2

>> *Sie möchten sich zu Hause noch genauer über Ihr Urlaubsziel informieren: Norwegisches Fremdenverkehrsamt, Postfach 76 08 20, 22058 Hamburg, Tel. 040 / 22 71 08 10, Fax 040 / 22 71 08 15.*

>> *Viele Infos und die Adressen aller norwegischen Verkehrsvereine findet man im "Offiziellen Norwegischen Reise-handbuch", das jedes Jahr neu erscheint. Man erhält es für 15 DM + 5 DM Porto von: Nortra Marketing GmbH, Christophstr. 18, 45130 Essen*

>> *Reichhaltiges Informationsmaterial verteilen auch die Automobilclubs.*

ÄRZTLICHE HILFE

Krank im Urlaub? Das ist so ziemlich das letzte, was man sich wünscht. Manchmal ist es jedoch nur das kleine Unwohlsein, das den Tag vermiest oder es ist ein Medikament ausgegangen. Was tun?

Tips:

>> *Alle norwegischen Ärzte sprechen französisch, englisch oder deutsch. Auskunft erteilt Ihnen das Touristenbüro, im Telefonbuch suchen Sie "legevakt". Dieser ärztliche Notdienst vermittelt Sie weiter. Sie können auch direkt zur nächsten Poliklinik fahren. Im Notfall wenden Sie sich an die Polizei, sie spielt in Norwegen "Mädchen für alles".*

>> *Seit 1992 besteht ein Sozialabkommen zwischen Norwegen und Deutschland . Vorher mußte man Arzt und Medikamente bar zahlen.*

>> *Genauere Auskunft über dieses Sozialhilfeabkommen sowie über die Mitnahme von nötigen Papieren erteilt die AOK. Privatpatienten sei angeraten, außer einer ausführlichen Rechnung die Umtauschquittung einer Bank bei der Krankenkasse einzureichen. So kann bequem von Norwegischen Kronen in DM umgerechnet werden.*

>> *Das Arzneimittelgesetz wird in Norwegen sehr streng gehandhabt! Ohne Rezept gibt's in der Apotheke (apotek) kaum etwas. Decken Sie sich also mit Ihren Mittelchen ein.*

>> *ADAC-Arzt: 09549 / 89 / 22 22 22.*

AUTOHILFSDIENSTE

Irgendwann passiert es jedem einmal: Das Auto gibt keinen Mucks mehr von sich.

Tips:

>> *Obwohl Norwegen dünn besiedelt ist, sind Sie bei einer Panne nie allein. Pannenhilfe leisten die Straßenwachtfahrzeuge des Automobilclubs NAF. Die Alarmzentrale des NAF in Oslo ist Tag und Nacht unter der Telefonnummer (02) 34 16 00 zu erreichen.*

>> *Einheitlich Telefonnummern für Polizei, Feuerwehr und Krankenwagen gibt es in Norwegen nicht. Schlagen Sie das Telefonbuch auf, finden Sie auf der Innenseite ein großes SOS in roten Buchstaben mit den örtlichen Notrufnummern.*

>> *An vielen Hauptstraßen stehen wie bei uns Notruf-Telefone.*

>> *Anschrift der Norwegischen Automobilclubs:*
Norges Automobil-Forbund, N-0155 Oslo 1, Storgatan 2, Tel. (02) 34 15 00
Kongelig Norsk Automobilklub, N-0255 Oslo 2, Drammensveien 20 C, Tel. (02) 56 10 00.

>> *Trotzdem sollten Sie sich vor dem Urlaub von Ihrer Autowerkstatt ein internationales Kundendienstverzeichnis besorgen lassen. Sie können ja Glück im Unglück haben und in der Nähe einer Reparaturwerkstätte Ihrer Automarke sein.*
>> *Die ADAC-Notrufzentrale in München ist rund um die Uhr besetzt:* ***Tel. 09549 / 89 / 22 22 22.***

BABY

Mit einem Baby oder Kleinkind in den WOMO-Urlaub? Wir haben nur gute Erfahrungen gemacht. Kinder ändern ihr Verhalten im Urlaub wesentlich weniger als Erwachsene, sie kämen z.B. nie auf die Idee, sich wie Fleisch in der Sonne braten zu lassen. Vorsicht ist jedoch stets bei Sonnenschein, speziell im Gebirge und am Meer, angeraten. Magen- und Darmkomplikationen bleiben meist aus, wenn man noch Babykost füttert.

Tips:

>> *Sie werden staunen: Kinder baden auch in kaltem Wasser!*
>> *Im Norwegenurlaub erleben Sie mit Ihrem Kind jedoch alle vier Jahreszeiten. Decken Sie sich vor allem mit ausreichend warmer Kleidung ein.*
>> *Im Gebirge liegt noch reichlich Schnee. Sie haben im – oder auf dem WOMO doch sicher Platz für einen Schlitten!?*
>> *Babykost, Windeln und spez. Medikamente (Kinderarzt fragen!) von zu Hause mitbringen. Selbstverständlich erhält man alles auch in Norwegen, aber Vertrautes erspart Ärger.*
>> *Buggy oder Babyrückentrage sind für Besichtigungen und Wanderungen unentbehrlich. Kein noch so geduldiges Kleinkind trippelt freiwillig durch Gegenden, denen es kein Interesse abgewinnen kann.*
>> *Getränkewünsche unbedingt erfüllen und zwar mit schwach gesüßtem Tee (als Pulver mitnehmen). Gekaufte Getränke sind oft zu zuckerhaltig, um erfrischend zu wirken.*
>> *Wasser unbedingt entkeimen (s. "Trinkwasser").*
>> *Wichtigste Urlaubsutensilien für Ihr Kind sind: Lieblingsschmusetier, Ball, Sandspielsachen, Schwimmflügel, Schwimmreif, Malsachen für die Fahrt.*
>> *Landschaften erleben Kinder unter 15 Jahren nicht als Erlebnis, das sollten Sie bei einer Rundreise beachten.*
>> *Machen Sie öfter Station: Ein Kletterhügel, ein Sandstrand, ein Spielbach, ein Streicheltier, das sind die Erlebnisse, die Ihre Kinder brauchen!*

BERGWANDERN/WILDNISWANDERN

Norwegen besteht zum größten Teil aus – Wildnis. Diese ist jedoch seit Jahrzehnten vom norwegischen Wanderverein (DNT) für Interessenten zugänglich gemacht worden – tausende von Kilometern Wanderwege wurden von ihm markiert, Gletschertouren werden organisiert, Berghütten gebaut und unterhalten.

Tips:

>> *Zu jeder Fjell-Tour gehören vernünftiges Schuhwerk, regendichter Anorak (oder Regencape), Rucksack mit Feldflasche, Proviant, Wanderkarte und Kompaß.*
>> *Beim vernünftigen Schuhwerk streiten sich die Fachleute: Gummi- oder Bergstiefel? Wir werden uns in diesen Streit nicht einmischen, lassen Sie Ihre Füße entscheiden!*
>> *Die Wanderwege sind mit Hinweisschildern und Farbklecksen markiert, an den Winterwanderwegen und Loipen stehen lange Stangen mit roten*

Kreuzen an der Spitze.

>> *Abseits der Haupttrampelpfade begegnen Sie kaum einem Menschen. Gehen Sie deshalb nie allein auf Tour. Wenn Sie sich verirren oder verletzen, findet Sie so bald niemand!*

>> *Gebirge haben nie beständiges Wetter. Brechen Sie eine längere Tour lieber ab, wenn das Wetter umzuschlagen beginnt. Regen, ja sogar Schneefall oder Hagelschauer, aber auch dichter Nebel können zu wahrhaft ungemütlichen, mit Kindern zu unverantwortlichen Situationen führen.*

>> *Jede Wandertour, sei sie ein Gipfelsturm oder eine mehr gemütliche Rundwanderung, belohnt Sie mit atemberaubenden Blicken auf eine grandiose Landschaft.*

>> *Für die erforderlichen Wanderkarten s. "Kartenmaterial", eine erste Übersicht bieten auch die Autokarten, denn auf ihnen sind die wichtigsten Wanderwege rot markiert.*

>> *Weitergehende Fragen beantwortet Ihnen gerne die:*
Norske Turistforeningen, P.Box 1963 Vika, N-0125 Oslo 1.

>> *Wir haben bei unseren Touren nicht nur Fjellwanderungen ausprobiert! Auch Wanderungen im Flachland, durch Naturschutzgebiete und Urwälder sind unvergeßliche Erlebnisse. Dabei gilt: Bei norwegischen Wanderwegmarkierungen "schafft" man in 1 Stunde nur ca. 3,5 km!*

DEVISEN

Bargeld in einheimischer Währung oder der des Urlaubslandes, Euroschecks, Reiseschecks oder, oder? Vor jeder Reise das gleiche Problem?

Tips:

>> *Für die An- und Rückfahrt durch Deutschland muß genügend Bargeld vorhanden sein, um Treibstoff sowie eventuelle Gaststätten- und Übernachtungskosten bezahlen zu können. Ein Blick auf Ihre Karte oder die Entfernungstabelle zeigt Ihnen, wie viele DM Sie dafür brauchen.*

>> *Ob Sie Ihre Norwegischen Kronen in Deutschland oder in Norwegen einkaufen, gegen Bargeld, Reise- oder Euroschecks, spielt kaum eine Rolle, was den Umtauschkurs anbetrifft. Überall wird man Sie jedoch mit Gebühren traktieren.*

>> *Wir haben die besten Erfahrungen mit unserem Postsparbuch gemacht. Ohne irgendwelche Gebühren bekommt man in über 1200 Postämtern sein Geld zu einem günstigen Kurs. Das Verzeichnis bekommen Sie kostenlos bei unseren Postämtern. Zudem ist die Post in der Regel von 8-16.30 Uhr , samstags von 9-12 Uhr geöffnet, während die Banken nur montags bis freitags von 8.30-15 Uhr aufgesucht werden können. Außerdem bekommt man für sein Geld auf dem Postsparbuch Zinsen.*

>> *Euroschecks müssen in der Landeswährung ausgestellt werden. Einen Kursvorteil hat man also nicht, manchmal werden auch noch (unterschiedliche) Bearbeitungsgebühren erhoben. Zu Hause bekommt man dann noch einmal 1,75%, mindestens aber 2,50 DM Gebühren pro Scheck aufgebrummt. Günstiger ist man dran, wenn man per Euroscheck-Karte und Geheimzahl am Automaten sein Geld abholt. Unabhängig von der Höhe der Abhebung zahlt man pauschal 5 DM.*

EINREISE/AUSREISE

Für Urlauber aus Deutschland, Österreich oder der Schweiz gilt folgendes: Personalausweis (oder Reisepaß), Führerschein, Kraftfahrzeugschein, Grüne Versicherungskarte (obwohl nicht vorgeschrieben) und Nationalitätenkennzeichen nicht vergessen.

Tips:

>> *Reisebedarf für den persönlichen Gebrauch kann zollfrei eingeführt werden, als Reiseproviant darf jede Person ab 12 Jahren 10 kg mitschleppen, davon max. 5 kg Fleisch und Fleischprodukte. Dabei sollte man sich auf Konserven beschränken, bei Frischwaren bestehen recht umfangreiche Einfuhrverbote. Auch Eier und Kartoffeln sind verboten.*

>> *Bei unserer letzten Norwegenreise verließen wir als erste die Fähre und stellten uns neben die Zollstation: Von ca. 500 Fahrzeugen wurden 2 kontrolliert; beim Grenzübertritt Schweden - Norwegen bekommt man überhaupt keinen Zoll zu sehen.*

>> *Besonders ärgerlich sollen die norwegischen Zollbehörden bei Alkoholschmuggel reagieren, denn dieser wird nur in staatlichen Läden (Vinmonopolet) und dort zu Wucherpreisen verkauft. Erlaubt sind (bei Personen über 20 Jahren): 1 Liter Wein und 1 Liter Schnaps (oder 2 Liter Wein) und 2 Liter Bier.*

>> *Für die Mitnahme von CB-Sprechfunkgeräten muß mindestens einen Monat vor Reiseantritt eine Genehmigung eingeholt werden bei der: Privatradiogruppen, Postboks 196, N-9250 Bardu.*
Anzugeben sind: Typ, Fabrikat, Zahl der Kanäle, Sendeleistung, KFZ-Kennzeichen des Wohnmobils, Reisedauer in Norwegen.

>> *Die hohen Preise in Norwegen beruhen nicht zuletzt auf dem Mehrwertsteuersatz von 16,67 %. Durch das Taxfree-System wird Ausländern, die (unbenutzte) Waren ausführen, diese Mehrwertsteuer (abzüglich einer Gebühr) bei der Ausreise zurückerstattet. An fast jedem Geschäft hängen die blau-gelben Taxfree-Fähnchen, dort erhalten Sie auch Informationsbroschüren.*

FÄHREN

Norwegen ist im wesentlichen durch Fähren mit dem Rest Europas verbunden. Deshalb ist der Fährverkehr perfektioniert.

Tips:

>> *Die meisten Fährverbindungen können Sie selbst buchen, ohne Gebühr und Reisebüro, per Postkarte, Telefonanruf, Fax oder bei der Bahn (siehe Einleitung).*

>> *Lassen Sie sich nicht einreden, vor Ort bekäme man seine Tickets billiger. Zur Hauptsaisonzeit könnte das zu einer unfreiwilligen Übernachtung im ungemütlichen Hafengelände führen.*

>> *Sie haben Bedenken, ob Sie auch pünktlich an der Fähre sind (Unfall, Krankheit)? Dafür gibt es Reiseausfallversicherungen.*

>> *Kommen Sie frühzeitig zum Fährhafen. Wer als erster auf das Schiff rollt, verläßt es meist auch als erster.*

>> *Haben Sie auf der Fähre Ihr WOMO verlassen, können Sie während der Überfahrt oft nicht hinein (Enge, Verbote). Machen Sie sich schon vorher eine Liste, was Sie an Deck alles brauchen (Ausweise, Geld, Verpflegung, Kinderspielzeug, Lektüre, Badeklamotten für Schwimmbad oder Sauna) und packen Sie alles vor an Bord gehen in eine Tasche. Speziell auf den Skandinavienfähren ist es jedoch in der Regel kein Problem, während der Überfahrt zum Fahrzeug zu gelangen.*

>> *Schließen Sie das WOMO gut ab, schalten Sie die Alarmanlage ein, für Wertsachen haben Sie hoffentlich gute Verstecke oder einen angeschraubten Tresor.*

>> *Laut Vorschrift ist der Betrieb von Gasanlagen auf Fähren verboten, das gilt auch für Kühlschränke! Haben Sie ein langes Stromkabel dabei, finden Sie vielleicht in der Nähe eine 220-V-Steckdose (meist sind sie für Drehstrom).*

FAHRZEUG

Wenn das Auto nicht mehr läuft, "läuft" gar nichts mehr im Urlaub. Nur das beruhigende Gefühl, alles getan zu haben, damit Motor, Zündanlage, Reifen und Fahrgestell mehrere tausend Kilometer ohne Murren durchhalten, kann streßfreie Urlaubstage garantieren.

Tips:

>> Kundendienst vor dem Urlaub nicht vergessen; besonders wichtig: Ölwechsel mit HD 20/W50, abschmieren, Luftdruck, Ventilspiel, 2 x Batteriedienst.

>> Ersatzteile mitnehmen (evtl. als Paket von der Werkstatt mit Rückgaberecht bei Nichtgebrauch):

** Gaszug*
** Bremsseil*
** Unterbrecherkontakte*
** Reservezündkerzen*
** Reserve-Birnenset komplett?*
** Reserve-Keilriemen*
** Ersatz-Sicherungen*

>> Pannenausrüstung komplett?

** Reservekanister 20 Liter, voll?*
** 1-2 Liter Öl*
** Reserverad mit Profil, Luftdruck o. k.?*
** Ersatzschlauch (auch bei schlauchlosen Reifen!)*
** Abschleppstange, ausprobiert?*
** passender Wagenheber, ausprobiert?*
** Klappspaten*
** Warndreieck/Warnblinkleuchte*
** Luftpumpe*
** Erste-Hilfe-Koffer komplett?*
** Werkzeugkoffer komplett?*
** Verzeichnis der Auslandskundendienststätten meiner Automarke, neu!*
** Reparaturbuch*

>> Scheibenwaschanlage gefüllt, "Scheibenkratzer" mit Gummilippe und Schaumstoffwulst (Insekten!) vorhanden?

>> Feuerlöscher o. k.?

>> Am Tag vor der Abfahrt mit allen Teilnehmern und dem fertig gepackten WOMO auf die öffentliche Waage fahren (z.B. Raiffeisenlager). Übergewicht, wenn möglich, vermindern. Jedes Kilo zusätzliches Gepäck erhöht nicht nur den Treibstoffverbrauch, sondern beeinflußt Fahrverhalten, Bremsweg, Lenkbarkeit und Steigfähigkeit negativ.

FILMEN/FOTOGRAFIEREN

Zweifelsohne verstärken die mitgebrachten optischen oder sogar akustischen Urlaubserinnerungen die Vorfreude auf die nächste Reise. Für jegliches Foto/ Filmmaterial gilt: Reichlich von zu Hause mitbringen, die Preise in den Urlaubsländern sind stets höher, von der Auswahl ganz zu schweigen.

Tips:

>> Kaufen Sie rechtzeitig Filmmaterial, nutzen Sie Sonderangebote im Frühjahr. Im Kühlschrank hält das Filmmaterial jahrelang, ohne zu altern.

>> Für Aufnahmen in Kirchen, Höhlen und Bergwerken brauchen Sie Ihr Blitzgerät.

>> Denken Sie an einen Vorrat der benötigten Batterien oder steigen Sie auf

wieder aufladbare Batterien um.

>> Packen Sie die belichteten Filme wieder in das Döschen; ganz Vorsichtige wickeln vorher noch etwas Alu-Papier herum, und verstauen Sie sie an der kühlsten und dunkelsten Stelle im WOMO.

>> Schauen Sie öfter nach dem Objektiv. Seeseitiger Wind bläst Salzwasserspritzer auf die Linse. Vorsichtig mit einem angefeuchteten Läppchen abtupfen, dann trockenwischen.

>> Falls Sie keinen Belichtungsmesser haben: Bei 100 ASA (21 DIN) ist Blende 11 (am Meer und im Gebirge Blende 16) sowie 1/100 sec. immer richtig, wenn die Sonne scheint.

FLORA/FAUNA

In Norwegen haben Sie dauernd Kontakt zur Natur, genießen Sie diese Freiheit, die Ihnen aber auch besondere Pflichten auferlegt.

Tips:

>> Der überwiegende Teil Norwegens ist Wildnis, dabei dominiert tundraartige, baumlose Steppe – Fjell und Vidda ge-nannt.

>> Im Wald überwiegen Nadelbäume (70 %): Im Süden Tannen und Fichten, im Norden Kiefern. In den Wäldern dürfen Sie Beeren sammeln (Heidelbeeren, Moltebeeren, Preiselbeeren, Brombeeren), Pilze suchen und Blumen pflücken, sofern sie nicht unter Naturschutz stehen.

>> Für Ihr Lagerfeuer dürfen Sie Äste auflesen, falls Sie zwi-schen dem 16. September und dem 14. April im Lande weilen. Im Sommer ist offenes Feuer streng verboten.

>> Im Fjell, der norwegischen Gebirgsregion, ist die Flora alpin. Hier bestimmen Moose, Flechten, Wacholder und Zwergbirken, in den sumpfigen Senken Wollgras und Sauergräser das Bild, dazwischen blühen im Sommer die fleischfarbenen Doldentrauben der Alpenazaleen und die weißen Glöckchen der Preiselbeeren.

>> Die Tierwelt hält sich versteckt, außer den auch bei uns vorkommenden Hirschen, Rehen, Füchsen und wilden Kaninchen stößt man im Süden nur durch Zufall auf einen aufgescheuchten Elch. Wesentlich gefährlicher wäre er bei einer nächtlichen Kollision, denn der mächtige Schaufler bringt bis zu 800 kg auf die Waage.

>> In Norwegen gibt es eine große Zahl quasi wildlebender Rentierherden. Je weiter man in den Norden kommt, desto "normaler" werden Begegnungen mit ihnen. Allerdings ist es die Ausnahme, daß sie den Fotografen bis auf Tuchfühlung an sich herankommen lassen.

>> Im Øvre Pasvik Nationalpark wurden wieder Braunbären angesiedelt. Da sie nicht gejagt werden, entwickelten sie eine u. U. gefährliche Zutraulichkeit. Man sollte sich singend durch den Wald bewegen, um einen verschlafenen Petz nicht erst im letzten Moment aufzuschrecken.

>> Gerne und ohne Gefahren lassen sich die Seevögel in den großen Brutkolonien beobachten. Wr wandern mit Ihnen zu einer ganzen Reihe von Vogelfelsen.

FREIES CAMPING

Der Begriff des freien Campings ist in Norwegen mit dem Begriff des "Allemansrätten", dem **Jedermannsrecht** verknüpft.

Dieses Gewohnheitsrecht, das noch nicht gesetzlich fixiert ist, regelt doch seit Menschengedenken die Rechte und Pflichten aller Menschen in Skandinavien, und damit auch der Touristen, gegenüber der Natur.

Natürlich ist es nicht direkt für WOMO-Urlauber verfaßt worden! Da diese in immer größerer Zahl nach Norwegen kommen, sollten sie sich bei längerem Aufenthalt an einem Ort einen Campingplatz suchen.

Die wesentlichen Punkte des Jedermannsrechts lauten:
Es ist überall erlaubt, einige Nächte zu zelten, sofern das Grundstück nicht landwirtschaftlich genutzt wird oder in der Nähe eines Wohnhauses liegt. Je näher (Hör- oder Sichtweite) Sie anderen Personen kommen, um so größer ist der Grund, um Erlaubnis zu fragen.
Es ist verboten, mit Motorfahrzeugen außerhalb der dafür bestimmten Straßen und Plätze zu fahren, Sie dürfen jedoch neben der Straße parken, wenn Sie niemanden behindern.
Sie dürfen überall baden sowie Wasser aus Quellen und Seen entnehmen. Sie müssen Ihren Unrat in die Abfallbehälter werfen oder wieder mitnehmen.
Es ist verboten, Chemikaltoiletten in der Natur auszuleeren.
Sie dürfen kostenlos an allen Küsten und in den Fjorden angeln, für andere Gewässer brauchen Sie eine staatliche Angellizenz (gibt's bei allen Postämtern, kostet 30 nKr) und einen örtlichen Angelschein (gibt's in Sportgeschäften, Kiosken, Touristenbüros, Hotels, auf Campingplätzen).
Sie dürfen wilde Blumen und Beeren pflücken und Pilze sammeln.

Tips:

Nach unseren Erfahrungen interpretieren wir das Gewohnheitsrecht für Wohnmobilisten folgendermaßen:

>> Das Parken von Wohnmobilen und das Übernachten ist für einzelne Tage gestattet.

>> Auf Rastplätzen an Hauptstraßen ist das Übernachten verboten. Wegen des Verkehrslärms würden wir Ihnen diese Plätze ohnehin nicht empfehlen.

>> Für die einmalige Übernachtung bieten sich an:
** Wanderparkplätze,*
** Parkplätze bei Sehenswürdigkeiten (markiert mit dem Blumenkohlsymbol),*
** Parkplätze der Supermärkte (außerhalb von Ortschaften),*
** Badeparkplätze (sind auf den Autokarten mit einem roten "B" markiert),*
** Parkplätze von Boots- und Jachthäfen,*
** Parkplätze von Sportplätzen (Idrettsplass).*

>> Befindet sich Ihr ausgewähltes Plätzchen in der Nähe eines Grundstückes, so fragen Sie, falls jemand zu finden ist, um Erlaubnis. Näher als 150 m sollten Sie keinem Haus kommen. Viele Norweger pochen geradezu verbissen auf ihre "privatområde", ihre Privatsphäre, die oft so weit wie ihr Auge reicht.

>> Wir haben in ganz Norwegen keinen Badeplatz gefunden, wo nicht mindestens Klo und Mülleimer aufgestellt waren. Es gibt also keinerlei Entschuldigung für "griechische Verhältnisse", will heißen, Kackhaufen hinter den Büschen und Plastikmüllbeutel an den Straßenrändern.

>> Manches Toilettenhäuschen enthält nur einen Plastikeimer mit Sitz und Deckel, viele sind jedoch richtige Plumpsklosetts mit Absaugestutzen für die Kanalreinigung. Hier kann man auch seine Campingtoilette entleeren.

>> Lassen Sie sich vom Norwegischen Fremdenverkehrsamt (siehe "Adressen") die kostenlose "Norsk Campingkart" schicken. Auf dieser Karte sind neben den Campingplätzen alle Entsorgungsstationen verzeichnet.

>> Im Verlauf unserer Touren haben wir von jedem aufgesuchten Platz Zufahrt, Lage und Ausrüstung beschrieben.

Campingplätze in Norwegen:

>> Unterhaltene Campingplätze gibt es in Norwegen überreichlich (über 1.400), sie sind leider nicht mehr so preiswert wie noch vor wenigen Jahren. Für einen Stellplatz (incl. aller Personen) reicht die Preisspanne von 60-135 nKr, also etwa 15-35 DM/Tag, Strom, falls vorhanden, extra.

>> *Die meisten Campingplätze sind durch ein rotes Zeltsymbol auf den o. a. Straßenkarten gekennzeichnet, je mehr das Zelt mit roter Farbe ausgefüllt ist, desto höher sind Ausstattung und Preis. Eine Campingplatzkarte (s.o.) sendet Ihnen kostenlos das Norwegische Fremdenverkehrsamt zu.*

GAS

Außer der Zweitbatterie die einzige Energiequelle beim Freien Camping. Bei einer vierköpfigen Familie muß man mit einem Gasverbrauch von 3 kg pro Woche rechnen. Einen ordentlichen Happen "frißt" davon nicht der Kühlschrank, sondern die Heizung, wenn Sie morgens nicht fröstelnd in die Hosen steigen wollen.

Tips:

>> *Sie haben eine graue Camping-Europa-Umtauschflasche? In Norwegen tauscht sie Ihnen niemand um!*

>> *Die in Norwegen an den meisten Tankstellen vorrätigen Propangasflaschen werden nur gegen gleiche getauscht. Die Anschlüsse passen nicht! Was tun?*

>> ***1. Möglichkeit:*** *Sie leihen sich zu Hause bei Ihrem Flaschner eine zusätzliche 11-kg-Flasche. Oft wird eine Leihgebühr verlangt.*

>> ***2. Möglichkeit:*** *Sie beehren eine der drei Stellen in Norwegen, wo Sie Ihre Gasflasche gefüllt bekommen. Die Adressen lauten:*
N-0193 Oslo, Sjursøya
N-5032 Bergen-Minde, Fjøsangervn. 68 A
N-7041 Trondheim, Haakon VII's gt. 10-12, (Stadtteil Lade).

>> ***3. Möglichkeit:*** *Sie kaufen sich an einer Tankstelle eine norw. Gasflasche (Bezeichnung: Industri-Flasker I-11) und beim Campingfachhandel einen Adapter für Ihr deutsches Druckminderventil. Die Gasflasche können Sie leer bei der gleichen Tankstellenfirma wieder verkaufen.*

GETRÄNKE

Über die Versorgung mit Kaffee, Tee oder Fruchtsäften brauchen wir nicht zu sprechen, da geht es in Norwegen mitteleuropäisch zu. Wer jedoch Bier, Wein oder gar Schnaps zu seinen Getränken zählt, der wird hier (vielleicht) zum Abstinenzler.

Tips:

>> *Wegwerfflaschen gibt es in Norwegen kaum noch, für alles zahlt man Pfand, alles wird gegen Bares zurückgenommen.*

>> *Cola und Limo in der 1 1/2-L-Flasche erhält man für etwa 4 DM. Zum Anmischen (1 : 4) gibt es "Husholdningssaft", eine Art Sirup, die 2-L-Flasche für 5 DM.*

>> *Bier ist nicht gleich Bier! In "normalen" Läden erhalten Sie Dünnbier=Lettøl noch für 1,50 - 2,00 DM/0,35 Liter. "Normales" Bier gibt's nur im staatlichen "Vinmonopolet", dort liegt der Halbliterpreis für "starkøl" mit 3-4 % Alkohol bei etwa 5 DM.*

>> *Wenn Sie schon im Vinmonopolet sind, können Sie gleich feststellen, wie preiswert der Wein zu Hause ist: Hier beginnt die Preisliste erst bei 15 DM. Die Abende in Norwegen können recht frisch werden. Falls Sie den (vom Zoll) gestatteten Liter Cognac vergessen haben, werden Sie in Norwegen dafür etwa 60 DM berappen müssen.*

>> *Aber Sie müssen ja auch gar keinen Alkohol trinken!*
Norwegen ist ein Land der Milchtrinker (wen wundert's?). Ein Produkt, das uns so vertraut ist, daß man sein Fehlen im Urlaub um so schmerzlicher bemerkt, findet man in Norwegen nirgends: H-Milch! Steht doch "H-Milch" auf der Tüte, so bedeutet es "Hel-Melk" = Vollmilch!

>> Vor allem Kleinkindermütter sollten sich folglich reichlich eindecken oder auf ihren Kühlschrank vertrauen. Dort hält Frischmilch etwa drei Tage.

Frische Vollmilch	*= H-Melk 3%*	*1,80 DM/L*
Entrahmte Frischmilch	*= Lett-Melk 1,5%*	*1,60 DM/L*
Dickmilch	*= Kultur-Melk%*	*2,00 DM/L*

HAUSTIERE

Seit 1.5.1994 bedingte Einreisemöglichkeit! Alle Informationen über das komplizierte Impf- und Kontrollverfahren erhalten Sie gegen 3,00 DM in Briefmarken vom Norwegischen Fremdenverkehrsamt oder von der Norwegischen Botschaft in Bonn (siehe "Adressen").

INSEKTENPLAGE

Stechmückenschwärme gibt es nicht nur in Finnland, sondern überall dort, wo stillstehendes Süßwasser ihre Entwicklung gestattet. Norwegens Fjorde sind salzig und die Seen sind den Stechmücken offensichtlich zu kalt. Wir hatten in Norwegen selten Mückenprobleme! Falls es Ihnen anders gehen sollte ....

Tips:

>> Schmieren oder sprühen Sie sich in entsprechenden Gebieten vor Sonnenuntergang mit Autan ein.

>> Im schattigen Tann, bei Wildniswanderungen oder bei der Heidelbeersuche können die gierigen Saugrüssel auch am Tage lauern, Autan gehört also zur Dauerausrüstung. Besonders gut wirken die Mittel, wenn sie als Spray auch auf die Kleidung aufgetragen werden können (nur im Notfall, Fleckengefahr)!

>> Fliegengaze an den Fenstern hilft, wie der Name eigentlich sagt, nur gegen Fliegen und noch größere Insekten. Gegen Mücken und die noch kleineren Gnitzen hilft nur Moskitogaze. Man bekommt sie teuer in Trekking-Fachgeschäften und billig vom Meter als Tüll in Stoffgeschäften. Vergleicht man sie mit Fliegengaze, so erkennt man in jedem Gewebekaro noch ein x-förmiges Fädchen, das den Durchschlupf erschwert. Am einfachsten ist es, die Moskitogaze zusätzlich hinter die (meist vorhandene) Fliegengaze der Rollos zu nähen.

>> Haben Sie noch keine Fliegenrollos in Ihrem WOMO, so können Sie Moskitogaze zu Ihren Fenstern passend mit Klettenband umnähen, das Gegenstück rings um die Fenster kleben und die Gaze nur bei Bedarf andrücken.

>> Bedenken Sie: Alle Öffnungen nach außen müssen verschlossen sein, auch Türen und Dachluken. An der Eingangstür ist es praktisch, die Gaze in der Mitte mit einem Reißverschluß zu unterteilen oder zwei Bahnen überlappen zu lassen.

>> Sprühen Sie eine Stunde vor dem Zubettgehen das WOMO mit Insektenspray aus. Gegen Mücken im Wageninneren hilft auch keine Moskitogaze!

>> Sie sind nur zu zweit? Ab 50 DM bekommen Sie in Kaufhäusern und Campingläden kastenförmige Moskitonetze, unter denen Sie sich wie im Himmelbett fühlen.

>> Im Campingfachhandel gibt es jetzt auch elektrische Mückenvernichter auf Pyrethrumbasis mit 12-V-Anschluß. Ihr Stromverbrauch ist bei einer Leistung von 6 Watt recht hoch, nach 5 Nächten hätten sie eine 60 Ah-Batterie zur Hälfte geleert.

>> Die (auch im Campingfachhandel) angebotenen Insektenstrips auf DDVP-Basis (Wirkstoff: Dichlorvos) sind weder fürs Schlafzimmer noch fürs Wohnmobil gedacht.

KARTENMATERIAL

Während wir uns in südlichen Urlaubsländern häufig von der Intuition, dem Sonnenstand oder den hilfreichen Eingeborenen leiten lassen mußten, gibt es für Norwegen sehr gutes Kartenmaterial:
Standardwerk: CAPPELEN KART im Maßstab 1 : 325.000 bzw. 1 : 400.000.. Diese Karten werden inzwischen auch in Deutschland von Kümmerley + Frey vertrieben, sind erhältlich in Kaufhäusern und Buchhandlungen oder über GeoCenter, Stuttgart.
Für unsere Norwegentouren brauchten wir alle fünf Blätter:
Blatt 1: Süd-Norwegen, Blatt 2: Mittel-Norwegen I, Blatt 3: Mittel-Norwegen II, Blatt 4: Mittel-Norwegen III, Blatt 5: Nord-Norwegen.
Natürlich hat die Firma Kümmerley + Frey sich nicht die Mühe gemacht, die norwegischen Bezeichnungen auf den Karten zu übersetzen. Wir haben es für Sie getan:

å	Bach
ås	Höhenzug
bompenger	Maut
botn	Talmulde
bre	Gletscher
bru	Brücke
bukt	Bucht
by	Ort
bygd	loses Dorf
dal	Tal
egg	Kamm
eid	Landenge
elv	Fluß
ferist	Viehrost
fjell	Berg
fonn	Gletscher
foss	Wasserfall
gård	Gehöft
haug	Hügel
hav	Meer
helleristning	Felszeichnung
holm	kleine Insel
høgd	Höhe, Spitze
hus	Haus, Festung
hytte	Hütte
krysset	Kreuzung
litle	klein
M(møte)	Ausweichstelle
myr	Moor
nes	Landzunge
nibba, nut	Gipfel
omkjørelse	Umleitung
os	Mündung
øvre	oberes
øy	Insel
pigg	Gipfel
rasfare	Steinschlag
røys	Steinhügel
rygg	Kamm
seter	Alm
sjø	See, Meer
skar	Paß
skog	Wald
sluser	Schleusen
stor	groß
strupen	Paß
støl	Alm
tangen	Landzunge
tind, tindan	Gipfel
tjørn	See
topp	Gipfel
utsikt	Aussicht
vaer	Fischerdorf
våg	Bucht
vatn	See
veg, vei	Straße, Weg
vesle	klein
vidda	Ödland
vik	Bucht
ytre	äußere

Für Wanderungen im Gebirge (Fjell), die wir nicht ausführlich beschrieben haben, empfehlen wir Ihnen die Blätter der "Topografisk Hovedkartserie" vom "Statens Kartverk" (1 : 50.000). Ihre Buchhandlung kann sie beim GeoCenter in Stuttgart bestellen. Sie erhalten die Blätter auch in Buchhandlungen und Kaufhäusern in Norwegen (jedoch nicht billiger).
Als Übersichtskarten gut geeignet sind die RV-Länderkarten Süd- und Nordskandinavien im Maßstab 1 : 650.000 bzw. 1:800.000. Geschickt ist auch die (kostenlose) Faltkarte, die man bei den norweg. Hydro/Texaco-Tankstellen bekommt.

KLIMA/KLEIDUNG

Norwegen ist ein Land für den Aktivurlaub. Vom Angeln über Bergwandern, Bootfahren, Schwimmen, Tauchen und Windsurfen spannt sich ein weiter Bogen. Dabei ist das Wort "Anzugsordnung" dem Norweger fremd. Für den Touristen bedeutet das ganz einfach: Ziehe an, was Dir gefällt – und was vor allem zum Wetter paßt.

Tips:

>> Keine Urlaubsgegend machte uns solche Probleme mit den Klamotten wie Skandinavien! Wir müssen für mieses Wetter gewappnet sein, wollen bei Sonnenschein aber auch Luftiges anziehen.

>> Zunächst einmal brauchen Sie derbe, warme Kleidung für Regentage und Gebirgswanderungen: Cordhosen, Baumwollhemden, Pullover, warme Anoraks, Regencapes, Gummistiefel.

>> Scheint die Sonne, dann fühlen Sie sich wie an der Riviera, Schutz gegen Sonnenbrand ist dringend angeraten, Badehose oder -anzug (mit oder ohne Oberteil) sind dann die Standardausrüstung.

>> Falls Sie in Norwegen nicht aufs Baden verzichten wollen, dann sollten Sie gut abgehärtet sein. Nur in der Østfold und in der Hedmark (zwischen Oslo und Schweden) überschreitet die Wassertemperatur in kleinen, flachen Seen ab und zu die 20° C-Schallmauer:

Badetemperatur	*Mai*	*Juni*	*Juli*	*Aug.*	*Sept.*
Nordseeküste	*9°*	*14°*	*16°*	*17°*	*14°*
Skagerrakküste	*8°*	*14°*	*16°*	*17°*	*14°*
Fjorde	*8-10°*	*13-15°*	*14-16°*	*14-18°*	*13-15°*
Seen	*5-9°*	*10-14°*	*10-16°*	*10-16°*	*5-13°*
Seen im Süden	*8-12°*	*10-17°*	*17-19°*	*18-20°*	*9-16°*

Lufttemperatur (durchschnittliche Höchstwerte):

	Mai	*Juni*	*Juli*	*Aug.*	*Sept.*
Oslo	*13,7°*	*18,7°*	*22,3°*	*19,9°*	*14,3°*
Trondheim	*11,4°*	*15,9°*	*20,0°*	*18,3°*	*13,2°*
Bodø	*6,2°*	*9,9°*	*13,6°*	*12,7°*	*9,4°*
Tromsø	*4,1°*	*8,8°*	*12,4°*	*11,0°*	*7,2°*
Vardø	*2,6°*	*6,2°*	*9,1°*	*9,7°*	*6,8°*

KÜHLSCHRANK

Die ELEKTROLUX-Kühlschränke mit den Anschlüssen für 220V/12 V/Gas, die in den meisten Wohnmobilen eingebaut sind, haben eine robuste Natur ohne bewegliche Verschleißteile. Trotzdem sind sie ein Sorgenkind für jeden Camper, denn ohne Kühlung kommt auch ein WOMO-Haushalt kaum noch aus.

Tips:

>> Schon bei geringer Schräglage des Fahrzeugs sinkt die Kühlleistung bis auf den Nullpunkt.
Abhilfe: Mit Wasserwaage oder voll gefülltem Wasserglas waagerechten Stand des WOMOs kontrollieren, durch Aufbocken eines Rades oder Platzwechsel verbessern.

>> Seit einiger Zeit gibt es jedoch Geräte, die auch bei stärkerer Neigung des WOMOs einigermaßen gut kühlen. Achten Sie darauf beim Neukauf.

>> Während der Fahrt, vor allem aber beim Tanken, ist der Betrieb mit Gas gefährlich, außerdem geht das Flämmchen oft im Fahrtwind aus. Schaltet man auf 12 V und vergißt nach Ankunft das Ab- bzw. Umstellen, so ist eine vollgeladene 50-Ah-Batterie nach ca. 5 Stunden leer und oft auch kaputt. Was hilft's, daß es sich "nur" um die Zweitbatterie handelt, wenn jetzt Tauchpumpe und Innenbeleuchtung nicht mehr funktionieren! Nur eine Schaltung mit Trennrelais oder Lastdiode kann dies verhindern. Wir senden Sie Ihnen bei Bedarf gern kostenlos gegen Rückporto zu.

>> Ist die Kühlleistung bei Gasbetrieb nicht zufriedenstellend, sind folgende Punkte zu überprüfen:

- *Liegen die Zu- und Abluftgitter möglichst nach Norden, also nicht im Sonnenschein?*
- *Ist der Kühlschrank nicht zu vollgestopft?*
- *Ist überhaupt ein Abluftkanal montiert?*
- *Liegt überall, vor allem an der Unterseite der Tür, das Dichtgummi an?*
- *Ist das Flämmchen überhaupt noch an? Von außen kann man das Zischen hören, im Inneren des Kühlschranks ist meist ein Guckloch!*

>> Geht während der Reise die piezoelektrische Zündung kaputt, kann man von außen das untere Lüftungsgitter abschrauben und den Brenner mit einem Streichholz in Gang setzen, wenn eine zweite Person die Zündsicherung niederdrückt.

>> Die im Fachhandel für Campingzwecke angebotenen Kompressorkühlschränke arbeiten nur mit 12 V/220 V. Sie kommen nur in Verbindung mit einer ausreichend dimensionierten Solaranlage bzw. für Dauerfahrer in Frage.

LEBENSMITTEL (siehe auch "Getränke")

Norwegen ist teuer! Daran führt kein Weg vorbei. Einige Preisbeispiele sollen Ihnen das veranschaulichen:

500 g Butter	4,60 DM	1 kg Brot	3-4 DM (billig!)
1/2 kg Kaffee	5-6 DM (billig!)	1 kg Tomaten	8 DM
1 kg Äpfel	4-6 DM	1 Ei	-,50 DM
1 kg Schnitzel	18-20 DM	1 kg Wurst	20-30 DM
1 kg Lachs	25 DM	1 kg Käse	15-22 DM

Tips:

*>> Schöpfen Sie die vom Zoll erlaubte Proviantmenge von 10 kg pro Person (ab 12 Jahren) voll aus. Kaufen Sie keine Dosensuppen, sondern Beutelsuppen, das spart viel Gewicht; Wasser zum Anrühren gibt's in Norwegen reichlich! Probieren Sie **vor** dem Urlaub versch. Fertiggerichte aus, manche sind besser als ihr Ruf.*

>> Selbst ist der Mann (Frau)! Eigene Konserven sind immer noch die besten: Rahmschnitzel, Rouladen, Gulasch usw. wie gewohnt zubereiten, in saubere (Marmeladen-, Gurken-) Gläser füllen, zuschrauben und ca. 15 Minuten im Dampftopf sterilisieren. Speziellere Fragen beantwortet Waltraud gerne am Telefon: 07135 / 14553.

>> Die leeren Gläser im Urlaub nicht wegwerfen, sondern im Dampftopf (Heidelbeer-)Marmelade und Pilze einkochen.

>> Essen gehen in Norwegen? Das ist großer Luxus. Selbst für ein bescheidenes Mahl, vergleichbar etwa Schnitzel mit pommes und Salat, müssen Sie mit 20-30 DM rechnen, (teure) Getränke extra gerechnet!

>> Auswege sind das Schnellrestaurant (Hamburger 7-10 DM) oder die Pizzeria (ab 12 DM).

LITERATUR

Ein wichtiges Buch über Norwegen haben Sie schon, mit unserem WOMO-Führer werden Sie nicht verloren gehen, gute Karten haben wir Ihnen auch bereits empfohlen. Wir hatten eine ganze Reihe von Büchern studiert, viele auch dabei, einige davon möchten wir Ihnen empfehlen:

Tips:

Marianne Mehling: Knaurs Kulturführer: Norwegen
Ewald Gläßer: Norwegen, DuMont Landschaftsführer
Peter Rump: Skandinavien-der Norden, Reise Know-How
Der große Polyglott: Norwegen
Grey-Wilson: Pareys Bergblumenbuch, Parey-Verlag
Andrew C. Campbell: Der Kosmos-Strandführer
Berlitz: Norwegisch für die Reise
Reynowski: Nordkap - Abenteuer Skandinavien, Band 1+2
(Eigenverlag: Arnoldstr. 17 c, 22765 Hamburg)
Norw. Fremdenverkehrsamt, Pf. 760820, 22058 Hamburg,
Tel. 040 / 22 71 08 10, Fax 040 / 22 71 08 15:
Prospekte, Karten, Adressen, das "Offizielle Reisehandbuch".
Hinweis: Spezielle Informationen erhalten Sie in fast jedem Ort im Touristenbüro, außerdem finden Sie an jeder Gemeindegrenze große Übersichtstafeln mit Infos.

MEDIKAMENTE

Natürlich können wir hier keine ärztliche Voraussage machen, was Ihnen im Urlaub alles passieren kann, aber nach der Statistik wollen wir einige Wahrscheinlichkeiten abwägen.

Tips:

>> Schauen Sie nochmals nach, ist Ihr Erste-Hilfe-Koffer noch gut gefüllt (Mullbinden, Heftpflaster, Schere, Pinzette, Fieberthermometer)?
>> Mittel gegen Durchfall sind ein "muß" in fremden Ländern, fragen Sie Ihren Arzt. Kohletabletten sind "härteren Sachen" zunächst vorzuziehen.
>> Wie steht es mit Reisekrankheit? Fahren Sie zum ersten Mal mit einem WOMO, könnte Ihnen vielleicht das Schwanken oder die ungewohnte Sitzstellung aufstoßen. Sorgen Sie vor! Wasser hat keine Balken – und mancher wird schon beim Anblick eines Schiffes seekrank. Dagegen gibt es Tabletten, die sehr sicher wirken sollen, z.B. Nautisan.
>> Kinder sind ein Fall für sich! Nehmen Sie auf jeden Fall die Medikamente mit, die Sie sowieso das Jahr über brauchen.
>> Soventol hilft nicht nur gegen Insektenstiche, sondern lindert auch Sonnenbrand.
>> Zwei Elastik-Binden für verstauchte Füße und Salbe gegen Prellungen (z.B. Mobilat) sollten nicht nur bei der Bergtour dabei sein.
>> Zwar kein Medikament, aber manchmal die letzte Rettung (statt eines Schlafmittels): Ohropax gegen Straßenlärm.
>> Was brauchen Sie sonst noch alles gegen Erkältungen, Magenbeschwerden, Sodbrennen, Blähungen, Völlegefühl? Die norwegischen Apotheken sind zwar ausgezeichnet sortiert, ohne Rezept erhält man jedoch fast nichts!
>> Last not least: Das Merfen-Orange für die kleine Schürfwunde und gegen den großen Schmerz, ein Wund-Desinfektionsmittel, das nicht brennt, aber wegen der schönen Farbe bei Kindern besonders beliebt ist. Gegen Brennen im Salzwasser hilft Sprühpflaster.
>> Und wenn alles nichts mehr hilft: Beim ADAC-Arzt können Sie sich von Norwegen aus Rat holen unter der Nummer: 09549 / 89 / 22 22 22.

MITTERNACHTSSONNE

Es soll Leute geben, die fahren nur wegen der Mitternachtssonne ans Nordkap – und sehen dort die Sonne wegen des schlechten Wetters noch nicht einmal tagsüber!

Die Fakten:
Am Polarkreis geht in der Nacht vom 21. Juni zum 22. Juni die Sonne mit ihrem **gesamten** Durchmesser nicht unter, der obere Teil von ihr verschwindet vom 6. Juni - 8. Juli nicht. Je weiter man nördlich des Polarkreises ist, desto länger wird diese Zeitspanne (am Nordpol geht die Sonne genau sechs Monate nicht unter, dafür jedoch im Winterhalbjahr überhaupt nicht auf = Polarnacht).
Am Nordkap reicht die Zeitspanne der Mitternachtssonne vom 12. Mai - 8. August.
Da jedoch speziell das Nordkap-Plateau häufig nebelverhangen ist, haben wir für Sie viele weitere schöne Mitternachtssonnenbeobachtungsplätzchen gesucht und samt der Zeitspanne auf den Karten vermerkt.

Die Kehrseite:
Manchen geht nachts der Sonnenschein schwer auf den Keks. Überprüfen Sie schon zuhause (tagsüber) die Verdunklung Ihres WOMOs. Für die Dachluke schneidet man sich am besten einen passenden Karton zurecht.

ÖFFNUNGSZEITEN

Noch kürzer als in Deutschland! Die meisten Läden sind durchgehend von 9 - 17 Uhr geöffnet, donnerstags bis 18 Uhr, samstags bis 13 Uhr. Von Gemeinde zu Gemeinde schwanken diese Angaben etwas.
Banken: Mo-Fr 8.30-15 Uhr, Do 8.30-17 Uhr.
Post: Mo-Fr 8-16.30, Sa 9-12 Uhr.
Letzte Rettung sind viele Tankstellen. Bei manchen hat man das Gefühl, sie verkaufen Benzin nur deshalb, um rund um die Uhr ihr angeschlossenes Kaufhaus offen halten zu können. Verzagen Sie also nicht, wenn Ihnen sonntags das Brot ausgeht – gehen Sie einfach Brot tanken!

PACKLISTE

Brieftasche/Handtasche/Geheimfach

Pässe, Personal-, Kinderausweis (gültig!)
Führerscheine, Vollmacht
Grüne Karte (gültig, obwohl nicht Vorschrift)
KFZ-Schein
Bargeld/Brustbeutel
Devisen/Umrechnungstabellen
Eurocheques/Scheckkarte
Postsparbuch/Ausweiskarte
Impfbücher
Auslandskrankenscheine
Zusatzversicherungen
Schutzbrief
Fotokopien aller dieser Papiere

____

____

Wohnmobilhaushalt

Wecker (Fähre!)
Einkaufstasche (groß)
Kaffe-, Teekanne
Filtertüten/Filter
Geschirr/Gläser
Vesperbrettchen/Bestecke
Brotmesser/Kartoffelschäler
Schöpflöffel/Schneebesen
Töpfe/Dampftopf
Pfannen/Sieb
Topflappen
Butterdose/Plastikdöschen mit Deckel
Flaschentrage
Thermoskanne
Eierbehälter
Küchenpapier/Alufolie
Nähzeug/Schere
Klebstoff/Klebeband
Wäscheleine/Klammern
Waschpulver
Plastikschüssel
Abtreter
Schuhputzzeug
Kabeltrommel
Verbindungskabel CEE-Schuko
Stecker (Ausland)
Doppelstecker
Gasflaschen (voll?)
Handfeger/Kehrschaufel
Putzlappen
Klappspaten
Hammer/Nägel/Axt
Zündhölzer/Feuerzeug
Gasanzünder
Taschenlampen
Kerzen
Petroleumlampe/Petroleum
Ersatzbirnen 12 V/220 V
Ersatzsicherungen für jedes Gerät
Ersatzwasserpumpe
5 m passender Wasserschlauch
Feuerlöscher
Insektenspray/Insektenlampe
Moskitogaze für Fenster und Tür oder:
Moskitonetz
Toilette/Klo-Papier
Toilettenchemikalien (wenn's sein muß)
Dosen-, Flaschenöffner, Korkenzieher
Spülmittel/Bürste
Scheuerpulver
Geschirrtücher
Leim/5 m Schnur
5 m Schwachstromkabel zweiadrig
Wasserschlauch mit Paßstück für verschiedene Wasserhähne/Trichter
Wasserentkeimungsmittel
Müllbeutel

____

____

Reiseapotheke

Mittel gegen Reisekrankheit
Soventol (lindert Insektenstiche usw.)
Husten-, Schnupfenmittel
Fieberzäpfchen
Kohle-Kompretten
Mittel gegen Durchfall
Mittel gegen Kopfschmerzen
Mittel gegen Verstopfung
Nasen-, Ohrentropfen
Halsschmerztabletten
Wundsalbe/Brandsalbe
Wunddesinfektionsmittel (Merfen-Orange)
Sprühpflaster
Elastikbinden
Salbe gegen Prellungen
Fieberthermometer
Pinzette
Auto-Verbandskasten o. k.?
Persönliche Medikamente

____

____

Auto

Allgemeines Wohnmobil-Handbuch
Bedienungsanleitungen
Bordbuch/Wörterbücher
Reiseführer/Campingführer
Straßenkarten/Autoatlas
Auffahrkeile/Stützböcke
Wasserwaage
D-Schild
Kundendienst gemacht?
Ersatzteilset von der Werkstatt?
Pannenausrüstung komplett?
Reservekanister voll?
1-2 Liter Reserveöl (HD 20/W 50)
Reserverad Luftdruck o. k.?
Abschleppstange, ausprobiert?
Passender Wagenheber, ausprobiert?
Luftpumpe
Warndreieck
Arbeitshandschuhe
Werkzeugkoffer komplett?
Kundendienststellenverzeichnis, neu?

____

____

____

____

Kleidung
Unterwäsche
Socken/Strümpfe
Hemden/Blusen
Schuhe/Sandalen
Hausschuhe
T-Shirts/Shorts
Hosen/Jeans
Kleider/Röcke
Pullover/Jacken/Stola
Anoraks/Windjacken/"Friesennerz"
Regencapes/Wolldecken
Sonnenhüte/Kopftücher
Nachthemden/Schlafanzüge
Bikinis/Badehosen
Gummistiefel/Wanderstiefel
Sonnenbrille/Ersatzbrille

____

____

Campingartikel
Stühle/Tisch/Liegestühle
Liegematten/Hängematte
Sonnensegel/Stangen/Häringe/Leinen
Grill/Grillzange
Pfannenknecht
Holzkohle

____

____

Unterhaltung
KW-Radio
Schreibzeug/Adreßbuch
Handarbeitszeug
Kinderspielzeug
Malutensilien
Bücher/Spiele
Kassettenrecorder/Kassetten
Taucherbrillen
Wasserball/Fußball/Wurfringe
Frisby/Indiaca usw.
Schlauchboot/Pumpe/Ruder
Luftmatratzen
Sandspielzeug
Schwimmflügel/Schwimmreif
Surfbrett/Zubehör
Fotoapparat/Filme
Filmkamera/Filme
Videokamera/Kassetten
Ersatzbatterien/Ladegerät für 12 V
Rucksäcke
Kartentasche/Wanderkarten
Fernglas
Kompaß
Iso-Matten/Zelte/Schlafsäcke
Feldflaschen/Taschenmesser/Angelzeug
SOS-Kettchen (vor allem für Kinder)

____

____

Lebensmittel
Getränke (Limo, Bier, Wein, Schnaps, **aber Zollvorschriften beachten!**)
H-Milch (gibt's in Norwegen nicht!)
Dosenmilch/Coffeemate
Milchpulver/Limopulver/Zitronenteepulver
Wurstdosen
H-Käse
Fleisch-, Gemüsekonserven
Fertiggerichte/Beutelsuppen
Tee/Kaffee/Kaba
Müsli
Butter/Margarine
Brot/Vollkornbrot/Dosenbrot
Reis/Nudeln/Grieß
Kartoffelbrei/Mehl
Babykost
Puddingpulver
Schokolade/Bonbons/Kaugummi
Marmelade/Nutella
Bratfett/Öl/Essig
Mayonnaise, Senf
Zwiebeln
Gewürze
Ketchup/Maggi/Salz
Zucker/Süßstoff
Zwieback/Salzstangen
Bisquit-Tortenböden f. Heidelbeerkuchen
Tortenguß / Sprühsahne
Gelierzucker für Marmelade
keine Kartoffeln (Einfuhr verboten!)
keine Eier (Einfuhr verboten!)

____

____

Toilettenartikel
Hand-, Badetücher, Waschlappen
Geschirrtücher
Tempo-Taschentücher
Kämme/Bürsten
Haarfestiger/Lockenwickler/Haarspangen
12 V-, Akku- oder Naßrasierer
Nageletui/Hygieneartikel
Empfängnisverhütungsmittel
Windeln/Creme/Babycreme
Seife/Rei in der Tube
Sonnencreme, -öl
Fettstift (Labello)
Zahnbürsten/Zahnpasta
Autan gegen Mücken
Bettdecken/Kopfkissen/Spannlaken

____

____

Nicht vergessen!
Post/Zeitung abbestellen
Offene Rechnungen bezahlen
Haustier abgeben
Blumen versorgen
Mülleimer leeren
Kühlschrank abstellen?
Antennen herausziehen
Wasch-, Spülmaschine, Bügeleisen aus?
Wasser, Gas, Heizung, Boiler abgestellt?
Rolläden schließen

Haustür verschließen!

Nachbarn/Verwandte benachrichtigen:
Reiseroute, Autokennzeichen mitteilen.
Reserveschlüssel abgeben.

REDEWENDUNGEN / VERSTÄNDIGUNG

Wir wollen und können den unter "Literatur" angegebenen Sprachführer nicht ersetzen, aber ein **Dutzend** wichtiger Begriffe sollten Sie eigentlich auswendig können:

Guten Morgen	God morgen	(Gu mohren)
Guten Tag	God dag	(Gu dahg)
Guten Abend	God kveld	(Gu käll)
Hallo	Morn/hei	(Morn/häj)
Auf Wiedersehen	På gjensyn	(Po jennsyn)
Tschüß	Ha det	(hah de)
Ich möchte bitte	Jeg vil gjerne	(Jäj will järne)
Ja bitte/nein danke	Ja, tack/Nei, tack	(Ja tack/näj tack)
Verzeihung	Unnskyld	(Ünnschyll)
Wir wollen nach	Vi skal til	(Wi skall till)
Nach rechts/links	Till høyre/venstre	(Till höjre/vänstre)
geradeaus	Rett fram	(Rätt framm)
Was kostet es ?	Hva koster det ?	(Wa koster de ?)
Ich hätte gerne	Jeg skall ha	(Jäj skall ha)
Können wir hier campen?	Kan vi campa her ?	
Wo ist der nächste Badeplatz?	Hvor er nærmeste badplass?	

Tips:

>> Viele Gaststätten haben mehrsprachige Speisekarten. Englischkenntnisse kann man bei der Bedienung, wie bei den meisten Norwegern, voraussetzen.

>> Seit dem letzten Krieg sind die Deutschkenntnisse der Norweger stark zurückgegangen, ältere Menschen verstehen mehr deutsch, als sie sprechen (wollen).

>> Uns ist die Aussprache des Norwegischen nicht leicht gefallen. Immerhin konnten wir an unsere (bescheidenen) Schwedischkenntnisse anknüpfen, denn dänisch, schwedisch und norwegisch ähneln sich mehr als deutsche Dialekte.

RUNDFUNK

Mancher behauptet, er könne im Urlaub völlig abschalten. Dazu gehören jedoch Ruhe und Zufriedenheit. Ich bin nur ruhig, wenn ich weiß, daß zu Hause in Deutschland alles seinen gewohnten Gang geht. Aktuelle Nachrichten sind für mich unverzichtbar. Zwar gelangen deutsche Zeitungen recht rasch nach Norwegen – aber leider nur an die Kioske der großen Städte.

Tips:

>> Deutsche Töne hört man regelmäßig in den Norwegischen Reklamesendern der Gemeinden. Die Infos – abwechselnd in norwegisch, englisch und deutsch, betreffen jedoch stets nur örtliche Sehenswürdigkeiten, kräftig gewürzt mit viel Reklame; Nachrichten fehlen; achten Sie auf die Schilder am Straßenrand: "Touristradio" mit Frequenzangaben.

>> Auf Mittel- und Langwelle bekamen wir deutsche Sender nicht zu hören.

>> Möchten Sie im gesamten Urlaubsgebiet Informationen aus der Heimat und über das Weltgeschehen erhalten, dann brauchen Sie einen Kurzwellenempfänger!

>> Selbst mit preiswerten Geräten kann man zumindest die "Deutsche Welle", "RTL" oder "Radio Austria" auf dem 49-m-Band empfangen. Wir empfehlen ein Gerät mit digitaler Frequenzanzeige und Senderspeichern. Es

bietet als einziges die Gewähr, daß Sie die wichtigsten Sender immer parat haben.

>> *Um Batterien zu sparen, haben die meisten Geräte einen 6- V oder 9-V-Anschluß. Mit einem DC-DC-Wandler können Sie das Gerät (natürlich auch Kassettenrecorder usw.) an die 12 V-Autobatterie anschließen.*

Gut empfangen haben wir in Norwegen:		
Deutsche Welle:	49-m-Band:	6075/6145 kHz
	31-m-Band:	9545 kHz
RIAS Berlin:	49-m-Band:	6005 kHz
Südfunk Stuttgart:	49-m-Band:	6030 kHz
Radio Luxemburg:	49-m-Band:	6090 kHz
ORF Wien:	49-m-Band:	6155 kHz
	31-m-Band:	9600/9685 kHz
SBC Bern:	31-m-Band:	9535 kHz

>> *Für moderne Urlauber ist der KW-Empfänger nur noch Nostalgie. Satellitenempfang ist das Zauberwort – und auf immer mehr WOMOs sieht man die bekannte Schüssel, mit der man auch eine ganze Reihe von heimatlichen UKW-Sendern in Stereoqualität empfangen kann.*

TELEFON

Telefonhäuschen gibt es in Norwegen in großer Zahl, mal grün, mal Alu natur oder mit Königswappen, meist weinrot. Versuchen Sie aber nicht, vom Postamt aus zu telefonieren! Die Post und das norwegische Telegrafenamt sind zwei völlig getrennte Einrichtungen.

Tips:

>> *Von Norwegen nach Deutschland wählt man 09549, nach Österreich 09543 in die Schweiz 09541.*

>> *Zum Telefonieren braucht man 1-, 5- oder 10-nKr-Stücke – oder eine Telefonkarte (Telefonkort). Man erhält sie für verschiedene Kronenbeträge in (fast) jedem Kiosk.*

>> *Die Landesvorwahl (von D, A, CH) nach Norwegen ist 0047. Nach der Landesvorwahl fällt stets die Null der Ortsnetzkennzahl weg.*

>> *Für ein 3-Minuten-Gespräch müssen Sie Münzen im Wert von knapp 7 DM bereithalten.*

>> ***Wichtige Telefonnummern in Norwegen:***

Deutsche Botschaft, Oslo .... (02) 55 20 10, 55 20 12
Österreichische Botschaft, Oslo .... (02) 55 23 48
Schweizer Botschaft, Oslo .... (02) 43 05 90
Automobilclub NAF, Oslo .... (02) 34 15 00
Automobilclub KNA, Oslo .... (02) 56 10 00
Polizei, Unfall, Feuerwehr .... unter "SOS" im Telefonbuch

TOILETTE

Einer der Gründe dafür, daß das Freie Camping in so vielen Ländern verboten wird, ist mit Sicherheit die Verunstaltung und Verseuchung der Landschaft mit Fäkalien.
Die Benutzung einer Campingtoilette ist deshalb ein absolutes "Muß" für jeden engagierten Camper.

Tips:

>> *Norwegen ist ein sehr sauberes Urlaubsland. Das liegt nicht zuletzt an den aufwendigen Bemühungen, es den Touristen so schwer wie möglich zu machen, sich schlecht zu benehmen: An fast jedem Park- oder Badeplatz befindet sich eine Toilette.*

>> *Campingtoiletten sind nicht der Weisheit letzter Schluß, bekämpfte man doch die zu erwartenden Düfte selten mit umweltverträglichen Mitteln. Wie verhält sich der umweltbewußte Toilettengänger in Norwegen:*

1. *Möglichst nur die aufgestellten Toiletten benutzen.*
2. *Keine giftigen Toilettenchemikalien einsetzen; wir verwenden nur Essig (Essigessenz : Wasser = 1 : 1) – und es geht auch!*
3. *Campingtoiletten entweder an Tankstellen, auf Campingplätzen oder an Parkplätzen in große Trockenklos mit Absaugestutzen entleeren.*
4. *Die Zahl offizieller WOMO-Ent- und Versorgungsstellen (Tømmesteder) nimmt fast täglich zu. Sie sind auffällig mit einem Wohnmobil gekennzeichnet, unter dem ein Pfeil in eine Grube zeigt.*
5. *Wer den Inhalt seiner Campingtoilette hinters Gebüsch gießt, den soll der Blitz beim Schei... treffen.*

Einige direkt an unseren Norwegen-Touren gelegene Entsorgungseinrichtungen (außerhalb von Campingplätzen, von Süden nach Norden geordnet):

0680 Oslo, Esso-Service, Enebakkvn. 136
0668 Oslo, Esso-Service, Strømsvn. 245
1081 Oslo, Isberg's Lastebil, Strømsvn. 314
2040 Kløfta, Shell-Senteret
2074 Eidsvoll verk, Norske Fina
2380 Brummundal, Båthavn
2600 Lillehammer, Statoil Service
2650 Kvam, Statoil Service
2670 Otta, Ottadalen Billag A/S
7340 Oppdal, Mørelinjen A/S
7460 Røros, Gauldal Billag A/S
7070 Steinkjer, Servicekontor
7090 Støren, Børsletta Rasteplass
7090 Støren, Liøya Rasteplass
7090 Støren, Esso-Service
7563 Malvik, Fina-Senter
7036 Trondheim, Bratsbergvn. 23, Gauldal Billag A/S
7890 Namskogan, Statoil Service
8646 Korgen, Bilservice A/S
8601 Mo, Bilhuset Statoil
8100 Misvær, Ljøsenhammer Ziegenalm
8200 Fauske, Fauske Kommune
8390 Reine, Hamnøy Turistkontoret
8310 Kabelvåg, Turist og Rorbusenter
8500 Narvik, Ofoten Bilruter A/S
8400 Sortland, Esso Service
8430 Myre, Esso Service
9400 Harstad, Opplands Rutebil/Statoil
9250 Bardu, Polar Zoo
9250 Bardu, Shell Service
9040 Nordkjosbotn, Balsfjord Bilsenter A/S
9500 Alta, Alta Motors A/S, Shell
9601 Hammerfest, Shell-Service
9900 Kirkenes, Shell-Service

TREIBSTOFFE

Norwegen war ein Land für Dieselfahrer. Inzwischen wurde der "Dieselbonus" abgeschafft – und den Minister für Tourismus plagen deshalb Sorgen! Soll man den steuerfreien Diesel (Afgiftsfri) für die Touristen freigeben? Denn: Bereits über 50% von ihnen tanken (verbotenerweise!) den rotgefärbten Saft!

Treibstoffpreise		
Bleifrei/Blyfri (Eurosuper)	95 Oktan	1,81-1,95 DM/l
Bleifrei/Blyfri (Super plus)	98 Oktan	1,89-2,00 DM/l
Super bleihaltig o. Bleiersatz	98 Oktan	2,00-2,11 DM/l
Diesel		1,60-1,70 DM/l
Autogas (Adapter vorhanden)		1,36-1,50 DM/l

Tips:

>> In Norwegen herrscht Wettbewerb an den Tankstellen, Vergleichen lohnt sich! Dabei muß man nach den Preisschildern manchmal suchen, oft sind sie nur klein am Kassengebäude angebracht.

>> Auch in Norwegen gilt: Wo Konkurrenz herrscht (in den größeren Städten), sind die Preise niedriger als bei der einzigen Tankstelle im hintersten Fjordwinkel.

>> Dieselfahrer sollten die "Afgiftsfri-Szene" genau beobachten. Vielleicht wird der (eigentlich für die Landwirtschaft) steuerbegünstigte Diesel bereits nächstes Jahr auch für Touristen freigegeben (wie in Finnland).

TRINK-, WASCH-, SPÜLWASSER

Beim Abwasser hatten wir die Formel aufgestellt:

10 Liter x Personenzahl = Volumen des Abwassertanks

Als Trinkwasservorrat muß man pro Person und Tag mindestens 15 bis 20 Liter rechnen.

Tips:

>> In den südlichen Ländern haben wir für Sie nach Trinkwasserbrunnen gesucht. Solche "überkommenen" Einrichtungen gibt es in Norwegen nicht.

>> Die Trinkwasserversorgung ist jedoch trotzdem kein Problem: Alle Tankstellen haben saubere Zapfhähne (vann = Wasser), wir haben oft erst um Erlaubnis gefragt, nie wurden wir abgewiesen.

>> Manche Camper genieren sich, Tankstellen anzufahren, wenn sie keinen Treibstoff brauchen. Auch für jene haben wir Rat: Friedhöfe haben immer einen Wasserhahn.

>> Jachthäfen sind ebenfalls eine gute Anlaufstation für die "Jachtbesitzer der Landstraße".

>> Der verwöhnte Wassertankbesitzer fragt sich: „Wie kriege ich das frische Naß möglichst bequem in den eingebauten Behälter?“ Für ihn haben wir den WOMO-Zapfschlauch konstruiert. Es handelt sich um 3 - 5 Meter Gartenschlauch, an dessen Beginn man ein Stück Fahrradschlauch der Größe 1 3/8 x 1 5/8 Zoll anflanscht, das über jeden Wasserhahn paßt. Am anderen Ende befestigt man einen Karabinerhaken, den man in eine Öse am Einfüllstutzen des Wassertanks hängt, wenn man keinen zweiten Mann zum Halten hat.

>> Mehr aus Gewohnheit haben wir auch in Norwegen unser Trinkwasser mit Entkeimungsmitteln behandelt – jedoch in erster Linie, um eine Nachverkeimung im Tank zu verhindern.

>> *Eigentlich ist Wasser kein Thema für ein Norwegenbuch. Oft haben wir unseren Wasserbedarf einfach aus einem Gebirgsbach geschöpft oder den Kanister unter den nächstbesten Wasserfall gehalten. Saubereres Wasser wird man wohl kaum auf der Welt finden.*

Eine Bitte noch: *Steigen Sie zum Haarewaschen nicht in den Badesee, sondern holen Sie sich eine Schüssel Wasser heraus – Fische vertragen kein Haarwaschmittel (auch wenn sie Schuppen haben).*

VERKEHR

Dem WOMO-Fahrer kann es nur darum gehen, sein großes und schweres Gefährt unbehelligt bis zum Urlaubsziel und zurück zu transportieren. Dabei kann ihm allerhand passieren.

Tips:

>> *Geschwindigkeitsbegrenzungen nötigen uns meist nur ein müdes Lächeln ab:*

Autobahnen	*90 km/h*	*über 3,5 to 80 km/h*
Straßen außerorts	*80 km/h*	*über 3,5 to 80 km/h*
innerorts	*50 km/h*	
Beruhigte Wohngebiete	*30 km/h*	

>> *Promillegrenze 0,5.*

>> *Es besteht Anschnallpflicht auf Vorder- und Rücksitzen, Kinder haben hinten zu sitzen.*

>> *Abblendlicht ist auch am Tage einzuschalten, Nebelschlußleuchten darf man nicht benutzen.*

>> *Gelbe Linien am Straßenrand bedeuten Halteverbot.*

>> *ACHTUNG WILDWECHSEL! Vor allem in der (langen) Dämmerung und in Waldpassagen – auch Rentierherden, Schafen und Ziegen begegnet man auf den Straßen.*

>> ***Straßenverhältnisse:***

Kurz gesagt: Die Verkehrsdichte ist sehr gering, die Straßen sind gut, aber meist schmal, manchmal nur Einbahnstraßen-schmal. Besonders an den Fjordflanken und natürlich im Gebirge muß man äußerst langsam und vorsichtig fahren. Selten zeigt der Tacho mehr als 50 km/h an!

Ampeln und Straßenkreuzungen sind selten – Norweger sind Kreisverkehr-Fans. Nur zur Erinnerung – der Kreisverkehr hat immer Vorfahrt!

Auf der Suche nach schönen Plätzchen befuhren wir selbst entlegenste Nebenstrecken. Sie sind häufig geschottert, jedoch meist gut eingeebnet, Schlaglöcher sind selten. Bei Regenwetter wird hier das WOMO weidlich eingesaut.

>> ***Unverständliche Verkehrsschilder:***

[.................... Kartensymbol für Mautstraße
|[.................... Symbol für gesperrte Straße
bompenger .... Straßenmaut
bomveg .... Mautstraße
fartsdempere .... Geschwindigkeitsbremsen
ferist .... Viehrost
friluftområde .... Freizeitgebiet
gardstun .... Gehöft (langsam fahren)
gatekjøkken .... Straßenimbiß, Kiosk
idrettsplass .... Sportplatz

kjør sakte .... *Langsam fahren*
lekke barn .... *Spielende Kinder*
løs grus .... *Loser Schotter*
M(øteplass) .... *Ausweichstelle*
omkjøring .... *Umleitung*
privatområde .... *Privates Gebiet*
rom ledig .... *Zimmer frei*
snuplass .... *Wendeplatz*
vegarbeitsområde .... *Straßenarbeiten*

>> Mautgebühr (Bom) wird fällig bei der Fahrt durch die Städte Oslo und Trondheim, bei der Benutzung neuer Brücken, Tunnel und Straßenabschnitte – und natürlich bei der Fahrt auf den vielen Privatstraßen in einsame Gebirgsgegenden. Zwischen 5 nKr und 150 nKr, also 1,30 DM und 40 DM wurden wir dabei jeweils los!

>> Jede Fjordüberquerung kostet für WOMO und Mannschaft runde 25 DM, zur Nordkapinsel sind's 2x 50 DM und zu den Lofoten 100 DM.

WUPS – der WOMO-Urlaubs-Partner-Service

Regelmäßig zur Vorurlaubszeit liest man sie in Zeitungen und einschlägigen Zeitschriften, die Suchannoncen der Wohnmobilfamilien, die sich nicht allein auf weite Tour wagen wollen:

> Portugal, 4 Wo. Jul./Aug. Wir 42/43/12 männl./Hund, mit Wohnmobil suchen Begleitfamilie/n mit Kindern 9-13 J. u. eig. Wohnmobil, Tel.....

Ob sie wohl Erfolg haben? Wir wünschen es ihnen!
Was aber sind die Beweggründe für die "Partnersuche auf (Ferien-) Zeit"? Sie können sich selbst die Gründe zusammensuchen, denn Sie hatten ja auch schon mal diese Idee. Da ist die lange Fahrt mit ihren Tücken, bei der man sich bei Problemen helfen kann. Übernachtungen in einsamer Umgebung – mit einem Partner wäre einem da viel wohler.
Gemeinsame Unternehmungen machen viel mehr Spaß; den Grill wirft man abwechselnd an (und nimmt nur einen mit), Einkäufe und Wasserholen, gemeinsam oder im Wechsel, aber nur mit einem Auto; abends, da hat man den passenden Gesprächspartner und ganz wichtig: die Kinder haben Spielgefährten im passenden Alter.

Die Liste der Vorteile gemeinsamen Reisens ließe sich noch erheblich verlängern – und so waren wir auch gar nicht verwundert, daß wir geradezu mit der Nase darauf gestoßen wurden:

„WOMO-Verlag, unternehmt da mal etwas!“

Wir haben uns zusammengesetzt und beraten, entwickelt, verworfen und verbessert. Was wir ausgebrütet haben, läßt sich am einfachsten mit folgendem Sätzchen umschreiben:
Durch **WUPS** soll jedem Interessenten für geringsten finanziellen Aufwand eine passende Urlaubspartnerfamilie vermittelt bekommen!
Um die Unkosten so gering wie möglich zu halten, werden wir zunächst nur einen Einsendetermin anbieten – den 30. April jeden Jahres. Wer bis zu diesem Datum seinen Fragebogen eingeschickt hat, bekommt bereits 14 Tage später einen Computerausdruck zugesandt, auf dem alle Einsendungen verzeichnet sind.
Es liegt nun an jedem einzelnen, den passenden Partner aus den angegebenen Daten, ergänzenden Telefongesprächen oder Briefen zu ermitteln.
Jedem Einsender ist es selbst überlassen, wie viele der aufgeführten Daten er angeben möchte oder nicht (bei uns ist jeder sein eigener Datenschützer).

Wie nimmt man teil?

Fragebogen auf der letzten Seite fotokopieren oder herausschneiden, ausfüllen und im Fensterumschlag an uns einsenden. Wir wünschen Ihnen schon jetzt doppelten Spaß im gemeinsamen WOMO-Urlaub.

ZEITUNGEN

Deutsche, aber auch andere ausländische, deutschsprachige Zeitungen und Zeitschriften bekommt man nicht nur in den Großstädten, sondern auch in manchen Badeorten. Regelmäßig dabei waren die Süddeutsche, die Frankfurter und die Bildzeitung, unter den Zeitschriften Spiegel, Bunte, Burda. Wir hoffen, da ist etwas nach Ihren Wünschen dabei. Nicht immer waren die Exemplare jedoch taufrisch. Zwischen ein bis zwei (und zwanzig) Tagen waren die Neuigkeiten schon alt - für Aktuelles sollten Sie also lieber das Kurzwellenradio einschalten.

ZELT

Nanu, was soll das? Jetzt haben wir extra das teure WOMO gekauft! Keine Angst, Sie sollen auch gar nicht darin schlafen. Oder vielleicht doch?

Tips:

>> *Kinder haben eine völlig andere Vorstellung, was man im Urlaub machen sollte. Warum sollen sie nicht im Zelt schlafen? Sie haben dann nachts auch in jeder Hinsicht mehr Ruhe!*

>> *Übrigens – wann haben Sie das letzte Mal im Zelt geschlafen? Ihren Kindern würden Sie eine Riesenfreude machen!*

>> *Norwegen ist ein ideales Land zum Wandern. Manche unserer Wandertouren haben wir nur aus Zeitmangel so kurz gewählt. Seien Sie schlauer – und freuen Sie sich auf das (kleine) Abenteuer einer Zweitageswanderung mit Zelt und abendlichem Lagerfeuer!*

ZWEITBATTERIE

Kein WOMO-Fahrer traut sich heutzutage noch ohne Zweitbatterie in den Urlaub. An einsamer Stelle plötzlich ohne "Saft" herumzustehen, nur weil der Sprößling den Kühlschrank auf 12 V gestellt hat - schon die Vorstellung halten die Nerven nicht aus.

Tips:

>> *Sämtliche elektrischen Systeme des WOMOs mit der Starterbatterie zu betreiben, ist ein unnötiges Risiko.*

>> *Eine Zweitbatterie muß nicht teuer sein, weil sie keine große Kapazität haben muß, denn der Kühlschrank wird ja ohnehin mit Gas betrieben.*

>> *Zwischen beide Batterien muß ein Trennrelais geschaltet werden, sonst werden auch im Stand beide Batterien entladen (siehe "Kühlschrank").*

>> *Meist führt die Zweitbatterie ein verstecktes Leben irgendwo hinter einer Klappe. Auch bei ihr muß regelmäßig nach dem Säurestand geschaut werden.*

>> *Wird das WOMO längere Zeit stillgelegt, lohnt sich die Anschaffung eines elektronisch geregelten Ladegeräts, das, ständig angeschlossen, Starter- und Zweitbatterie nur so viel wie nötig nachlädt.*

>> *Die nächste Steckdose ist zu weit weg? Dann raten wir Ihnen zur Anschaffung einer kleinen Solarplatine!*
Mit ihr können Sie nicht nur winters die Batterie nachladen, sondern sommers den Kühlschrank mit ein bis zwei Lüftern bei seiner mühsamen Arbeit unterstützen.

>>>> Reisenotizen <<<<

>>>> Reisenotizen <<<<

>>>> Reisenotizen <<<<

Stichwortverzeichnis

* WUPS * WUPS * WUPS * WUPS * WUPS *

Absender: ☐ Familie ☐ Ehepaar ☐ Frau ☐ Herr

____

____

Datum ________ Unterschrift ____________

WOMO-VERLAG
Urlaubs-Partner-Service

Hornstraße 4

74336 Brackenheim

☐ **Wir möchten nicht allein mit dem Wohnmobil verreisen!**

Nehmen Sie folgende Daten in Ihren WUPS-Computer auf und senden Sie uns die Liste aller Teilnehmer bis zum 15.5. zu. Man muß nicht alle Felder ausfüllen; ohne Angabe von Tel.-Nummer **oder** Adresse ist jedoch die Kontaktaufnahme nicht möglich! Einsendeschluß für WUPS ist stets der 30.4. eines jeden Jahres. Einmalige Teilnahmegebühr 25,- DM, bitte Rechnung abwarten!

Urlaubs-land:		Mögliche Reisezeit:	
Telefon-nummer:		Adresse angeben:	☐ ja ☐ nein
Eigene Alters-gruppe:	20 25 30 35 40 45 50 55 60 65 70 75	Alter mit-reisender Kinder:	Mädchen: Jungen:
Lieblings-aktivitäten:			

☐ **Wir sind Wohnmobil-Langzeiturlauber!**

Nehmen Sie oben stehende Daten in ihre Langzeit-Urlauber-Liste auf und senden Sie uns am 15.5. jedes Jahres sowie auf Wunsch (Anruf genügt)1x jährlich zusätzlich die aktuelle Liste zu.
Jährliche Teilnahmegebühr 25,- DM, bitte Rechnung abwarten!

Weitere Bände der WOMO-Reihe:

MIT DEM WOHNMOBIL ....

- Durchs ganze Land in vielen Touren.
- Die schönsten Badestrände, die noch nicht jeder kennt – mit uns finden Sie hin.
- Freies Camping – kein Problem!
- Bergtouren für groß und klein.
- 300 Tricks und Tips für Ausrüstung, Reisevorbereitung und Urlaub.
- Ausgefeilte Packliste.
- Die besten Anreiserouten, Fähren, usw. usw.
- Gesicherte Trinkwasserversorgung durch Hinweise auf über 50 Brunnen.
- Die besten Fährverbindungen.
- Genaue Kennzeichnung schöner Bade-, Picknick- und Wanderparkplätze.

ALLGEMEINES WOHNMOBIL-HANDBUCH

- Beratung bei Wohnmobilkauf oder -miete.
- Einweisung in die Gas-, Wasser- und Elektroinstallation.
- Einrichtung des Wohnmobils.
- Tips und Tricks füs wohnmobile Wochenende.
- Freies Camping in Deutschland – Stellplatztips.
- Zubehörtips, Ver- und Entsorgungsratschläge.
- Urlaubsvorbereitung mit Profipackliste.
- Tips und Tricks für die große Fahrt mit Informationen über freies Camping in ganz Europa.
- Rezepte f. d. Wohnmobilküche./Ratschläge f. Reisen m. Kindern.
- Mit dem Wohnmobil zum Wintersport./Alle Wohnmobilclubs.
- WUPS – der WOMO-Urlaubs-Partner-Service.
- Adressen der Wohnmobilhersteller, -händler, -vermieter, Campingzubehör, Gastankstellen.

* WOMO * * WOMO * * WOMO * * WOMO *

Absender:

____

____

____

Datum Unterschrift

WOMO-VERLAG
Versandabteilung
Hornstraße 4

74336 Brackenheim

Wir bestellen:

__ Ex.: **Allgemeines Wohnmobil Handbuch** .... DM 24,80
__ Ex.: Mit dem Wohnmobil nach Nord-Spanien ..... DM 24,80
__ Ex.: Mit dem Wohnmobil nach Korsika .... DM 22,80
__ Ex.: Mit dem Wohnmobil nach Schweden .... DM 24,80
__ Ex.: Mit dem Wohnmobil ins Elsaß .... DM 24,80
__ Ex.: Mit dem Wohnmobil nach Sardinien .... DM 24,80
__ Ex.: Mit dem Wohnmobil in die Toskana .... DM 22,80
__ Ex.: Mit dem Wohnmobil nach Thüringen .... DM 24,80
__ Ex.: Mit dem Wohnmobil in die Bretagne .... DM 24,80
__ Ex.: Mit dem Wohnmobil in die Provence .... DM 24,80
__ Ex.: Mit dem Wohnmobil in die Pfalz .... DM 24,80
__ Ex.: Mit dem Wohnmobil nach Süd-Norwegen ... DM 24,80
__ Ex.: Mit dem Wohnmobil nach Nord-Norwegen .. DM 24,80
__ Ex.: Mit dem Wohnmobil in den Schwarzwald .... DM 24,80
__ Ex.: Mit d. Wohnmobil nach Nord-Griechenland . DM 24,80
__ Ex.: Mit dem Wohnmobil auf die Peloponnes ..... DM 24,80
__ Ex.: Mit dem Wohnmobil durch die Pyrenäen ..... DM 24,80

__ Ex.: Mit dem Wohnwagen in die Auvergne .... DM 19,80
__ Ex.: Mit dem Wohnwagen durch Burgund .... DM 22,80
__ Ex.: Mit dem Wohnwagen durch die Normandie . DM 24,80

Unsere Bücher erhalten Sie in jeder Buchhandlung oder auf Rechnung direkt vom Verlag. Hier gibt's auch die aktuellen Infos über unsere ständigen Neuerscheinungen. (Pauschaler Versandkostenanteil 2,00 DM, Preisänderungen vorbehalten).

Bestell-Telefon (24 Std.): 07135 / 14553, Fax: 07135 / 14652.

* WOMO * * WOMO * * WOMO * * WOMO * * WOMO *